Coleção
HISTÓRIA & HISTORIOGRAFIA

Coordenação
Eliana de Freitas Dutra

Dominick LaCapra

Compreender outros
Povos, animais, passados

TRADUÇÃO
Luis Reyes Gil

REVISÃO DE TRADUÇÃO
Mariana Silveira

autêntica

Copyright © 2018 Cornell University
Copyright desta edição © 2023 Autêntica Editora

Título original: *Understanding Others: Peoples, Animals, Pasts*

Todos os direitos reservados pela Autêntica Editora Ltda. Nenhuma parte desta publicação poderá ser reproduzida, seja por meios mecânicos, eletrônicos, seja via cópia xerográfica, sem a autorização prévia da Editora.

COORDENADORA DA COLEÇÃO HISTÓRIA E HISTORIOGRAFIA
Eliana de Freitas Dutra

EDITORAS RESPONSÁVEIS
Rejane Dias
Cecília Martins

REVISÃO DE TRADUÇÃO
Mariana Silveira

REVISÃO
Aline Sobreira

PROJETO GRÁFICO
Diogo Droschi

CAPA
Alberto Bittencourt
(Sobre estatueta katsina "Yowe", do povo hopi, esculpida por Aaron Honyumprewa)

DIAGRAMAÇÃO
Guilherme Fagundes

Dados Internacionais de Catalogação na Publicação (CIP)
(Câmara Brasileira do Livro, SP, Brasil)

LaCapra, Dominick
   Compreender outros : povos, animais, passados / Dominick LaCapra ; tradução Luis Reyes Gil. -- 1. ed. -- Belo Horizonte: Autêntica, 2023. -- (História & historiografia)

   Bibliografia
   Título original: Understanding Others: Peoples, Animals, Pasts
   ISBN 978-65-5928-209-8

   1. Compaixão - Filosofia 2. Empatia - Filosofia 3. Filosofia 4. Humanidades - Filosofia I. Título II. Série.

22-137228   CDD-190

Índice para catálogo sistemático:
1. Filosofia moderna   190

Aline Graziele Benitez - Bibliotecária - CRB-1/3129

Belo Horizonte
Rua Carlos Turner, 420
Silveira . 31140-520
Belo Horizonte . MG
Tel.: (55 31) 3465 4500

São Paulo
Av. Paulista, 2.073, Conjunto Nacional
Horsa I . Sala 309 . Bela Vista
01311-940 . São Paulo . SP
Tel.: (55 11) 3034 4468

www.grupoautentica.com.br
SAC: atendimentoleitor@grupoautentica.com.br

*Aos vários animais "resgatados"
com os quais temos compartilhado
a vida há mais de 40 anos.*

Não se deve supor [...] que a transferência seja criada pela análise e não ocorra fora dela. A transferência é meramente revelada e isolada pela análise. É um fenômeno universal da mente humana, ela decide o êxito de toda influência médica, e na realidade domina o todo das relações de cada pessoa com seu ambiente humano.
Sigmund Freud, Um estudo autobiográfico (1925).

Estamos todos juntos nisso.
Senador Bernie Sanders (2016).

Por que roubar um banco se você pode ser dono de um?
Mackie Messer, na *Ópera dos três vinténs*, de Bertolt Brecht e Kurt Weill (1928).

Um ponto de vista melancólico, pois baseia a ordem mundial numa mentira.
Franz Kafka, *Diante da lei (1915).*

Pessimismo do intelecto, otimismo da vontade.
Antonio Gramsci, carta da prisão (1929).

Compreensão, justiça e generosidade:
por um *ethos* além do humano
Aline Magalhães Pinto 11

Introdução 23

Capítulo 1
História, desconstrução e perlaboração do passado 65

Capítulo 2
Humanos, outros animais e as ciências humanas 105

Capítulo 3
Trauma, história, memória, identidade: o que resta? 131

Capítulo 4
Frank Hamilton Cushing e suas "aventuras" em Zuni 179

Capítulo 5
O que é história? O que é literatura? 197

Capítulo 6
Para que servem as ciências humanas? 227

Referências 269

Compreensão, justiça e generosidade: por um *ethos* além do humano

Aline Magalhães Pinto[1]

> *Começar, re-começar (recomecemos)*
> *– é arriscado, às vezes impossível, sabemos, –*
> *por dizer nós,*
> *o mais justamente, o menos injustamente possível.*
> Jacques Derrida, Nós.

"*Tout autre est tout autre*", diz Jacques Derrida, em *Donner la mort*.[2] O filósofo – com quem Dominick LaCapra, ao longo de sua obra, dialoga intensamente – afirma que a estranheza causada por essa fórmula, a um só tempo extremamente econômica e profundamente elíptica, provém do fato de que o jogo de suas palavras, longe de se constituir como uma tautologia, guarda em sua linguagem cifrada algo que deveríamos considerar como se fosse o segredo de todos os segredos. Pois, continua Derrida, nessa curta e potente formulação, o encontro do pronome adjetivo indefinido (*tout*) com o advérbio de quantidade (*tout*) produz o efeito de uma drástica heterologia: não são todos, mas somente uns que são outros. Só alguns, e nunca todos os outros, são totalmente, absolutamente, radicalmente e infinitamente

---

[1] Aline Magalhães Pinto é professora de Literatura na Faculdade de Letras da UFMG. Possui graduada e mestre em História pela UFMG e doutora em História Social da Cultura pela Puc-Rio. Atua principalmente nos seguintes temas: modernidade, corpo e subjetividade, autoria feminina, metáfora e imagens, cultura intelectual francesa.

[2] DERRIDA, Jacques. *Donner la mort*. Paris: Galilée, 1999. p. 114.

Outros. E por quê?[3] Podemos dizer que o movimento que LaCapra persegue no livro que temos em mãos está condensado na formulação da heterologia apontada por Derrida. Por meio do conjunto dos textos aqui reunidos, empenhamo-nos uma vez mais no movediço terreno das relações entre identidade e alteridade.

Compreender outros, todavia, não se constitui como um gesto especulativo abstrato em nome da decifração ou da conservação desse enigma antropologicamente basilar. Movendo-se, com destreza, entre prática e teoria, a reflexão de LaCapra mobiliza, de uma maneira que é muito peculiar, os vínculos entre ação e subjetividade, consciência e natureza, no sentido de indicar, por um lado, a necessidade de uma mudança no paradigma de regulação dos processos sócio-históricos pelos quais alguns, e não todos, tornam-se *Outros*. Por outro lado, LaCapra aponta, por meio de seu trabalho, os elementos que, a seu ver, são fundamentais para a construção de um quadro de referências teórico-conceitual para uma história intelectual d'os outros: outros povos, outros tempos e outros seres além dos humanos – como o subtítulo do livro deixa claro. Essa história, adverte de saída o autor, não pode desconsiderar questões econômicas, sociais e ecológicas (p. 37). Mas isso não será suficiente. Para sermos capazes de ver e de fazer ver o outro, deveríamos nos tornar capazes de reconhecer como, mesmo contra nossa intenção deliberada, em nossas pesquisas e estudos estamos abertos à possibilidade de atuarmos como "informantes dos poderes" a que servimos. Com alguma ironia, LaCapra afirma que, "estruturalmente, antropólogos são o que Jean-Paul Sartre chamou, em expressão reveladora, de funcionários subalternos da superestrutura" (p. 181). Esse reconhecimento é o ponto de partida para uma postura autorreflexiva e autocrítica acerca da limitação epistemológica das demandas por objetividade e neutralidade, muitas vezes associadas – no caso da historiografia – aos arquivos e documentos.

A complexa nebulosa que se arma entre nós, o outro que vive em nós e aqueles que se tornam outros, atua como um farol que orienta LaCapra na composição do que anteriormente mencionei como sua

---

[3] DERRIDA. *Donner la mort*, p. 114.

"maneira peculiar" de pensar. Nesse sentido, *Compreender outros* é um livro bastante interessante para conhecermos o que há de específico na produção historiográfica do autor, na medida em que oferece uma síntese refletida de suas inspirações teóricas, de seus principais objetos e de sua forma de praticar história intelectual, que, em geral, visa reelaborar padrões culturais a partir de diferentes recortes temporais, psíquicos e sociais. LaCapra, desde os anos 1980, mostrou-se um historiador que se posicionou contra a ingenuidade empírica de seus pares. Seu procedimento teórico, ao colocar em diálogo Bakhtin e Derrida, desafiava a postura hegemônica na prática da historiografia profissional à época, marcada por uma concepção em que o contexto assumia o valor de um recorte de natureza ontológica privilegiada. Por meio da exploração das noções de carnavalização e textualidade, LaCapra desenhava suas pesquisas como o tecer de uma rede inter-relacional entre leitor, texto e contexto, evidenciando uma questão teórica: a aporia de um sentido histórico configurado de maneira instável, sempre mediado, nunca transparente, jamais discernível de uma vez por todas e que, por isso mesmo, engendra uma historiografia que caminha entre o território da linguagem em sentido denotativo, conceitual, sério e científico e os domínios da metáfora e da retórica.[4] Ainda que muito instigante, a visão de LaCapra não escapou das críticas ferozes que incidiram sobre aqueles que ousaram levar, para o campo historiográfico, desdobramentos teóricos extraídos do *linguistic turn*.

A partir dos anos 1990, temas que vinculam ética e memória emergem como centro das preocupações nas pesquisas acadêmicas, ao mesmo tempo que o impacto do pós-estruturalismo e do *linguistic turn* nos meios de pós-graduação norte-americanos tendeu a diminuir. Como analisei detidamente em outra oportunidade,[5] intensos debates no mundo intelectual norte-americano a partir do final dos

---

[4] Cf. LACAPRA, Dominick. *Rethinking Intellectual History: Texts, Contexts, Language*. Ithaca, NY: Cornell University Press, 1983.

[5] PINTO, Aline Magalhães. Dominick LaCapra: textualidade, empatia, trauma. *In*: BENTIVOGLIO, Júlio; AVELAR, Alexandre de Sá (org.). *O futuro da história*: da crise à reconstrução das teorias e abordagens. Vitória: Milfontes, 2019. v. 1, p. 155-178.

anos 1980 acabam se transformando na reivindicação por uma historiografia teoricamente sofisticada e eticamente atenta, capaz de recusar as interpretações fascistas do passado. Nesse contexto, LaCapra repensou certas consequências éticas de um ceticismo orientado linguisticamente, deslocando seus esforços intelectuais em direção a novos objetos e temas, com destaque para o trauma, e transformou a psicanálise em fonte privilegiada de interlocução teórica. Os resultados dessa inflexão no trabalho de investigação de LaCapra podem ser vistos a partir do livro *Representing the Holocaust: History, Theory, Trauma* (1994) e nas publicações que o seguem, *History and Memory after Auschwitz* (1998) e *Writing History, Writing Trauma* (2001). Desde então, a história intelectual de LaCapra, transitando entre diferentes objetos, mantém-se como prática de investigação teoricamente conduzida de forma crítica, questionadora, reflexiva, que se situa a partir de um enclave entre uma temporalidade "inconsciente" vinculada à memória, aos mitos e aos rituais e uma temporalidade propriamente histórica e conjectural ligada à especificidade e à singularidade dos eventos.

Em *Comprender outros*, LaCapra procede a um exercício crítico-reflexivo sobre a forma como, em seu trabalho, dá-se a articulação entre os diferentes conceitos e noções que fundamentam sua visão historiográfica. Talvez, o nome mais adequado para esse exercício seja "vigilância autorreflexiva", expressão cunhada pelo autor para designar a atenção que deve ser dada às distinções, aos conceitos e aos investimentos teóricos por parte do historiador. Retomando a ainda necessária problematização a respeito da noção de contexto, LaCapra reafirma a importância da contribuição de Jacques Derrida para o campo historiográfico, conduzindo sua interpretação em torno da obra do filósofo argelino para fora do campo do estrito textualismo. Como LaCapra assevera, a concepção de texto na filosofia de Derrida é um operador que permite ao historiador articular os elementos sincrônicos e diacrônicos das temporalidades específicas e múltiplas que atravessam a experiência; isto é, ela possibilita um trabalho historiográfico com textos, linguagens e práticas significantes menos ingênuo e mais crítico a uma concepção denotativa-descritiva da linguagem. Como estrutura generalizada de traços de amarração mútua e assimétrica, atravessada por forças tensamente inter-relacionadas, o texto, ou melhor, a "inexistência de um fora do texto",⁶ constitui, para LaCapra, um caminho para se pensar em contraste ou desvio às oposições binárias que, para o autor norte-americano, alimentam o mecanismo de bode expiatório – expediente psíquico, coletivo e individual pelo qual a angústia e a insegurança inerente ao self são projetadas exteriormente em outros vulneráveis que, paradoxalmente, são temidos como uma ameaça.

A figura do bode expiatório e a oposição binária entre o self e o outro (ou entre "nós" e "eles") nos reenviam ao "segredo de todos os segredos" enunciado por Derrida e que diz respeito, finalmente, ao fato de que a consciência moral e política permanece marcada pela noção de sacrifício e, no limite, pela sombra da violência: fazemos morrer ou deixamos morrer apenas alguns, e não todos. Esse alumbramento está na ordem no dia, uma vez que é o cerne das discussões sobre necropolítica.⁷ A discussão política contemporânea não pode se esquivar do fato de que um bom funcionamento da ordem

---

⁶ "*Il n'y a pas de hors-texte*" é uma expressão que se tornou célebre tanto para identificar quanto para desqualificar a desconstrução derridiana. Como Derrida explica, em *Gramatologia*, e LaCapra reitera, a perspectiva da desconstrução supõe que "não há um *fora do texto*", o que não quer dizer que todos os referenciais estejam suspensos ou negados, ou que todos os pontos de vista estejam legitimados numa espécie de "vale-tudo". "*Il n'y a pas de hors-texte*" quer dizer que todo referencial, todas as realidades têm a estrutura de um *traço* diferencial, são *textuais*, e só nos podemos reportar a esse real numa experiência interpretativa que se dá, ou só assume sentido, num movimento diferencial. Cf. DERRIDA, Jacques. *Gramatologia*. 2. ed. São Paulo: Perspectiva, 2004. Para uma perspectiva crítica, ver LIMA, Luiz Costa. Derrida ou a Amazônia da escrita. In: *A ficção e o poema*. São Paulo: Companhia das Letras, 2012. p. 66-95.

⁷ Segundo Achille Mbembe, a necropolítica é caracterizada pela confluência de três noções que participam da prática da soberania enquanto duplo processo de autoinstituição e autolimitação: a biopolítica, o estado de exceção e o estado de sítio. O autor procura demonstrar como o poder (e não necessariamente o poder estatal) continuamente se refere e apela à exceção, à emergência de uma cisão (nós e os outros) que configura a alteridade como inimigo. O poder é, no limite, poder sobre a vida do outro, e, para exercê-lo, é preciso que se opere esse movimento pelo qual uns se tornam outros, diferença que, em situações-limite, baliza a divisão entre as pessoas que devem viver e as que devem morrer. Cf. MBEMBE, Achille. *Necropolítica*: biopoder, soberania, estado de exceção e política da morte. São Paulo: n-1 Edições, 2018.

econômica, política e jurídica das formas sociais hegemônicas parece ligado ao sacrifício do outro a fim de não sacrificar a si mesmo. Num sentido profundo, a reflexão de LaCapra nos leva a reconhecer nos modos de vida tecno-científico-industriais a presença fundadora do trauma, do traço sacrificial e da violência. Sua reflexão nos conduz também à interrogação a respeito da possibilidade de uma história que perlabore (*working through*) essa presença em vez de reiterá-la (*acting out*). O traço sacrificial, traumático e violento, certamente é uma marca inconsciente que participa da economia das relações de alteridade e identidade, incluindo a alteridade que reside no interior do próprio self, e está ligado a experiências de violência, vitimização, luto, trauma e opressão. Não obstante, e paradoxalmente, o sacrifício liga-se igualmente a oferta, doação, confiança, compaixão, responsabilidade e ao que se torna sagrado para uma determinada comunidade. Dominick LaCapra não busca diluir a complexidade dessas relações. Tampouco se deixa satisfazer com uma melancólica reafirmação de sua ambiguidade. Ao longo do livro, em um embate corajoso com o momento político em que o governo Trump, nos Estados Unidos, significava a manifestação de questões como preconceito, racismo, misoginia, ultranacionalismo e ânimo anti-imigrantes, banhadas em um caldo de autoritarismo e personalismo político, LaCapra parece querer dizer a si mesmo e a todos nós que é preciso dar um basta à reiteração constante da violência sacrificial para nos lançarmos rumo a um projeto de futuro, um novo futuro, um futuro mais desejável ou, pelo menos, "um futuro mais suportável" (p. 268). Seu trabalho, portanto, incita deliberadamente a revisão dos limiares pelos quais uns se tornam outros, separando outros povos, outros tempos e outros animais.

Certamente, a elaboração dessa perspectiva parte da bagagem acumulada pela pesquisa que resultou em *History and Its Limits: Human, Animal, Violence,* em que LaCapra identificou a configuração de um trauma trans-histórico ou estrutural que é plasticamente encenado de maneiras diversas: como pecado original, como passagem da natureza para a cultura, como separação/perda da mãe, como a "entrada" na linguagem ou concebida como o real lacaniano. A partir daí, ele tratou de elucidar como e em que medida os elementos desse traumático plano trans-histórico estão inseridos em experiências históricas traumáticas, tais como as atrocidades da guerra e o genocídio. A articulação teórica entre os planos trans-históricos e históricos abre espaço para uma discussão antropológica sobre o trauma da qual emergem os limites não apenas da História, como também da própria relação entre o humano e o animal e, por consequência, os limites entre razão e a violência.[8]

Em *Compreender outros*, vemos a retomada da discussão de fundo antropológico e histórico, agora acompanhada de um imersivo trabalho de esclarecimento a respeito da noção de transferência, cuja centralidade já era identificada nos livros anteriores. Essa elucidação é decisiva para entendermos como se dá o deslocamento da noção de transferência do campo estritamente psicanalítico para o historiográfico e qual o seu papel na formulação de uma crítica aos cortes produtores de alteridade que geram identidades sedentas por se autoafirmarem todo o tempo. LaCapra considera a psicanálise como uma ciência social com a qual a historiografia não pode deixar de interagir. Nas obras anteriores, o diálogo com Lacan era mais corrente. Já nos textos que compõem *Compreender outros*, a interlocução com o campo psicanalítico se dá prioritariamente com o pensamento freudiano. Como LaCapra afirma, para Freud, a alteridade se associa ao papel da transferência e ela diz respeito, antes de tudo, à relação pai-filho, que sinaliza uma implicação mútua inerente, mas diferencial, do self nos outros. Inicialmente, LaCapra solicitou o conceito de transferência para questionar as formas como o historiador encontra-se implicado em relação a seu objeto de estudo. *Compreender outros* apresenta uma expansão desse ângulo de atuação conceitual. Ao tratar a transferência como conceito relacional não restrito à psicologia individual, essa mútua implicação do self que envolve uma tendência à repetição e um investimento afetivo, para LaCapra, não se restringe às pessoas. Ela se dá também nas relações entre diferentes comunidades humanas, entre textos e entre animais. Se Freud acreditava que a transferência afetava todas as relações humanas, LaCapra vai além e pensa que a

---

[8] LaCAPRA, Dominick. *History and Its Limits: Human, Animal, Violence*. Ithaca, NY: Cornell University Press, 2009. p. 1-36.

transferência, ou seja, a mútua implicação do self, igualmente acontece nas relações com "seres outros-que-os-humanos" (p. 188).

A implicação transferencial, da maneira como compreendida por LaCapra, supõe a recuperação dos sentidos da empatia e da compaixão em contraposição ao significado da identificação. Conforme o historiador argumenta, enquanto a identificação ameaça a alteridade com o colapso e a sujeição, a empatia requer colocar-se na posição do outro, sem assumir o lugar dele ou tomar o *locus* enunciativo do discurso por ele. Isto é, insiste LaCapra, a empatia não é um sinônimo da identificação, uma vez que se baseia no reconhecimento, sob certas condições, da possibilidade de executar certas ações ou certas experiências – o que engendra uma "consciência ampliada", capaz de se manter eticamente vigilante ante essa possibilidade. Diante da perpetração de um ato atroz, a consciência vigilante entende que também poderia agir assim e, por isso, torna-se capaz de intervir em si mesma, preventivamente, de maneira a evitar que essa possibilidade se concretize. A empatia ou a compaixão não podem, da perspectiva de LaCapra, ser confundidas com apoiar, aceitar ou perdoar a perpetração de violências e experiências traumáticas. Seria quase que o contrário. Elas são componentes fundamentais e, todavia, não suficientes para uma compreensão histórica fundamentada e para uma ação social e política viável (p. 88).

A armação conceitual de LaCapra liga esse entendimento específico da empatia à inescapabilidade da tendência transferencial. Individual ou coletivamente, temos a propensão de incorporar traços do outro em nós ou de projetar nele certos traços que nos pertencem, mesmo que o "outro" seja um objeto de pesquisa. Esses "traços" são marcas que concernem a nossas próprias convicções, visões de mundo e desejos. Sendo compreendida dessa forma, a empatia é um dispositivo importante para que a implicação transferencial, envolvida ou não em uma experiência traumática, possa desencadear um processo de perlaboração.

Em *Writing History, Writing Trauma*, LaCapra construiu um modelo de análise sobre as respostas ao trauma histórico, no qual opõe o conceito de perlaborar (*working through*) ao conceito de *acting out* (que pode ser entendido por meio das ideias de reagir ou manifestar no presente reiterando algo previamente configurado ou experimentado).

Nesse livro, LaCapra afirma que a reação característica do *acting out* está ligada a uma compulsão ou tendência à repetição, e os que dela sofrem sentem-se "presos" à experiência traumática, que é revivida repetidamente, acarretando uma sobrevivência dolorosa, muitas vezes perpassada por um sentimento de constante ameaça que gera uma compulsiva hipervigilância e um desejo de segurança. Por sua vez, a perlaboração, ou trabalho de elaborar a experiência traumática, é um tipo de resposta muito mais difícil ao trauma, pois não sucumbe à tentação, muitas vezes justificável, de bifurcar o mundo entre bem e mal, vítima e algoz. O processo de perlaboração não prescreve respostas fáceis ou uma progressão linear através da dor, mas em vez disso envolve uma automodelagem da memória por meio da autor-reflexão e do engajamento crítico.[9]

Em *Compreender outros*, LaCapra prossegue sua perquirição acerca do trauma e de suas zonas cinzentas (termo que toma de empréstimo de Primo Levi[10]), ampliando consideravelmente o horizonte de atuação dos conceitos de perlaboração (*working through*) e *acting out*. Deixando de estar restrito à experiência traumática, o âmbito concernente a ambos conceitos agora se relaciona à concepção ampliada de transferência como autoimplicação, envolvimento afetivo e *tendência a repetir*, que rege as relações entre pessoas, comunidades, textos, saberes e animais. Conforme LaCapra explica, perlaborar acarreta um trabalho (no sentido psicanalítico) que se opera sobre o self e sobre os processos sociais, exigindo uma coimplicação transferencial que modela a repetição de forma a resistir à compulsão, desviando-se dela. Isto é, perlaborar "envolve abrir o self a considerar e respeitar os outros, e pelo menos a uma compreensão limitada dos outros enquanto outros, sem reduzi-los às próprias identificações narcísicas projetivas ou incorporativas" (p. 29). Por seu turno, o *acting out* caracteriza o modo de transferência totalmente submerso nas repetições compulsivas que produzem identificações e projeções reativas e defensivas, as quais, por sua vez, não estão apenas presentes como reação a uma

---

[9] LaCAPRA, Dominick. (2001). *Writing History, Writing Trauma*. Baltimore: Johns Hopkins University Press, 2014.

[10] Cf. LEVI, Primo. *Os afogados e os sobreviventes*. São Paulo: Paz e Terra, 2004.

experiência traumática. Por *acting out* compreende-se também a projeção das angústias, fragilidades e inseguranças depositadas no self, que, então, reage contra qualquer reinvestimento e remodelagem que possa, no presente, produzir aberturas para o futuro. Esse modo de ação reforça preconceitos e a eleição de bodes expiatórios, num ciclo de *feedback* que se presta como instrumental para gerar ou reforçar oposições injuriosas e mesmo gestos de violência.

A referência feita por LaCapra ao comportamento do ex-presidente dos Estados Unidos é particularmente oportuna para interpretar essa forma ampliada de se entender o *acting out*. LaCapra afirma que Donald Trump "parece às vezes um caso paradigmático de '*acting out*' com pouca ou nenhuma tentativa de 'perlaborar' problemas difíceis ou propensões dúbias" (p. 46). Ao longo do livro, são apontadas características que nos ajudam a pensar sobre o que seria tal paradigma. O ex-presidente, afirma LaCapra, mente e repete compulsivamente a mentira até que ela passe a operar completamente em benefício próprio. "De modo hipócrita e opressor, [Trump] usa a ridicularização, o sarcasmo pungente, para intimidar e humilhar outros que ele faz de bode expiatório, contando com a ingenuidade ou duplicidade de seus apoiadores" (p. 243). Ou, ainda, "Se é ofendido por críticos, revida não na mesma medida, mas com uma massiva overdose do que ele projeta ou imagina ver neles. Na melhor das hipóteses, ele tem um 'mecanismo' severamente avariado de autocensura e autocontrole" (p. 242). Quer dizer, ao analisar posições, posturas e comportamentos de Trump, os quais, como LaCapra mostra, são conduzidos por táticas de pivotar-e-projetar, podemos vislumbrar em que consiste a forma mais radical e extrema de *acting out*. Para o leitor brasileiro, será inevitável identificar a mórbida semelhança entre os traços e ações de Trump descritos e analisados por LaCapra e a figura indigesta de nosso ex-presidente Jair Bolsonaro.

O caminho aberto por *Compreender outros* é oposto ao "sentimento de mundo" representado por essas figuras. A aposta cunhada no livro fia-se na esperança de que o fenômeno Trump, e, por extensão, para nós, o bolsonarismo, tenha nos tornado mais sensíveis às deficiências e aos limites de abordagens, práticas e posturas ancoradas em identidades impulsionadas por um desejo compulsivo, decorrente de certa fixação antropocêntrica (p. 177). Nesse sentido, o leitor encontrará no livro problematizações acerca de diferentes cortes de alteridade: humanos e outros animais, o povo ocidentalizado e os outros povos, história e ficção, história e memória, ciências humanas e ciências exatas e tecnológicas. Em cada caso, esses cortes de alteridade são tratados de uma forma atenta aos detalhes, a partir de quadros de referências moldados em função de questões específicas que se abrem à indagação teórica e, certamente, ao debate crítico. Ao mesmo tempo, a reflexão de LaCapra permite a formulação de um "nó" fundamental: como um *point of no return*, a dissensão entre passado e futuro, e mesmo a possibilidade de algum futuro para os humanos, talvez estejam atreladas à conformação de um *ethos* que não atribua à nossa espécie nenhuma dominância ou excepcionalidade. Mas, nesse caso, e é o que pode ser perturbador, as implicações nos forçam a perguntar: quem e em nome de que poderia ser justo, generoso e compreensivo?

Referências

DERRIDA, Jacques. *Donner la mort*. Paris: Galilée, 1999.

DERRIDA, Jacques. *Gramatologia*. 2. ed. São Paulo: Perspectiva, 2004.

LaCAPRA, Dominick. *History and Its Limits: Human, Animal, Violence*. Ithaca, NY: Cornell University Press, 2009.

LaCAPRA, Dominick. *Rethinking Intellectual History: Texts, Contexts, Language*. Ithaca, NY: Cornell University Press, 1983.

LaCAPRA, Dominick. (2001). *Writing History, Writing Trauma*. Baltimore: Johns Hopkins University Press, 2014.

LEVI, Primo. *Os afogados e os sobreviventes*. São Paulo: Paz e Terra, 2004.

LIMA, Luiz Costa. Derrida ou a Amazônia da escrita. *In*: *A ficção e o poema*. São Paulo: Companhia das Letras, 2012. p. 66-95.

MBEMBE, Achille. *Necropolítica*: biopoder, soberania, estado de exceção e política da morte. São Paulo: n-1 Edições, 2018.

PINTO, Aline Magalhães. Dominick LaCapra: textualidade, empatia, trauma. *In*: BENTIVOGLIO, Júlio; AVELAR, Alexandre de Sá (org.). *O futuro da história*: da crise à reconstrução das teorias e abordagens. Vitória: Milfontes, 2019. v. 1, p. 155-178.

Introdução

O título deste livro indica minha preocupação em investigar as possibilidades e os limites da compreensão e do relacionamento, na prática, com outros, especialmente em contextos históricos específicos. Essa investigação inclui de modo crucial uma tentativa de lidar com problemas como transferência, projeção, vitimização e a criação de bodes expiatórios. Seria insuficiente dizer que o outro, incluindo o outro em nós, tem sido uma preocupação do pensamento crítico há algum tempo. Talvez a noção mais influente do outro (ou dos outros) em nós tenha sido a compreensão de Sigmund Freud dos processos inconscientes. A noção de Emmanuel Levinas de um absoluta e totalmente outro, que ele considera básica para a própria responsabilidade ética infinita em relação aos outros, também se tornou prevalente, especialmente nos termos da sua adoção por Jacques Derrida com relação a todo outro que seja afirmado como totalmente outro.[1]

---

[1] Um aspecto a destacar na perspectiva de Levinas e talvez também na de Derrida é que a importância, na verdade o infinito valor do outro – mesmo quando as maneiras do outro possam ser vistas como opacas, misteriosas ou mesmo repulsivas –, foi-lhes trazida pelo tratamento dos judeus no Holocausto. (Para uma análise perspicaz e sensível ao contexto do pensamento de Levinas ao longo do tempo, ver MOYN, Samuel. *Origins of the Other: Emmanuel Levinas between Revelation and Ethics*. Ithaca, NY: Cornell University Press, 2005). Mas as abordagens de Levinas e Derrida tendem a permanecer, mesmo que de modo provocativo ou desconstrutivo, relacionadas às tradições monoteístas, notadamente ao judaísmo. A importância histórica dessas tradições é óbvia e insistente. Mas, como deve ficar evidente, valorizo outras tradições ou tendências, em especial com respeito às culturas indígenas (apenas ocasionalmente significativas em Derrida), e coloco explicitamente questões a respeito da guinada de Derrida para a messianidade.

Achei de valor heurístico particular a ideia freudiana de que em cada outro (como em si mesmo) há algo de alheio, na forma de processos inconscientes que limitam o cumprimento do dito clássico "Conhece a ti mesmo", que simultaneamente qualifica – mas sem desqualificar inteiramente – a aplicabilidade do ideal de identidade, agência e responsabilidade individuais. A tentativa de expelir esse outro em nós, que problematiza a identidade e causa ansiedade no self, e de projetá-lo em um outro delimitado é uma dimensão do processo de eleição de um bode expiatório que cria uma nítida oposição binária entre o self e o outro (ou entre "nós" e "eles").

Em Freud, a alteridade ou outridade se associa ao papel da transferência, que assinala a implicação mútua, mas diferencial, do self nos outros. A transferência tem uma dimensão inerentemente social, ao se apoiar na implicação mútua, que de certo modo cria a heteronomia primária e a tendência a repetir, às vezes compulsivamente. Também é uma das bases da empatia ou compaixão, na verdade do cuidado e do amor, e, em sua forma negativa, do ódio, da animosidade, da criação de bodes expiatórios e da violência. Faz da identidade e da autonomia relativa ideais regulatórios que podem não se consumar, mas devem ser alcançados o suficiente para possibilitar responsabilidade moral e agência política. A transferência como autoimplicação, envolvendo a tendência a repetir, é mais evidente e talvez mais vigorosa na relação do sujeito com a autoridade e com figuras idealizadas, reais ou fantasiadas. Pode oferecer uma perspectiva mais ampla à questão da observação participante, significativa em antropologia e destacada na vida e na obra de Frank Hamilton Cushing. E tem vínculos com a abordagem da desconstrução de Jacques Derrida e com a investigação de M. M. Bakhtin sobre a dialogização no uso da linguagem.

Freud negava que o tempo "comum", cronológico, tivesse um papel no inconsciente. Mas o caso é diferente em formas estranhas de temporalidade, como o retorno do recalcado, os efeitos tardios e a repetição compulsiva. Essas formas parecem suspender o tempo e, em sintomas pós-traumáticos, como sonhos recorrentes, envolvem um cativante senso de plena presença ou a sensação de reviver um passado de aspecto atemporal e existencialmente mais "real" que qualquer efetivo presente ou futuro. Um desafio é ver como se pode argumentar de forma convincente que a transferência e a compulsão à repetição atuem ou estejam em jogo em várias áreas da vida individual ou coletiva, talvez até mesmo em políticas do governo e ações sociais. Uma questão difícil relativa à transferência é como e de que maneiras é possível repetir após o fato, ou reexperimentar tardiamente e reencenar, algo tão traumático e aparentemente alheio como aspectos do Holocausto ou outros eventos extremos que envolvem violência, criação de bodes expiatórios e abuso, que a pessoa pode nunca ter vivido diretamente. E como é possível lidar com e, de certo modo, perlaborar tais experiências potencialmente incapacitantes de modos que permitam compreender outros – outras pessoas, animais e passados – não só como entidades alheias ou projeções do self?

Pode ainda haver trabalho histórico a ser feito sobre eventos do Holocausto em si. Mas há também a importante questão de suas consequências, dos efeitos traumáticos às vezes tardios em crianças e pessoas próximas a perpetradores, em vítimas e outros envolvidos. Tais consequências também levantam a questão das relações efetivas ou teóricas com outros efeitos potencialmente traumáticos, como abuso, racismo, eleição de bodes expiatórios e colonialismo. A atenção ao trauma não se restringe ao Holocausto, mas no pensamento recente pode muitas vezes ser exemplificado por ele e suas consequências. O trauma, porém, em geral tem efeitos tardios e levanta a questão de sua representação contestável em várias áreas (historiografia, cinema, literatura e outras formas de arte) e de seus usos às vezes questionáveis na política e, de modo geral, na sociedade e na cultura.

Entendida de maneiras mais ou menos revisionistas, a psicanálise não é uma psicologia em qualquer sentido convencional. É uma forma de teoria crítica cujos conceitos básicos (transferência, assim como trauma, repressão, dissociação, negação, repetição, deslocamento, condensação, projeção, incorporação, *acting-out*, elaboração e perlaboração) são mais bem compreendidos como algo que mina a oposição entre indivíduo e sociedade, e entre individualizado ou coletivizado, de diferentes maneiras em contextos variados. Mais significativamente, conceitos psicanalíticos básicos assinalam a mútua implicação e interação do individual e do social, assim como apontam para o papel do pensamento e da ação políticos (notadamente como dimensão crucial para perlaborar problemas que pedem empatia e respeito pela alteridade ou diferença, mas não são simplesmente psíquicos). Todos os vários procedimentos e mecanismos de defesa discutidos por Freud são muito significativos. Desempenham papéis diferenciados em diferentes épocas e lugares e têm, às vezes, análogos (como o exorcismo) que não podem ser meramente reduzidos a eles. Vejo a tendência a desviar e deslocar ou "pivotar e projetar" sendo expressa de modo quase compulsivo nos recentes eventos políticos e sociais, e, portanto, às vezes coloco ênfase particular nisso.

Quanto à transferência, o historiador não está em posição peculiar, embora certas técnicas possam servir de salvaguardas. A objetificação é uma delas, assim como seu complemento, a contextualização. Mas, levadas ao extremo, tais técnicas podem envolver a negação da transferência, o que, apesar da negação, pode mesmo assim ocorrer de formas descontroladas. Aqui não é o lugar para analisar o trabalho de vários historiadores a respeito.[2] Mas um notável exemplo de repetição com mínima mudança, em relação a um estudo aparentemente objetificado, é *Zweierlei Untergang: Die Zerschlagung der Deutschen Reiches und das Ende des europäischen Judentums*, de Andreas Hillgruber.[3] Nele, Hillgruber defende que o historiador que estude essas duas "quedas" deve assumir a perspectiva presumida da nação alemã

---

[2] Sobre o papel da transferência na historiografia, ver, por exemplo, minhas análises de historiadores importantes como Carlo Ginzburg, Carl Schorske e Robert Darnton em *History & Criticism* (Ithaca, NY: Cornell University Press, 1985). Sobre o problema específico da transferência na historiografia do Holocausto e áreas afins, ver meu *Representing the Holocaust: History, Theory, Trauma* (Ithaca, NY: Cornell University Press, 1994). Sobre representação do Holocausto em filmes e arte, como o importante filme de Lanzmann, de 1985, *Shoah*, ver meu *History and Memory after Auschwitz* (Ithaca, NY: Cornell University Press, 1998). Obras mais recentes retomam esses assuntos, notadamente *Writing History, Writing Trauma* (2001; Baltimore: Johns Hopkins University Press, 2014 [com novo prefácio]), *History and Its Limits: Human, Animal, Violence* (Ithaca, NY: Cornell University Press, 2009) e *History, Literature, Critical Theory* (Ithaca, NY: Cornell University Press, 2013), esp. caps. 4 e 5.

[3] HILLGRUBER, Andreas. *Zweierlei Untergang: Die Zerschlagung der Deutschen Reiches und das Ende des europäischen Judentums*. Berlin: Siedler, 1986. Para uma discussão de Hillgruber, ver meu *Representing the Holocaust*, p. 51-53. "*Untergang*"

como um todo (excluindo as vítimas) e ter empatia pelos alemães do Leste (de onde Hillgruber provém), notadamente pelos soldados alemães que combateram os invasores russos no *front* oriental. Alemães no *front* oriental podem muito bem merecer empatia ou compaixão como vítimas de homicídio, estupro e saque pelos invasores russos. Mas, generalizando de modo excludente e focando nos militares, Hillgruber repete no próprio discurso histórico o que ele interpreta como as perspectivas alemãs durante a guerra, chegando ao ponto de estabelecer uma dúbia equivalência entre a destruição do Reich ("*Zerschlagung*" é um termo muito forte) e o eufemisticamente denominado "fim" dos judeus na Europa. (Os judeus não "tiveram um fim". Foram cercados, confinados, torturados e mortos, e sua cultura – ou *Judentum* – foi atacada e em medida significativa destruída, mas, felizmente e apesar das declaradas intenções nazistas, não a ponto de levar ao seu fim ou ao fim dos judeus.)

Para dar um exemplo diferente, embora Lawrence Langer não seja tecnicamente um historiador, o seu *Holocaust Testimonies: The Ruins of Memory*[4] é um livro importante para historiadores, não só para eles, e a relação de Langer com testemunhas sobreviventes é transferencial ao ponto da identificação e da sacralização, incluindo a negação insistentemente melancólica e quase dogmática da possibilidade de os sobreviventes perlaborarem o passado, ao menos no sentido de reconstruir uma vida viável pós-Holocausto. Em Langer, há a sensação de que as vítimas não podem se tornar sobreviventes, devem permanecer como vítimas destroçadas. Há algo similar em Claude Lanzmann, cujo interesse e reação altamente afetiva, talvez exageradamente participativa, em seu icônico filme *Shoah*, de 1985, são dedicados à vítima, e não ao sobrevivente, ou apenas ao sobrevivente capaz de reviver e, para os propósitos do filme de Lanzmann, de reencenar ou promover um *acting-out* da vitimização. Mas *Shoah* é um filme de importância crucial, inquestionável. E Langer pode estar

---

é o mesmo termo usado por Oswald Spengler na obra que costuma ser traduzida como *O declínio do Ocidente*.

[4] LANGER, Lawrence. *Holocaust Testimonies: The Ruins of Memory*. New Haven: Yale University Press, 1991.

tendo uma reação exagerada ao que ele plausivelmente vê como o placebo neo-hegeliano estendido de Charles Taylor em *Sources of the Self*,[5] em que o Holocausto torna-se pouco mais que um lampejo na história de uma suposta trajetória de ascensões e descensos de uma crescente justiça e misericórdia ocidentais.[6]

A meu ver, podemos representar dimensões importantes do Holocausto e da experiência de suas vítimas e seus perpetradores, sem pressupor que a empreitada seja fácil ou isenta de problemas ou que consiga traduzir bem essa experiência. Como muitos, acho dúbia a ideia de que o Holocausto ou a sua experiência traumática sejam absolutamente irrepresentáveis, ideia tipicamente associada à visão *noli-me-tangere*, que os trata como algo tabu, sagrado ou sublime. É compreensível que o silêncio, no âmbito de eventos traumáticos e "inefáveis" e da nossa reação a eles (que inclui os sentimentos de "culpa" ou desorientação que podem evocar), seja disseminado entre sobreviventes, por várias razões. Como tem sido notado, tal silêncio pode ser uma forma profundamente sentida de respeito que alcance status religioso ou pós-secular, talvez relacionada a laços com seres próximos perdidos. Mas pode também ser manipulado politicamente por autointeresse e servir para intensificar sintomas pós-traumáticos fantasiosos em crianças ou pessoas próximas de sobreviventes, até em gerações vindouras, se tal silêncio não for perlaborado, pelo menos para que se possa lidar com ele de maneira viável.[7] Especialmente nos nascidos mais tarde, cuja relação com as vítimas seria mais remota, pode surgir o paradoxo familiar "Se não é possível falar a respeito, não é possível calar", o paradoxo de acreditar que não se pode ou deve dizer nada sobre certos eventos ou experiências e com isso ver-se incapaz de falar sobre qualquer outra coisa, ainda que apenas no "meta"-nível de repassar sem cessar as razões pelas quais se deve silenciar.

---

[5] TAYLOR, Charles. *Sources of the Self*. Cambridge, MA: Harvard University Press, 1989.

[6] Sobre Langer, ver meu *Representing the Holocaust*, p. 194-200; sobre Taylor, p. 183-187.

[7] Ver, por exemplo, WEISSMAN, Gary. *Fantasies of Witnessing: Postwar Efforts to Experience the Holocaust*. Ithaca, NY: Cornell University Press, 2004.

O conceito psicanalítico de "perlaborar", contraposto ao *acting out* e à compulsão à repetição, implica uma forma modulada de repetição que envolve uma coimplicação transferencial e resiste à compulsão e ao fechamento, embora venha com julgamento crítico e autocrítico, permitindo possíveis, e talvez mais desejáveis, futuros. Perlaborar também envolve abrir o self a considerar e respeitar os outros, e pelo menos a uma compreensão limitada dos outros enquanto outros, sem reduzi-los às próprias identificações narcísicas projetivas ou incorporativas. Nesse sentido, é o que se exige para uma responsabilidade moral, assim como política, e pode ser visto como tendo sentido ético e político, ou mesmo envolvendo trabalho social e político. Ele não fica confinado a uma reação psicológica, a um contexto clínico ou à relação psicanalítica face a face. Tampouco deve restringir-se a uma "cura pela fala", já que talvez não traga uma cura plena, mas exija trabalho contínuo sobre o self e sobre as relações com os outros. E pode muito bem envolver atos e práticas que não sejam "fala" nem estritamente linguísticos (por exemplo, riso, choro, canto, música e movimentos corporais incluindo a dança, além de pintura e outras formas de arte). É nesse sentido que tenho empregado o conceito de perlaborar [*working through*] em trabalhos anteriores e devo continuar empregando neste livro. Além disso, minha abordagem de Sigmund Freud, assim como de Jacques Derrida ou Mikhail Bakhtin – três figuras cujo pensamento tem papel importante ao longo deste livro –, tem sido e continua a ser seletiva e em parte crítica, não mimética ou dogmática. Não obstante, insisto em que o interesse continuado no pensamento de figuras importantes como essas não é um modismo antiquado ou uma fixação no passado. O que se mostra como "moda passageira" ou se fixa não é a crença de que ainda haja muito valor na obra deles, assim como na de outros pensadores e escritores importantes do passado. É mais a busca contínua de algo novo, que facilmente se torna uma variante acadêmica, profissional ou artística de obsolescência programada. O desafio é ver como aquilo que é de valor duradouro no pensamento passado pode ser repensado e voltado em direções que não são simples formas de repetição mecânica ou objetificação defensiva.

Os principais "outros" de que trato sob vários enfoques são outros animais, outros povos (notadamente judeus e zunis, em relação ao Holocausto e ao colonialismo, respectivamente, junto a uma inquirição antropológica possivelmente colusiva e intrusiva) e nossos próprios passados, assim como de outros, especialmente na medida em que impactem e de fato possam estar ainda vivos ou assombrando o presente. Em historiografia, tornou-se um clichê dizer que o passado é um país estrangeiro. Mas essa condição estrangeira pode recorrer com estranhas variações no presente, por exemplo, na forma de repetições desconcertantes e forças sacrificiais ou quase sacrificiais que são típica e enganosamente situadas fora da "modernidade" e interpretadas como atavismos irracionais. Daí que, por exemplo, as abordagens do Holocausto tenham se dividido muitas vezes entre interpretar o genocídio como resultado de forças modernizadoras (burocracia, alienação e industrialização do morticínio em massa – talvez a abordagem historiográfica dominante) ou como efeito de uma "irracionalidade" ressurgente, notadamente na forma do retorno de desejos quase religiosos de purificação e redenção (uma preocupação menos proeminente, mas ainda ativa na historiografia e em disciplinas afins). Tem ficado cada vez mais óbvio que essas duas abordagens não são mutuamente excludentes, mas histórica e existencialmente entrelaçadas, e que a ênfase na racionalidade instrumental evidencia o papel de outras forças, que são tidas como pré-modernas e irracionais apenas sob o risco de subestimar sua importância e operação mais ou menos deslocada e distorcida na "modernidade". É preciso também ser sensível às maneiras como os processos ativos no Holocausto, como os quase sacrificais desejos de purificação, autojustificação e mesmo redenção ou salvação, podem não ser exclusivos do desejo de se livrar (*entfernen*) dos judeus, mas encontrados também em outros fenômenos de preconceito e eleição de bodes expiatórios, que podem às vezes chegar a extremos de violência, ou mesmo de genocídio ou quase genocídio. A "limpeza étnica" pode ter dimensões tanto instrumentalmente racionais (como guerras de "territórios" e a posse de terras, empregos e recursos) quanto aspectos menos instrumentais, quase rituais (como o senso de contaminação pelo contato com certos outros, particularmente o contato sexual, o que engendra demandas de segregação, expulsão ou extermínio).

Outra forma de alteridade ou outridade que percorre as análises deste livro é a que emerge da divisão do trabalho ou de esferas de atividade, notadamente quando esse processo se aplica a disciplinas como historiografia, ciências sociais, filosofia e crítica literária. Claro que tem havido um longo chamado à inter e à multidisciplinaridade como requisito para o estudo de problemas e processos complexos. Mas esse chamado acaba sendo honrado em boa parte apenas nominalmente, às vezes como um grito no deserto. Departamentos acadêmicos continuam fortemente diferenciados, e indivíduos que cruzam as fronteiras disciplinares precisam (e devem) não só estar familiarizados com as práticas e os protocolos de outras disciplinas, mas também ser capazes de adotar identidades divididas, que podem criar desconfiança em colegas que busquem assegurar autodefinição e identidade (digamos, como historiador, filósofo ou crítico literário). Tal desconfiança pode ser proeminente mesmo em uma orientação teórica que alegue desconstruir ou questionar frontalmente a viabilidade de uma identidade sem marcas ou divisões, ou do fechamento e da totalização. E, quaisquer que sejam as tendências teóricas ou metodológicas dominantes ou prevalentes em uma disciplina, a interação do dia a dia entre colegas cria formas práticas de filiação e de discurso que têm um efeito no pensamento, na escrita, interação pessoal e na educação dos alunos.

É raro que um departamento de Literatura, Filosofia ou mesmo de Ciência Política contrate alguém com formação em História, e mais raro ainda que um departamento de História contrate algum diplomado em Estudos Literários, Filosofia ou mesmo Ciência Política. Prêmios como os concedidos a livros tendem a ser mais intra do que interdisciplinares, apesar de alguns livros premiados poderem ter, é claro, dimensões interdisciplinares. Uma fonte de debate contínuo é simplesmente quão firmes ou seguras devem ser as linhas de demarcação disciplinar, assim como qual seria a melhor inserção de uma dada concentração inter ou multidisciplinar (como teoria crítica, história intelectual e teoria da história ou "meta-história"). Também toco na questão do quanto os próprios historiadores nos Estados

Unidos, na Inglaterra e na França leem e tentam entender uns aos outros, cruzando fronteiras nacionais. No texto a seguir, fronteiras entre e dentro de disciplinas serão cruzadas de maneiras que espero se mostrem instigantes, abertas a debate e até controversas, embora não empreendidas com o intuito de provocar efeitos de choque que logo se tornam muito previsíveis. Além disso, alguns protocolos, especialmente acentuados na história profissional, podem ser infringidos, por exemplo, quanto às notas de rodapé, que às vezes vão além de fornecer referências a asserções e oferecem pontos de vista suplementares ou mesmo divergentes, estendendo ou deslocando uma ideia exposta no corpo principal do texto.

Já escrevi antes sobre alguns temas revisitados neste livro, e tento tratá-los aqui de modo que não repliquem, mas que possam ser variações e inflexões significativas e ir além do que defendi antes. Isso vale em especial para os problemas de história, memória, o Holocausto e outros animais, bem como para o pós-humano e pós-secular. Também comento a campanha eleitoral e a fase inicial da administração de Donald Trump, que contêm elementos que, infelizmente, são não só oportunos, mas também de contínua relevância para as questões básicas de que trato. Tento deixar explícitos e claros, o quanto possível, os sentidos em que uso seletivamente e às vezes reviso significativamente a desconstrução de Derrida e a psicanálise de Freud, bem como o "dialogismo" elaborado por Mikhail Bakhtin. De algumas maneiras, os resultados são distintos e de minha própria responsabilidade, especialmente com respeito à sua relevância para a historiografia. Às vezes, adentro áreas diferentes, como na discussão sobre Frank Hamilton Cushing e suas "aventuras" em Zuni Pueblo. Cushing passou mais de quatro anos em Zuni. Tornou-se íntimo aliado do seu "governante" e até membro da prestigiosa sociedade religiosa do Arco. Mas os zunis e outros povos indígenas continuam divididos ou às vezes ambivalentes quanto à atuação dele em Zuni, com frequência vendo-a em termos contrastantes como uma traição invasiva ou uma tentativa de compreensão empática. O capítulo aponta para as tensões no papel de Cushing como um "outro" ou "*outsider*", que, em certa medida, pelo menos, acabou se tornando um importante "*insider*". Também explora as relações entre o ainda controverso "método" antropológico de observação participante e o conceito psicanalítico de transferência. De fato, nas relações de Cushing com os zunis, temos um caso impactante de promessas e armadilhas de "estar com" e tentar compreender os outros, um caso ainda desafiador para os zunis e outros povos indígenas, e para os que tentam ser comentaristas compassivos, mas ainda criticamente autoconscientes.

É evidente que a outridade ou alteridade veste muitas máscaras, e só vou explorar aqui algumas.[8] Além disso, muitos daqueles a quem me refiro (como Frank Hamilton Cushing, Edward S. Curtis e George Custer) são controversos de modos que não exploro explicitamente, mas muitas vezes destaco, mesmo indicando por que razões acho que merecem um estudo cuidadoso. Acrescento que, como a história, a antropologia mantém há tempos uma relação tensa, se não combativa, entre suas tendências social-científicas e humanísticas. As primeiras, em especial via associação com a arqueologia, podem inclinar a um cientificismo ou pelo menos a uma estreiteza empírica e monográfica. E a propensão humanística segue, às vezes, rumo a uma teorização especulativa e abstrata em excesso. Um novo olhar para uma figura como Cushing pode ajudar a reviver um interesse pela história da antropologia e reativar uma interação mais desafiadora entre orientações humanísticas e social-científicas (bem como entre teoria e pesquisa) nos estudos antropológicos e etnográficos. Pode até apontar possibilidades pós-humanistas e pós-seculares da antropologia, notadamente nas relações com outros animais e em repensar a espiritualidade indígena, incluindo o papel do fetiche e da katsina (ou kachina).[9] Um aspecto especialmente desafiador

---

[8] Para um estudo importante, que expande a inquirição sobre a compreensão e a relação com "outros" para além dos parâmetros explorados no presente livro, incluindo pessoas com deficiência intelectual, crianças "selvagens", bebês, pessoas com transtornos neurológicos e anjos, assim como inteligências artificiais, ver BERGER, James. *The Disarticulate: Language, Disability, and the Narratives of Modernity*. New York: New York University Press, 2014. Berger explora como tais "outros" têm papel crucial em boa parte do pensamento e da literatura moderna.

[9] A katsina é uma escultura feita a partir da raiz do choupo americano. Representa um ou mais dos 300 espíritos na religião dos povos pueblos. Foi tradicionalmente usada para ensinar aspectos da religião a crianças jovens demais

de Cushing é como seu pensamento e sua prática tendem a ser um embaraço para os antropólogos e historiadores profissionais que não o marginalizam ou simplesmente excluem de seus campos de interesse. A razão pode muito bem ser que ele insiste em representar ou manifestar relações transferenciais em formas de observação participante, e estas são frequentemente, quando não tipicamente, evitadas, reprimidas ou negadas como parte integrante de importantes formas de profissionalização e prática disciplinar que criam uma nítida separação entre self e outro, observador e observado, ou passado e presente.

O capítulo sobre história e literatura assume a forma de um ensaio de revisão ou intercâmbio dialógico com o importante livro de Ivan Jablonka *A história é uma literatura contemporânea: manifesto pelas ciências sociais*.[10] Também fornece um exemplo do que defendo na história intelectual e cultural: uma análise crítica expandida e uma tentativa de compreender textos e artefatos específicos (assim como seus contextos mais amplos de produção e recepção). Jablonka busca algo além de uma mera combinação de história, ciências sociais e literatura. Ele gostaria que a história, ela mesma entendida como ciência social, fosse uma literatura do mundo real. Também está interessado em literatura informada não apenas pelos resultados, mas, mais importante, pelas formas de argumentação e investigação da história e de ciências sociais relacionadas (notadamente a antropologia e a sociologia). Por isso faz uma desafiadora tentativa de coordenar história, literatura e ciências sociais em uma compreensão da história que evita dicotomias, e, no entanto, também faz nítida distinção entre literatura e ficção. Ele, ao mesmo tempo que aproxima história e literatura, distancia a história

---

para participarem de práticas religiosas. Também é representada e encenada por dançarinos mascarados em cerimônias. (A recente transliteração "katsina" é muitas vezes preferida, mas "kachina" foi empregada antes na literatura e também é usada às vezes hoje.)

[10] JABLONKA, Ivan. *L'Histoire est une littérature contemporaine: manifeste pour les sciences sociales*. Paris: Éditions du Seuil, 2012. (Librairie du XXIe Siècle). [Edição brasileira: *A história é uma literatura comtemporânea: manifesto pelas ciências sociais*. Brasília: EdUnB, 2021.]

da ficção que não esteja de forma heurística e metodológica a serviço da investigação histórica.

Não há um desenvolvimento linear entre os capítulos deste livro; o que há são referências cruzadas, que podem propiciar um retorno a pontos ou discussões anteriores. Essa abordagem cria, assim espero, uma noção das forças interatuantes que proveem um tecido conectivo para a argumentação. A maior ambição deste livro é promover o desenvolvimento e a efetividade de um quadro de referência "pós-humanista" (ou diverso do estritamente humano) que situe e limite o humano em um contexto ecológico e existencial mais amplo. Esse é o contexto em que qualquer defesa das ciências humanas pode ser mais bem entendida. A recente ênfase na importância das disciplinas STEM (Ciência [*Science*], Tecnologia, Engenharia e Matemática) implica às vezes, até de forma crescente, a ideia de que as ciências humanas devem ser tornadas "práticas", nos moldes de uma disciplina STEM, caso contrário são desqualificadas ou descartadas como inúteis. Quando há esse viés, a exaltação e o financiamento das disciplinas STEM ultrapassam o desejável e se afastam de problemas cruciais voltados para a compreensão, o pensamento crítico e as implicações para o presente e o futuro. O resultado pode muito bem ser o tipo de ultraconservadorismo ou mesmo neoliberalismo que defende a desenfreada exploração da natureza e de outros animais e vê o mundo apenas como repositório de recursos a serem privatizados e consumidos de maneiras que supostamente atendem a "interesses humanos". O conceito de Antropoceno, que recentemente tem prevalecido, é útil para indicar o crescente impacto dos humanos no restante da natureza, evidente no problema do aquecimento global. Esse impacto pode indicar uma pegada humana que ameaça esmagar o que não se encaixe em seu molde ou não se encaixe em suas diretivas, uma pegada que facilmente se torna contraproducente e autodestrutiva. O próprio conceito de Antropoceno não deveria legitimar o antropocentrismo, mas em vez disso funcionar como um indicador do impacto humano no mundo, que precisa ser questionado quando se torna autocentrado e explorador. Uma consequência é que teorias da evolução não devem ser encaradas como uma secularização da grande cadeia do ser que aberta ou furtivamente coloque o humano em seu pináculo e funcione para justificar usos e abusos humanos de outros seres e do próprio ambiente.[11]

Um aspecto-chave do predomínio de um humanismo estreito, exclusivista, que pode ser ainda mais estreitado do "especismo" para o nacionalismo chauvinista e o racismo, é a crescente divisão da população, tanto dentro dos países como ao redor do mundo, em uma pequena classe dos muito ricos contraposta ao avassalador número de pobres, com um encolhimento da classe média. Nos Estados Unidos, há a impressão de ter ocorrido um retorno modificado (e talvez prestes a se tornar exagerado) à "Era Dourada", com sua classe privilegiada de super-ricos, o impulso à privatização (até de rodovias e presídios) e seu sistema econômico e financeiro não regulado ou desregulado. Recentemente testemunhamos até a emergência de tendências extremamente conservadoras e autoritárias, ou mesmo neofascistas, com significativo apoio popular.

---

[11] Um desenvolvimento recente em biologia é a capacidade de editar sequências genéticas, acelerar evolução, eliminar certos genes e permitir que outros proliferem tanto em laboratório quanto "na natureza". As consequências são instigantes e intimidantes, e apontam para a possibilidade tanto de extirpar certas doenças (como a malária e a doença de Lyme) como de desencadear uma devastação sem precedentes. Felizmente, alguns cientistas (como Kevin Esvelt, do MIT) agora reconhecem que a ciência não é uma atividade autocontida sem responsabilidade pelas consequências, mas uma prática envolvida com preocupações mais amplas, ecológicas, éticas e políticas, que exigem atenção responsável em qualquer experimento ou inovação. Ver, por exemplo, o informativo artigo de Michael Specter, "Rewriting the Code of Life" (*New Yorker*, p. 34-43, Jan. 2, 2017). Vale notar, como observa Specter, que Esvelt enfrentou obstáculos em sua carreira em razão da natureza multidisciplinar e em parte de orientada ao público de seu trabalho. "Apesar de seus prêmios, publicações e mentores influentes, Esvelt precisou lutar para alcançar uma posição que o ajudasse a conquistar suas metas como cientista e educador público. Para muitas instituições, ele se afigurou como um estranho híbrido. Certamente demonstrou grande talento como pesquisador, mas também decidiu se tornar uma espécie de proselitista. Há muito tempo ele concluiu que contar a história da ciência, e das escolhas que ela coloca, é tão valioso quanto qualquer coisa que ele possa conseguir em laboratório" (p. 37). Esvelt destacou o exemplo de Carl Sagan, um cientista importante, mas que injustificadamente foi olhado com desdém, e que defendia uma agenda comparável à dele.

De fato, uma estatística frequentemente invocada concluiu que uns 60 indivíduos detêm a mesma riqueza que a metade de baixo da população mundial, e dentro dos Estados Unidos a atenção tem às vezes se desviado dos 1% mais ricos para os superprivilegiados 1/10 desses 1%. Quaisquer que sejam as estatísticas precisas, a extrema desigualdade é descaradamente óbvia, e é um escândalo que foi apontado tanto pelo papa Francisco como por Bernie Sanders, uma conjunção que pode nos fazer lembrar que um dos primeiros judeus democratas e socialistas foi Jesus Cristo. Eventos recentes também nos fazem lembrar que há um grande grupo de pessoas que podem não agir ou votar em favor de seus melhores interesses racionais, e ser movidas não só por reclamações justificadas, mas também por forças afetivas e ideológicas, na verdade fantasmáticas e calcadas no ódio, incluindo modos de preconceito e eleição de bodes expiatórios. Minha convicção é de que uma preocupação sustentada por outros povos, outros tempos e outros seres além dos humanos forma o quadro de referência maior no qual uma insistência em questões econômicas, sociais e ecológicas que afetam os humanos deve ser considerada, a fim de poder ser mais bem compreendida e direcionada. É de se supor que um limiar crucial tenha sido transposto quando tal preocupação tiver lugar proeminente nas agendas políticas de movimentos e partidos.

Na capa deste livro há uma foto de uma escultura katsina de Aaron Honyumptewa. A katsina é de um Yowe, ou "Matador de Padres". Apesar de sua legendária reputação de povo pacífico, os hopis, como outros povos pueblos, incluindo os zunis, às vezes participavam de conflitos internos e externos, notadamente no século XVII, que culminaram na Revolta Pueblo, de 1680. (O escultor, Aaron Honyumptewa, como ele próprio relatou, é hopi e picuris, e, quando comprei dele a katsina na Feira Indígena de Santa Fe, em 2015, declarou que o indígena na katsina não era um hopi, mas um membro de outra etnia, contratado pelos hopis para empreender o ato violento, que Aaron garantiu que eles se abstinham de perpetrar. Disse também que a katsina chocara alguns de seus vizinhos hispânicos católicos, e havia sido com certeza alvo de muitas atenções e de alguma controvérsia na pré-inauguração da feira, na noite anterior.)

A revolta de 1680 foi contra os conquistadores espanhóis e sua ala clerical, que algumas vezes havia tentado destruir práticas religiosas dos nativos, incluindo kivas e katsinas. Ecos e fantasmas do conflito não desapareceram de vez, especialmente em torno da festa anual em Santa Fe que celebra a reentrada (*Entrada*) em 1692 dos espanhóis sob Antonio de Vargas, após a violenta repressão à Revolta Pueblo. Foram feitos esforços para tornar a celebração mais inclusiva, às vezes tentando mostrar a reentrada e a reconquista de modo distorcido, por lentes cor-de-rosa, como eventos pacíficos, outras vezes tentando remoldar criticamente a reconquista e mover a *fiesta* na direção da celebração de uma possível paz e cooperação no presente e no futuro. Um passo nessa direção em certas cidades e estados (incluindo Santa Fe, Berkeley, Denver, Alaska e Vermont) tem suplementado e contestado o Dia de Colombo [Columbus Day] ao (re)nomear esse dia como Dia dos Povos Indígenas, um gesto que é ao mesmo tempo politicamente correto e talvez simplesmente muito correto.

A katsina representa um indígena prestes a matar, talvez a sacrificar, um franciscano. Os franciscanos, junto a outras ordens, costumavam funcionar como o componente clerical da conquista. Eles pretendiam construir uma igreja em Hopi como parte de sua atividade missionária de converter os indígenas ao cristianismo, uma igreja que os hopis não queriam. A katsina parece captar o assassinato de um franciscano, real ou legendário, em um momento de animação suspensa. Fica-se tentado a vê-la com olhos ocidentais como análoga à estátua de Laocoonte e seus filhos, ou talvez às pinturas do sacrifício de Isaac por Abraão (por exemplo, a de Caravaggio, de 1603). (O pai de Aaron, o celebrado pintor e escultor Stetson Honyumptewa, que estava no mesmo estande do filho na Feira Indígena, pareceu concordar com a adequação da analogia que tracei entre a escultura de seu filho e as representações da cena sacrificial [ou Akedah] envolvendo Isaac e Abraão.)[12] A katsina pode também ser vista como

---

[12] Uma diferença significativa é que, na katsina, em oposição ao relato bíblico, não há um carneiro com os chifres emaranhados nos arbustos, como se estivesse pronto a servir (e muitas vezes esquecido ou ignorado) como substituto sacrificial do filho de Abraão.

indicação do colapso extremo de uma tentativa de entender o outro, uma contrapartida do fracasso do Ocidente e sua religião dominante de compreender as práticas espirituais que tentavam deslegitimar, substituir e eliminar, seja pela extirpação, seja pela assimilação.[13]

Conversão pode significar literalmente transmutar o outro no próprio self ou no mesmo, frequentemente com o sacrifício ou a constrição do entendimento, pelo interesse do controle e da assimilação, eles mesmos às vezes ensejando o "sacrifício" dos povos

---

[13] Vale mencionar que uma guia que tive uma vez em Acoma, outro povo pueblo, fez questão de destacar que, na opinião dela, a igreja ali não era bem-vinda e que a vista que se tinha a partir dela estava orientada na direção dos banheiros químicos que ficavam logo abaixo. Mas eu também destacaria que, apesar da condição do cristianismo de religião dos conquistadores, as relações entre as práticas nativas e o cristianismo são às vezes interativas e nem sempre antitéticas. O catolicismo tem tentado, às vezes, permitir a coexistência de seus rituais e imagens com os dos indígenas. Dignos de nota a respeito são os murais katsina acima das representações da Via Crucis na Igreja de Nossa Senhora de Guadalupe em Zuni, Novo México. (Os zunis são também um povo pueblo. Suas práticas são próximas das dos hopis, mas eles não costumam vender nem sequer expor suas esculturas katsina. Por exemplo, o escultor de fetiches Max Laate é citado como tendo dito: "Não quero mais esculpir kachinas. São religiosas e não quero mais fazer isso. Posso fazer kachinas como presentes, mas não para vender, porque, se você faz isso, está vendendo parte de você, e sua vida será abreviada" (citado em: RODEE, Marian; OSTLER, James. *The Fetish Carvers of Zuni*. ed. rev. Albuquerque, NM: The Maxwell Museum of Anthropology; The University of New Mexico, 1995. p. 89). Os impressionantes murais katsina na Igreja de Nossa Senhora de Guadalupe (e outras imagens, como uma figura de Cristo envolvida por mantas zunis, acima do altar) foram pintados durante um período de 25 anos no final do século XX, com a permissão do padre da paróquia, pelo pintor Alex Seotowa, auxiliado por seus dois filhos, Kenneth e Edwin. Alex Seotowa, que frequentou a escola paroquial, descreve a si mesmo como "um católico que é também 'praticante cultural' das tradições zunis". Ele vê paralelos entre as práticas católicas e zunis e tenta evocar a espiritualidade compartilhada em ambas. Para ele, katsinas são intermediárias similares a anjos da guarda. Ver a reportagem de Gustav Niebuhr no *New York Times*, de 29 de janeiro de 1995 (http://www.nytimes.com/1995/01/29/us/zunis-mix-traditions-with-icons-of-church.html. Acesso em: 18 maio 2016]). Note que, embora os escultores hopis vendam esculturas katsina, alguns, como Stetson Honyumptewa, sentem que as katsinas têm significado espiritual e que eles, como escultores, trabalham dentro de uma tradição na qual a religião desempenha papel importante.

indígenas e suas culturas. A conversão pode até ser vista mais como uma tentativa de arrancar o olho que nos ofende, em vez de chegar a algum senso, mesmo que inadequado, da perspectiva a partir da qual ele vê. O indígena da katsina está dizendo não à conversão, naquela que talvez seja a maneira mais decisiva possível. Neste livro, procuro maneiras outras além das de converter, assassinar ou sacrificar outros, assim como fez, à sua maneira, o artista que esculpiu o Yowe da katsina, embora destacando a violência da confrontação, que levou o assassinato a seguir de modo desproporcional na outra direção.

Note também que alguns zunis quiseram fazer a Frank Hamilton Cushing o que está sendo feito ao franciscano. Cushing, o antropólogo, não procurou converter os zunis; na realidade, queria os proteger e até se tornar um deles, pelo menos até certo ponto. Mas se intrometeu no seu modo de vida e fez coisas que eles acharam inaceitáveis, manifestamente invasivas, e talvez sacrílegas e apropriativas, como desenhar e fazer anotações durante as cerimônias e práticas sagradas deles. Nas visitas que eu mesmo fiz a Zuni, quando pareceu apropriado, levantei a questão da memória de Cushing entre os zunis. Quase sempre deparei com uma reação desconfortável, ambivalente, em algum ponto entre uma risada embaraçada e um gesto de descaso, que pode mostrar que Cushing ainda é uma questão viva e que as divisões na aldeia, assim como entre alguns de seus membros durante a estada dele ali, ainda não despareceram totalmente.

A propósito, no início da minha carreira, pensei seriamente em me tornar ou padre (quando estava em uma escola paroquial primária e depois secundária – gosto de pensar em um padre do tipo Dan e Phil Berrigan ou Michel de Certeau, em vez de na variedade militante da conversão) ou, mais tarde, antropólogo (estudei em Paris durante os anos 1960 com Claude Lévi-Strauss).[14] Em certo sentido, religião e

---

[14] De Certeau, que conheci por volta do final de sua vida, compartilhava, acredito eu, a orientação crítica que persigo neste livro. Em contraste com a visão que postula uma oposição dicotômica entre passado e presente ou entre religião e secularidade, ele era extremamente sensível à questão dos (às vezes desconcertantes) deslocamentos (ou repetições com mudança) ao longo do tempo histórico. Como ele coloca explicitamente: "Nascido como historiador dentro

antropologia foram caminhos não trilhados pelos quais eu, de qualquer modo, tenho mantido forte interesse, apesar de crítico às vezes.

Tenho sugerido que a conversão é uma forma de sacrifício do outro em favor do self ou do mesmo. Com muita frequência, ela acompanha uma ideia excessivamente homogênea, em vez de autoquestionadora da própria identidade. Uma coisa que venho tentando compreender criticamente ao longo do meu trabalho é a prática de sacrificar o outro de modo material ou simbólico, incluindo o outro em nós, a quem, em prol da própria vantagem material ou espiritual, não tentamos compreender, ou com quem não tentamos nos envolver, exceto de maneiras autocentradas que reforcem a identidade. E tenho defendido que há uma forma objetável de identidade política disciplinária ou departamental que pode se tornar sacrificial ao defender uma solidariedade interna ou um sentimento de coleguismo (mesmo em favor de uma fantasia de um departamento acadêmico visto como uma grande família feliz). Em qualquer caso, a imposição de solidariedade ou consenso, junto à exclusão ou expulsão de outros dos quais discordemos, costuma ser prejudicial tanto para a vitalidade intelectual da academia quanto para a compreensão de problemas que transcendem disciplinas e contestam identidades disciplinares de

---

da história religiosa, e determinado pelo dialeto dessa disciplina, perguntava-me que papel poderiam ter tido na organização da sociedade 'escriturária' moderna [que inclui historiografia baseada exclusivamente ou mesmo predominantemente em arquivos escritos – DLC] as produções e as instituições religiosas cujo lugar ela tomou, transformando-as. A arqueologia [no sentido de Freud e talvez de Foucault – DLC] foi a maneira como procurei especificar o retorno do 'recalcado', um sistema de Escrituras que a modernidade *transformou* em um corpo ausente, sem ser capaz de eliminá-lo. Essa 'análise' permitiu-me reconhecer em esforços atuais um 'trabalho passado, acumulado' e ainda determinante. Nesse modo, que fez aparecer continuidades e distorções dentro de sistemas de *prática*, eu fazia também a minha própria análise" (DE CERTEAU, Michel. *The Writing of History* [1975]. Transl. Tom Conley. New York: Columbia University Press, 1988. p. 14). Pode-se reconhecer nessa última declaração uma afirmação do papel da transferência no sentido básico da coimplicação do self e do outro, incluindo o acadêmico em relação ao seu texto ou "objeto" de estudo, o que levanta a questão do deslocamento diferenciado da oposição dicotômica (ou substituição simples e "corte epistemológico") ao longo do tempo.

modos que não se enquadram em uma interdisciplinaridade aditiva. (Se isso não afetar as formas de conceber problemas e quadros de referência subjacentes a eles, acrescentar história à antropologia e à literatura, por exemplo, pode resultar numa conta em que um mais um não é igual a dois, mas a menos que um.) Aqui a compreensão, por ser apropriativa ou estreitamente instrumental e falhar em identificar e respeitar os próprios limites, é ela mesma aberta a críticas.

Estas páginas foram escritas ou revisadas sob uma nuvem de opressiva atualidade em relação às questões-chave com as quais lidam. A campanha presidencial de 2016 e os primeiros meses da presidência de Donald Trump foram marcados por extrema confusão e perigosas tendências que merecem atenção pelo fato de infelizmente fazerem eco a temas centrais deste livro. Alguns leitores podem achar destoantes ou inadequadas minhas recorrentes menções a Donald Trump e a aspectos de sua campanha e do início de seu "reinado" como presidente. Mas essas referências à fase inicial dos desdobramentos às vezes imprevisíveis da era Trump têm a ver diretamente com problemas que estão centralmente em questão ao longo deste livro, problemas como o papel do autoritarismo, do preconceito, do racismo, da misoginia, da criação de bodes expiatórios, do perfilamento étnico, do ultranacionalismo, do ânimo anti-imigrantes e da hostilidade em relação à "fraqueza". Tais problemas não devem ser relegados a outras épocas, povos e lugares. Os fenômenos no interior e em torno da campanha de Trump e no início de sua administração (fenômenos que não mostram sinais de se atenuar) trouxeram até nós a força de um retorno de reações extremas, com a iminência de um perigo claro e atual. Trump demonstrou ser ele próprio a personificação do outro que muitos tipicamente mantêm dentro como um repositório de tendências reprimidas ou suprimidas. Ele tem expressado, representado ou autorizado, quando não apoiado ou estimulado, tais tendências de forma agressiva e escancarada.[15] Seu apoio popular, que foi de um terço a quase metade do eleitorado, levanta questões complexas e

---

[15] Em contraste com a visão de alguns apologistas de Trump, a questão aqui não é o que os amigos dele pensam ou se Trump é "no fundo" um fanático intolerante ou não. É mais o que ele diz e o que o seu comportamento manifesta. Não são

perturbadoras sobre o estado da nação, entre elas o grande número de republicanos no Congresso que o apoiaram publicamente, pelo menos para fomentar uma agenda anti-*New Deal* e preservar poder.[16]

Algumas séries destacadas de incidentes merecem menção especial como evidência do tipo de misoginia, preconceito, eleição de bodes expiatórios e autoritarismo que Trump apoia ou fomenta. Uma delas é da campanha, e as outras, do seu primeiro semestre no cargo. Uns 10 dias antes da eleição de 8 de novembro, um vídeo agora famoso, ou de má fama, veiculado pelo programa de fofocas *Access Hollywood*, mostrava Trump aos 59 anos em conversa informal com Billy Bush, gabando-se de que seu status de celebridade lhe permitia fazer o que quisesse com as mulheres, incluindo apalpá-las nas partes íntimas (que Trump mencionou com termos vulgares). Quando várias mulheres vieram a público logo depois para testemunhar suas experiências com Trump, e algumas indicaram claramente que as afirmações dele no vídeo se referiam ao seu real comportamento com elas, Trump ameaçou processá-las após a eleição, mas isso – como outras ameaças ou afirmações, por exemplo, a de que divulgaria sua declaração de renda depois de eleito – revelou-se "retórica" de campanha, pouco mais que uma intimidação ou conversa fiada. Ele se apegou mais a cumprir suas promessas mais extremas e desvairadas, como construir um muro entre Estados Unidos e México, restringir ou proibir imigração de certos países de maioria muçulmana e suspender regulamentações que atingiam o setor privado na produção de combustíveis fósseis, assim como os bancos, setores em que velhas fragilidades nas regulamentações contribuíram significativamente para a crise financeira de 2008. Trump fez um investimento positivo e reiterado no termo "extremo", como em "proibição extrema" a imigrantes, um termo que obscurece o papel dos procedimentos existentes e muitas vezes eficazes, e que facilmente descamba para o "excessivo", abrindo caminho para a intimidação e mesmo para a tortura.

---

meras exterioridades ou problemas de comunicação e de tipo de "enfoque". Especialmente numa figura pública, são parte integral do que ele é e representa.

[16] Uma estatística impressionante é que Trump teve o voto de 63 por cento dos homens brancos e de 53 por cento das mulheres brancas.

Em 11 e 12 de agosto de 2017, ao fim do primeiro semestre de Trump na presidência, houve em Charlottesville, Virginia, uma grande e militante manifestação, a Unite the Right [Unir a Direita], de grupos de extrema-direita ou direita "alternativa" [*far-right* ou *alt-right*] (alguns armados e trajando armadura). A constelação incluía supremacistas (ou nacionalistas) brancos, racistas, a KKK [Ku Klux Klan] e neonazistas. Foram confrontados por um grupo ainda maior de contramanifestantes, com ativistas antifascistas, vários antirracistas, participantes pacifistas e um número significativo de pessoas ligadas ao clero. Estes últimos, relatando apreensão pelo número de direitistas mais pesadamente armados que a polícia, ficaram à margem durante os surtos de violência e intervieram para dispersar a multidão só depois das várias escaramuças. A maioria dos comentaristas, incluindo alguns republicanos do Congresso (até mesmo os senadores Orrin Hatch e Marco Rubio), viram a violência como provocada pelos grupos de extrema-direita que organizaram a manifestação. Num incidente mais sério, um automóvel dirigido por James Alex Fields, expoente da visão de supremacistas brancos e racistas, foi atirado de propósito sobre um grupo de contramanifestantes, matando uma pessoa e ferindo outras 20. O presidente Trump fez um comentário inconvincente, até evasivo, sobre os eventos, e apenas no final do dia, condenando "nos termos mais fortes possíveis essa execrável demonstração de ódio, intolerância e violência de vários lados. De vários lados". Seus comentários, em grande parte ensaiados, dirigidos capciosamente aos "vários lados", pareciam inspirados pelo enfoque de figuras da extrema-direita de sua própria administração (como Stephen Bannon, Stephen Miller e Sebastian Gorka [caracterizado por Dana Milbank, do *Washington Post*, como o "id" de Trump]), em sintonia com comentários das mídias Breitbart ou Fox, alinhadas às visões dos apoiadores, cuja presença era evidente entre os manifestantes (muitos usavam o boné com o slogan MAGA [Make America Great Again], de Trump). Ficou claro o contraste com os comentários de Trump sobre a violência relacionada a muçulmanos, muito menor nos Estados Unidos que os atos de violência e terror fomentados internamente, quando evitou descrever os fatos como uma forma de terrorismo doméstico incentivado pela extrema-direita.

O antigo líder da KKK David Duke, ardoroso apoiador de Trump e presente na manifestação (sobre quem Trump alegou não saber nada ao ser informado que o apoiara na campanha), declarou em entrevista que pessoas como ele tinham votado em Trump para instaurar o que defendiam os manifestantes do Unite the Right. Num tuíte após as observações de Trump, Duke aconselhou Trump a "lembrar que foram Americanos Brancos que o puseram na presidência, e não esquerdistas radicais". Muitos outros na *"alt-right"* viram o comentário amalgamante de Trump e os tuítes posteriores como algo que não só poupava qualquer crítica a eles, como também endossava suas ações.[17]

Em 14 de agosto, dois dias após esses eventos, Trump, sob pressão de vários lados, aderiu atipicamente a um discurso preparado. Após enumerar o que via como conquistas da economia em seu primeiro semestre na presidência, por fim mencionou os grupos especificamente responsáveis pelo racismo, pelo ódio e pela violência em Charlottesville, isto é, supremacistas brancos, a KKK e neonazistas. Não mencionou a *"alt-right"* ou o papel exercido na Casa Branca por Stephen Bannon (que, como diretor da Breitbart, declarou-a "a plataforma" da *alt-right*) e outros, apesar do crescente clamor para que demitisse Bannon como seu principal consultor.

No entanto, despertar imediatamente ampla condenação foi o modo de Trump para retomar seu tipo e parecer espontâneo em expressar o que os comentários ensaiados do dia anterior haviam tentado encobrir. Em coletiva de imprensa de 15 de agosto, reafirmou a falsa equivalência de culpar "ambos os lados" pela violência,

---

[17] Ver HEIM, Joe *et al.* One Dead as Car Strikes Crowds amid Protests of White Nationalist Gathering in Charlottesville; Two Police Die in Helicopter Crash. *Washington Post*, Aug. 13, 2017. Disponível em: https://www.washingtonpost.com/local/fights-in-advance-of-saturday-protest-in-charlottesville/2017/08/12/155fb636-7f13-11e7-83c7-5bd5460f0d7e_story.html?utm_term=.38b271dca0ac. Acesso em: 13 ago 2017; e WANG, Amy B. One Group Loved Trump's Remarks about Charlottesville: White Supremacists. *Washington Post*, Aug. 13, 2017. Disponível em: https://www.washingtonpost.com/news/post-nation/wp/2017/08/13/one-group-loved-trumps-remarks-about-charlottesvillewhite-supremacists/?utm_term=.04c45f65142d. Acesso em: 13 ago. 2017.

referindo-se ao que chamou de "*alt-left*" [esquerda alternativa] e até afirmando ver "um monte de gente" entre os de extrema-direita que apoiavam Trump na manifestação "protestando inocentemente" (sem qualquer referência a supremacistas brancos, KKK e neonazistas como presenças destacadas no meio daquele "monte de gente"). Também evitou mencionar que muitos dos manifestantes de extrema-direita vieram de fora do estado, armados e dispostos à violência. A questão em aberto a essa altura era se várias figuras, incluindo apoiadores republicanos de Trump no Congresso e na mídia, que pareciam divergir das palavras duras e irresponsáveis de Trump, também se dispunham a apontar Trump como seu propagador e a se distanciar dele, e também, ostensivamente, daquilo que ele propunha.[18]

No entanto, Trump tem também uma capacidade ardilosa e grandiloquente de promover a si mesmo e de confundir os outros, deixando-os na dúvida se estão diante de uma estratégia hábil, de uma farsa desajeitada ou de uma combinação desnorteante das duas coisas. Ele tem sido elogiado por sua capacidade enganosa de parecer um "*outsider*" de fala sincera que expressa de modo direto as necessidades e os desejos de sua audiência. Mas com excessiva frequência essa aptidão reforça preconceitos e a eleição de bodes expiatórios, e até assume a forma de um chocante comportamento sem censura, tendencioso ou mesmo desonesto e imaturo. Ele parece às vezes um caso paradigmático de "*acting out*" com pouca ou nenhuma tentativa de "perlaborar" problemas difíceis ou propensões dúbias. No que parece um paradoxo, quanto mais disparatada a falsidade

---

[18] Em 22 de agosto, na esteira dos eventos em Charlottesville, Trump realizou o que muitos viram como um inadequado evento de campanha em Phoenix, voltando ao local de sua primeira grande manifestação de campanha eleitoral. Seu discurso em Phoenix teve várias declarações falsas ou enganosas sobre os eventos em Charlottesville daquele sábado, 12 de agosto. De modo bem simples e direto, disse: "Condenamos nos termos mais fortes possíveis essa execrável demonstração de ódio, intolerância e violência" – mas evitou incluir a crucial e niveladora qualificação "de vários lados. De vários lados". Ver CILLIZZA, Chris. Donald Trump's 57 Most Outrageous Quotes from his Arizona Speech. *CNN Politics*, Aug. 23, 2017. Disponível em: http://www.cnn.com/2017/08/23/politics/donald-trump-arizona/index.html. Acesso em: 23 ago. 2017.

ou a mentira e mais descaradamente repetida, maior a probabilidade de que receba crédito e aceitação daqueles que compartilham tais inclinações e preconceitos, mas que são por si incapazes ou não se dispõem a questionar convenções bem-estabelecidas ou contestar fatos de maneira veemente.

Talvez o exemplo mais flagrante, embora longe de ser o único, seja o papel crucial, se não principal de Trump em difundir a suprema falsidade, poderíamos dizer que também racista, do chamado movimento *birther*, na tentativa de deslegitimar Barack Obama como presidente. Apesar das conclusivas evidências em contrário, Trump e outros *"birthers"* negavam a cidadania norte-americana de Obama e se fixavam na questão da divulgação de sua certidão de nascimento. De maneiras importantes, essa orientação foi similar à fixação na discussão quase compulsiva sobre os e-mails hackeados de Hillary Clinton, disseminada diariamente pelo WikiLeaks antes da eleição, que serviu como canal para aqueles (entre os quais o governo russo) que se opunham a Hillary em favor de Trump. Colocar esses e-mails como alvo, muitas vezes tirando importância de outras questões (como os relatos repetidos e às vezes normalizados sobre os comportamentos bizarros de Trump), foi algo compartilhado por Trump, seus seguidores, aliados republicanos e até pela mídia, incluindo a grande mídia.

Trump sente que precisa estar sempre certo e se recusa a admitir "erros", que tipicamente não são simples erros, mas atos ou afirmações de alta carga emocional, com frequência preconceituosos. Para ele, tal admissão equivaleria a emitir um sinal de "fraqueza" característico de um "perdedor". Trump invariavelmente quer ser um "vencedor" e às vezes não reconhece derrotas ou tenta "invertê-las" para fazer crer que sejam vitórias. Tende então a "dobrar a aposta" ou intensificar a insistência em falsas alegações, na melhor das hipóteses cercando-as de reservas reticentes, evidentes desvios ou às vezes "aspas irônicas", reais ou imaginadas, que permitam uma projeção que se afaste dele e se volte para outros. Nunca admitir "erros", distorções preconceituosas ou perdas é fechar-se a aprender com a experiência ou a mudar as próprias propensões, notadamente a respeito das exigências institucionais e normativas de um cargo como a presidência dos Estados Unidos (distinto do de um aspirante a ditador *à la* Vladimir Putin ou análogos). Trump também parece não entender que se portar como se estivesse acima da lei não é uma forma legítima de privilégio executivo. Como um astro de "*reality show* televisivo" e em toda a campanha presidencial, Trump pareceu ser um homem possuído, em sua animosidade fantasiosa contra gente de fora supostamente ameaçadora, e em sua necessidade desmedida de apoio não crítico, de agregados aduladores e de grandes multidões incentivadoras, para assegurar sua popularidade e identidade. Sua necessidade aparentemente viciante de comícios de campanha, que prosseguiram mesmo depois de ter vencido a eleição, indicava tanto uma tática política perigosamente eficaz de agitar sua "base" quanto uma encenação enaltecedora do ego na qual orador e plateia podiam se unir numa expressão emotiva e regressiva de ódio, numa eleição de bodes expiatórios e às vezes num júbilo próximo da violência.[19]

A infindável série de comícios de campanha de Trump às vezes evocava sentimentos tóxicos, violentos, em uma multidão entusiasta. A animosidade era muitas vezes direcionada a um grupo definido de repórteres, agredidos em uma ocasião por gritos que soavam como "USA", mas que alguns proferiam como "Jew S A". Tribunais federais acolheram dois processos contra Trump por incitar a violência. Em 1º de abril de 2017, um juiz federal do Kentucky permitiu que os demandantes fossem adiante com um processo movido por três manifestantes agredidos, num comício de campanha de Trump no Kentucky, por membros da plateia (um deles, conhecido membro de um grupo nacionalista branco), depois que Trump comandou do púlpito: "Tirem esses caras daqui". O juiz concluiu que Trump

---

[19] Um incidente de adulação pouco crível foi a primeira reunião geral do gabinete de Trump, em meados de julho. Como um professor primário ditatorial e presunçoso, Trump foi rodeando a grande mesa, esperando e recebendo encômios servis dos membros do seu gabinete, que foram pródigos não apenas em elogios infantis, mas também, no caso do (prestes a ser demitido) chefe de gabinete, Reince Priebus, de uma expressão de sentir-se abençoado por servir a agenda de Trump. Ver DAVIS, Julie Hirschfeld. Trump's Cabinet, with a Prod, Extols the "Blessing" of Serving Him. *New York Times*, June 12, 2017. Disponível em: https://www.nytimes.com/2017/06/12/us/politics/trump-boasts-of-record-setting-pace-of-activity.html?mcubz=0. Acesso em: 13 jun. 2017.

havia "no mínimo implicitamente incentivado o uso de violência ou de ação ilegal".[20] Em um comício em Iowa, em 1º de fevereiro de 2016, Trump disse aos presentes: "Pode haver alguém com tomates na plateia. Então, se vocês virem alguém pronto a atirar um tomate, encham-no de porrada, certo? É sério. Okay? Podem bater – prometo que pago as despesas legais. Eu prometo, eu prometo. E não vai haver problema, porque os tribunais estão do nosso lado também". Trump depois revogou a promessa.[21]

Sem traçar uma linha causal direta, pode-se também mencionar a agressão ao repórter do *Guardian* Ben Jacobs, em 24 de maio de 2017, pelo bilionário de Montana e candidato republicano ao Congresso Greg Gianforte. O incidente, que deixou Jacobs bastante abalado, foi urdido e falsificado pelo chefe de campanha de Gianforte para fazer crer que havia sido provocado pelo comportamento agressivo de um repórter "liberal". A história foi elucidada por uma gravação de áudio e por várias testemunhas do evento, entre elas três repórteres da Fox News, que viram Gianforte ter uma explosão e agarrar Jacobs pelo pescoço, erguê-lo e atirá-lo no chão, e socá-lo. A reação dele foi provocada por uma pergunta, repetida uma vez, com bons modos, sobre como Gianforte havia reagido ao relatório recém-divulgado (altamente negativo) pela Seção de Orçamento do Congresso sobre a lei de assistência médica republicana, relatório que Gianforte dissera estar ansioso para ver. Gianforte foi acusado por um delegado local, que havia doado para a sua campanha, de agressão leve, e um juiz "compreensivo" evitou prendê-lo, multou-o em 385 dólares e sentenciou-o a trabalho comunitário e a 20 horas de sessões para lidar com a raiva. Em um gesto que, ao que parece, não teve intenção de

---

[20] Ver OLLSTEIN, Alice. Judge: Trump Incited Violence against Protesters at Kentucky Rally. *TPM News*, Apr. 1st, 2017. Disponível em: http://talkingpointsmemo.com/news/trump-rally-violence-court-incitemet. Acesso em: 2 abr. 2017.

[21] Ver REISMAN, Sam. Trump Tells Crowd to "Knock the Crap Out" of Protesters, Offers to Pay Legal Fees. *Mediate*, Fev. 1st, 2016. Disponível em: http://www.mediaite.com/online/trump-tells-crowd-to-knock-the-crap-out-of-protesters-offers-to-pay-legal-fees/.

ser irônico, Gianforte prometeu doar 50 mil dólares à Comissão de Proteção aos Jornalistas. Trump, em sua última turnê de maio, comentou de passagem: "Grande vitória em Montana".[22] Logo depois, um ato de violência mais grave, que despertou reações bem diferentes das do incidente de Gianforte, foram os tiros disparados contra o congressista republicano e líder da maioria na Câmara Steve Scalise, que atingiram também quatro outras pessoas, entre elas dois policiais que tinham a atribuição de proteger Scalise. O tiroteio ocorreu em uma sessão de treino de beisebol em Arlington, Virginia, na véspera de um jogo beneficente. O atirador, morto pelos policiais feridos, foi identificado como James T. Hodgkinson, 66 anos de idade, residente em Illinois e reportado como anti-Trump e apoiador de Bernie Sanders. Sanders, assim como outros congressistas e o presidente Trump, condenaram enfaticamente a ação. Trump conclamou por unidade, enquanto Sanders foi citado dizendo que "a real mudança só pode vir por meio de ação não violenta". Uma estatística chocante é que nos Estados Unidos, de 2017 até o caso acima, em 165 dias haviam ocorrido 154 assassinatos em massa, de quatro ou mais pessoas (195 no total, se o atirador for incluído), o que, em certo sentido, pode ser encarado como uma forma contínua de terrorismo doméstico.[23]

---

[22] Ver VOLZ, Matt. APNewsBreak: Gianforte to Plead Guilty to Assault Charge. *Washington Post*, June 9, 2017. Disponível em: https://www.washingtonpost.com/national/apnewsbreak-gianforte-to-plead-guilty-to-assault-charge/2017/06/09/6039ec42-4d5b-11e7-987c-42ab5745db2e_story.html?utm_term=.8d42f2455b49. Acesso em: 10 jun. 2017; TAYLOR, Jessica. Republican Gianforte Wins Montana House Race despite Assault Charge. *NPR*, May 26, 2017. Disponível em: http://www.npr.org/2017/05/26/530103144/republican-gianforte-wins-montana-house-race-amid-assault-charge. Acesso em: 26 maio 2017; e LEVIN, Sam; WONG, Julia Carrie. Greg Gianforte Sentenced to Community Service for Assaulting *Guardian* Reporter. *The Guardian*, June 12, 2017. Disponível em: https://www.theguardian.com/us-news/2017/jun/12/republican-greg-gianforte-sentenced-assaulting-guardian-reporter. Acesso em: 13 jun. 2017.

[23] Ver SHEAR, Michael D. *et al*. Steve Scalise among 5 Shot at Baseball Field; Suspect Is Dead. *New York Times*, June 14, 2017. Disponível em: https://www.nytimes.com/2017/06/14/us/steve-scalise-congress-shot-alexandria-virginia.html?mcubz=0. Acesso em: 14 jun. 2017; e INGRAHAM, Christopher. The

INTRODUÇÃO

Como ficará evidente ao longo deste livro, a questão não é se há graves falhas nas estruturas sociais atuais, ou genuínas fontes de descontentamento, evidentes nas condições econômicas carentes de significativos segmentos da população e bem exemplificadas na água de beber contaminada de Flint, Michigan. Em vez disso, a questão é como podemos abordar tais problemas de outras maneiras, que não sejam discriminatórias e exacerbadoras. Uma das coisas que o fenômeno Trump tem ilustrado é que uma atitude politicamente correta pode em certas situações ser não só correta, como também dissuadir manifestações públicas de coisas objetáveis mesmo em um nível privado. E uma virtude de não permitir que o ódio e o insulto sejam expressos e mesmo celebrados ou incentivados em um discurso público é que, mantidos para si, tais sentimentos deturpados podem pelo menos permanecer envergonhados.

Nem todos os irados e às vezes beligerantes seguidores de Trump aceitam seus preconceitos. E, apesar da evidente indisposição de se questionarem, reconhecendo as formas como Trump os teria enganado, como em relação à promessa de devolver-lhes empregos em setores em declínio ou de crescente automatização, ou quanto a reformas na assistência médica e na tributação que supostamente iriam beneficiá-los, muitos de seus apoiadores talvez mereçam empatia. Empatia ou compaixão podem ser alegadas especialmente quando apoiadores são vítimas de injustiça e sofrem por suas atuais dificuldades ou iniquidades, bem como por autoenganos ideológicos, notadamente quanto ao que de fato vão conseguir de um presidente como Trump e sua combinação de afiliados do *establishment* e operadores de extrema-direita ou da (eufemisticamente denominada) "direita alternativa" [*alt-right*]. Trump e seus "representantes" às vezes não põem um freio explícito aos *alt-right* e podem requisitá-los ou estimulá-los (como Trump, que chegou a nomear o ex-CEO da Breitbart, Stephen Bannon, como principal consultor de segurança).

GOP Baseball Shooting Is the 154th Mass Shooting This Year. *Washington Post*, June 14, 2017. Disponível em: https://www.washingtonpost.com/news/wonk/wp/2017/06/14/the-gop-baseball-shooting-is-the-154th-mass-shooting-this-year/?utm_term=.6953f13a2ffb. Acesso em: 14 jun. 2017.

Republicanos do *establishment*, que Trump e seu "movimento" escorraçam e rejeitam explicitamente, mas que, muitas vezes, mesmo após sofrerem escárnio de Trump e ostentarem uma retórica do tipo "Trump jamais", ressurgem às vezes com racionalizações condescendentes ou bajulações, a fim de preservar o poder e perseguir a persistente agenda anti-*New Deal*.[24] Apesar da compaixão por aqueles que têm justas razões para se queixar, resta a questão de se aquilo que Trump e certos seguidores seus às vezes defendem, como claramente expresso durante sua campanha e suas primeiras ações como presidente, em vez de merecer aceitação ou afirmação, pede crítica, resistência e oposição organizada.

No estágio inicial da presidência de Trump, no começo de 2017, ainda se poderia ter esperança de uma mudança de orientação e de uma oportunidade de aplaudir seu sucesso. Mas suas falas e seu comportamento nesse período não eram promissores.[25] Um sinal

---

[24] Para uma análise do crescente obstrucionismo, extremismo e rejeição de acordos no Partido Republicano que ajudaram a preparar o caminho para a vitória eleitoral de Trump, ver o estudo bipartidário de Thomas E. Mann e Norman J. Ornstein, em *It's Even Worse Than It Was*, nova edição expandida. (2012; New York: Basic Books, 2016). É importante não focar toda a atenção em Trump, o indivíduo objetável, pois desviaria a atenção do Partido Republicano e da maneira como ele virou campo fértil no qual Trump conseguiu se tornar o resultado extremo, mas bem adubado e insuficientemente contido. Ver, por exemplo, PAREEN, Alex. This Is Normal. *Fusion*, June 29, 2017. Disponível em: http://fusion.kinja.com/this-is-normal-1796496747. Acesso em: 2 jul. 2017. A questão mais complexa é o que motiva membros do público que continuaram apoiando Trump em vários graus, como os que votaram nele e o grupo mais restrito que se identifica com ele a ponto de não o rejeitar, seja lá o que diga ou faça.

[25] Quanto à relação entre Trump e Stephen Bannon, ver GREEN, Joshua. *Devil's Bargain: Steve Bannon, Donald Trump, and the Storming of the Presidency*. New York: Penguin Books, 2017. Na reunião anual, em 23 de fevereiro de 2017, da Conservative Political Action Conference (CPAC), Bannon emergiu das sombras para fazer um raro discurso público. Enunciou as bases de sua própria ideologia e, em significativa medida, aquela da administração Trump. Tais bases incluíam nacionalismo econômico (nos termos preferidos por Trump, "os Estados Unidos em primeiro lugar"), soberania nacional (incluindo demonstrações de força, competição intensiva com outras nações e defesa de supostos valores

nada auspicioso foi a resistência de Trump em resolver os próprios conflitos de interesse ou em apresentar suas declarações de renda, o que poderia ter ajudado a mostrar a natureza e a extensão de seus negócios, obrigações, dívidas e outros envolvimentos e dar alguma uma ideia de como seus atos como presidente poderiam atender a esses interesses, notadamente com respeito a instituições russas e outras instituições financeiras ligadas a governos estrangeiros. Entre os membros de seu gabinete e conselheiros mais próximos estão bilionários, multimilionários, generais e membros de sua família (como a filha Ivanka e seu marido muito rico, Jared Kushner), além de membros do "pântano de Wall Street" que ele enganosamente prometeu drenar, bem como certos indivíduos que demonstraram estar dedicados a minar, desregulamentar e privatizar aquilo que deveriam proteger ou regular (o meio ambiente, os desfavorecidos, a educação pública, um sistema prisional menos nocivo, instituições financeiras, a assistência médica e até mesmo a diplomacia).[26]

---

ocidentais), identificação da "mídia global, corporativista" como partido de oposição (para Trump, "o inimigo do povo"), proteção das fronteiras em relação a imigrantes para preservar "nossa cultura" e "razão de ser" e "a desconstrução do Estado administrativo". Esse último aspecto implicava extrema desregulação da economia privatizada e a nomeação, como chefes de gabinete, de indivíduos comprometidos com o desmonte de seus próprios órgãos. (Ver FISHER, Max. Bannon's Vision of a "Deconstruction of the Administrative State". *New York Times*, Feb. 25, 2017, A13.) Bannon, que tem mostrado predileção por Lênin e Satã, confunde desconstrução com desmonte, interrupção e destruição, noção que é muito diferente do uso de Derrida da desconstrução (assim como do meu). Sob pressão do recém-nomeado conselheiro de Segurança Nacional (NSC), o tenente-general H. R. McMaster, Bannon foi retirado de seu cargo oficial inicial no NSC em 5 de abril de 2017, mas parece ainda ter influência sobre Trump em termos não oficiais. Bannon, como alguns outros (mesmo em círculos mais liberais ou progressistas), cria dicotomia entre políticas econômicas e identitárias. Mas um nacionalismo econômico associado com discriminação na política de imigração é em si uma forma de política identitária branca (supremacista branca). E a fixação em empregos é enganosa se ela enfatiza estatísticas de modo abstrato e ignora a qualidade dos empregos e a questão de para quem os empregos mais desejáveis estão sendo canalizados.

[26] Ironicamente, os três generais do gabinete de Trump – o secretário da Defesa, James Mattis, o conselheiro de Segurança Nacional, H. R. McMaster, e (por

A esta altura, devo deixar a discussão dos aspectos particulares do início do fenômeno Trump que têm relação com pontos-chave do meu argumento geral e voltar a eles apenas brevemente no decorrer de meu relato. Devo concluir esta introdução enfatizando considerações mais gerais, a começar por uma adequada alusão paródica a um momento pontual de *Murphy*, de Samuel Beckett, quando o narrador informa o leitor que é hora de discutir o que devemos chamar, à falta de termo melhor, de a mente do protagonista — sua maneira de pensar e como isso tem relação com as práticas que defende. Trump é de maneiras básicas um expoente do pensamento que resiste a críticas e autocríticas. Como o pensamento crítico é um ideal das ciências humanas, especialmente para aqueles que afirmam o papel da reflexão crítica na pesquisa humanística, Trump, como seus associados, não é um defensor das ciências humanas. Seu uso da linguagem é não dialógico e instrumental, dirigido a provocar seus adversários ou seduzir, convencer e jogar com os preconceitos de seus seguidores ou acentuá-los. (É desanimador que essas preconcepções, reforçadas por um apego não crítico ou por uma identificação com o líder, possam estar tão arraigadas que nada do que Trump faz parece ser capaz de abalá-las, pelo menos na "base" de Trump, composta por mais de 30 por cento do eleitorado. Muitos deles parecem não se preocupar ou até ignoram a natureza das ameaças a uma democracia constitucional, seja domesticamente, no comportamento de Trump e seus associados, seja nas incursões no processo democrático por parte da Rússia ou outras potências estrangeiras hostis.)

Trump parece estar sempre em campanha e tem apenas um discurso básico, que vive repetindo, muitas vezes enxergando roteiros preparados como uma distração, com variações acrescentadas a essa sua peça pronta que costumam se resumir a afirmações infundadas recentemente ouvidas e selecionadas da mídia de direita. Sua maneira de se dirigir a uma plateia é uma espécie de "chamada e resposta", dúbia, persuasiva, que não requer envolvimento crítico,

---

um tempo) o chefe de gabinete, John F. Kelly — têm sido amplamente vistos como três das figuras mais sensatas, mais "adultas" e diplomáticas que podem ajudar a restringir as tendências mais erráticas e extremas de Trump.

mas sim um reforço afetivo mútuo de conclusões e preconceitos já reiterados. Costuma ser pontuado por refrões (os mais famosos são "Construa o muro" [Build the Wall], em relação ao México, e "Prendam-na" [Lock her up], em referência a Hillary Clinton). Aqui podemos ver uma afinidade entre o astro de *reality show* de TV, papel que Trump continuou a desempenhar, e o evangelista de TV, ambos podendo ser trambiqueiros ou mascates, o que atesta a confluência entre certas variantes de religiões evangélicas, um capitalismo não regulamentado e políticas de extrema-direita, associados a elementos de uma ideologia social-darwinista, de vencedores *versus* perdedores. (Traços desse último aspecto também aparecem de forma mais sóbria e aparentemente respeitável no vice-presidente Mike Pence, que se refere a si mesmo como, em primeiro lugar, cristão, em segundo, conservador, e, em terceiro, republicano.)[27] Trump detesta críticas, a ele ou às suas políticas, e exige lealdade de seus associados, com frequência levando-os a defender asserções que são indefensáveis, às vezes fazendo-os "revê-las" e traduzi-las (mal) em termos menos manifestamente falsos ou ofensivos. Os

---

[27] Trump tem tido amplo apoio especialmente de "evangélicos" brancos de direita, como Jerry Falwell e seu filho. Mesmo após a revelação do vídeo do Access Hollywood e das questionáveis respostas do presidente aos eventos de 12 de agosto de 2017, em Charlottesville, e apesar de ser abandonado por líderes do mundo corporativo e artístico, ele em grande medida manteve a adesão de seu selecionado conselho de evangélicos importantes. Uma especulação atual é que os evangélicos se preocupam menos com a moralidade cristã em geral (da qual Trump dificilmente seria exemplo) do que com afinidades com a tendência de extrema-direita Tea Party, a nomeação de juízes conservadores à Suprema Corte, como Neil Gorsuch, e políticas antiaborto e outras da direita. Ver, por exemplo, WALTERS, Joanna; MORRIS, Sam. Trump's Evangelical Panel Remains Intact as Others Disband. *The Guardian*, Aug. 19, 2017. Disponível em: https://www.theguardian.com/us-news/2017/aug/18/donald-trump-evangelicals-charlottesville. Acesso em: 19 ago. 2017. Não confundir os apologistas evangélicos de Trump, em geral brancos, com evangélicos ligados ao movimento dos direitos civis, que em palavras e ações manifestaram posições diferentes do mero apoio retórico a princípios religiosos e morais essenciais, notadamente o bispo William Barber, da Carolina do Norte, para quem os apoiadores evangélicos de Trump eram hipócritas que se apropriaram ilegitimamente do termo "evangélico".

contorcionismos intelectuais de seus associados ou representantes ao tentarem torná-lo digno de crédito, notadamente da assessora Kellyanne Conway e do secretário de Imprensa, Sean Spicer (substituído em 21 de julho de 2017 pela ainda mais diversionista, desdenhosa, declaradamente evangélica Sarah Huckabee Sanders), podem estar destinados a se tornar legendários.[28]

Para Trump, como para Carl Schmitt (que se metamorfoseou de crítico da República de Weimar e construtor da Constituição em destacado jurista nazista), o binarismo político básico distingue amigos de inimigos, notadamente leais de desleais. Pode-se argumentar

---

[28] O típico papel do pau-mandado Pence tem sido ficar, literal ou figuradamente, atrás de Trump, aprovando o que quer que ele diga, por mais duvidoso que seja, como se para conferir legitimidade ou mesmo bênção às palavras do presidente. Sobre as questionáveis conexões de Pence com os movimentos supremacistas cristãos, em particular com Erik Prince, fundador da Blackwater, empresa de serviços de segurança ao governo, irmão de Betsy DeVos e, como ela, grande doador da campanha de Trump, ver SCAHILL, Jeremy. Mike Pence Will Be the Most Powerful Christian Supremacist in U.S. History. *The Intercept*, Nov. 16, 2016. Disponível em: https://theintercept.com/2016/11/15/mike-pence-will-be-the-most-powerful-christian-supremacist-in-ushistory/. Acesso em: 17 maio 2017. Como outros comentaristas, Scahill questiona o status de "expectador adulto, razoável e inocente" com frequência atribuído a Pence, por exemplo, quando veio à tona que sabia sobre Mike Flynn e seus contatos com a Rússia. Ver também ENTOUS, Adam *et al*. Blackwater Founder Held Secret Seychelles Meeting to Establish Trump-Putin Back Channel. *Washington Post*, Apr. 3, 2017. Disponível em: https://www.washingtonpost.com/world/national-security/blackwater-founder-held-secret-seychelles-meeting-to-establish-trump-putin-back-channel/2017/04/03/95908a08-1648-11e7-ada0-1489b735b3a3_story.html?utm_term=.0aef7fec2c32. Acesso em: 15 maio 2017; e FAW, Ursula. Mike Pence Is Toast: Anonymous Letter to WaPo Shows the Role of Eric [*sic*] Prince in Trump-Russia. *Daily Kos*, May 26, 2017. Disponível em: http://www.dailykos.com/stories/2017/5/26/1666425/-Mike-Pence-Is-Toast-Anonymous-Letter-To-WaPo-Shows-The-Role-Of-Eric-Prince-In-Trump-Russia. Acesso em: 27 maio 2017. Embora evitando a todo custo um confronto direto, Pence, ao final do primeiro semestre do mandato de Trump, passou a se distanciar dele em certas questões (como a veracidade dos relatos sobre a interferência da Rússia no processo eleitoral) e foi amplamente visto como passando a criar uma base mais independente para o próprio futuro político.

que essa oposição, ou pelo menos distinção, aplica-se melhor a relações pessoais. Sua extensão à política é perigosa, pois põe lealdade acima de competência e personaliza questões que deveriam ser resolvidas em outros termos, ao mesmo tempo pragmáticos e fundados em princípios. Trump, ao contrário, valoriza bem mais a lealdade de seus amigos e associados políticos (por exemplo, ao nomear o irascível e inflamado general Michael Flynn como principal assessor de segurança, cargo do qual Trump foi obrigado, a contragosto, a demiti-lo, ao que parece em razão de uma mentira que Flynn contou ao vice-presidente Mike Pence quanto ao seu comportamento em relação aos não declarados contatos com russos problemáticos, como o embaixador russo Sergey Kislyak, tido por órgãos de inteligência dos Estados Unidos como associado às redes de inteligência russas – não em razão do comportamento em si, que Trump defendeu junto ao status de Flynn como "um cara ótimo" e adequado ao papel de principal assessor de segurança).[29] Trump tipicamente recompensa a lealdade, às vezes apesar da

---

[29] Flynn, que achou ter sido feito de bode expiatório, reapareceu em 30 de março de 2017, oferecendo-se a depor diante das comissões de investigação pertinentes no Congresso e de órgãos federais se lhe fosse oferecida imunidade em um possível processo criminal. Ver MAZZATTI, Mark; ROSENBERG, Matthew. Michael Flynn to Testify before Congress in Exchange for Immunity. *New York Times*, Mar. 30, 2017. Disponível em: https://www.nytimes.com/2017/03/30/us/politics/michael-flynn-congress-immunity-russia.html?_r=0. Acesso em: 31 mar. 2017. Sua oferta não foi aceita de imediato. É tentador suspeitar de que o apego de Trump a Flynn se deva menos ao apelo deste como um "cara ótimo" do que à possibilidade de Flynn revelar coisas, em especial quanto ao envolvimento de Trump e associados com os russos, algo que Trump preferiria fortemente ocultar. Entre outros envolvidos na campanha de Trump com vínculos questionáveis com a Rússia ou outras entidades estrangeiras estavam o ex-consultor Carter Page, Paul Manafort, chefe da campanha por três meses, em 2016 (que recebera consideráveis somas da Rússia e de outros governos estrangeiros), e Jeff Sessions, com respeito a conversas com o embaixador russo Sergey Kislyak não reveladas em depoimento à comissão do Senado relativas à sua nomeação como procurador-geral. O próprio Flynn, que Trump nunca deixou de apoiar, teve de se registrar retrospectivamente como agente estrangeiro por seus vínculos com a Turquia, assim como pelo não revelado recebimento de dinheiro da Turquia e da Rússia.

limitada ou inexistente competência da pessoa para a área pertinente (caso, por exemplo, de Flynn, de Ben Carson, na Habitação, de Rick Perry, na Energia, ou mesmo de Jeff [Jeffrey Beauregard] Sessions, o extremamente controverso procurador-geral, antigo membro da equipe de Trump, que teve de se abster de qualquer investigação sobre a campanha por estar envolvido nela e, aos olhos de muitos, por ter mentido sob juramento ao Congresso sobre suas comunicações com o embaixador russo). Dado o narcisismo de Trump, a questão é menos da lealdade dele para com os outros do que destes em relação a ele.[30] A contrapartida a recompensar a lealdade são a condenação e a vingança dirigidas a críticos ou aos tidos como oponentes, entre eles a grande mídia, cujos membros Trump chama de "inimigos do povo". Essas palavras ecoam, intencionalmente ou não, visões letais correntes na fase do Terror da Revolução Francesa e nos expurgos de ditadores como Hitler e Stalin. Cabe notar também que Hitler exigia de cada membro das forças armadas alemãs (*Wehrmacht*) juramento de fidelidade a ele, e não à Constituição, um juramento que se tornou efetivo em 2 de agosto de 1934, quando Hitler acumulou os cargos de presidente e chanceler. As exigências de Trump continuam informais, mas se pode alegar que ele tende a ver seu papel não tanto como o de presidente constitucional, mas como o de um possível ditador ou pelo menos um autoritário CEO de uma grande corporação, que grita ordens, contrata e demite (atitude compartilhada por seu assessor de segurança Bannon).

---

[30] Em julho de 2017, Trump passou a desancar seu primeiro maior apoiador de campanha no Senado, Jeff Sessions, indicando que deveria renunciar. A razão foi a autoexclusão de Sessions na investigação sobre a Rússia e outros assuntos relacionados à campanha, na qual Sessions tivera papel crucial. Trump alegou que, ao se isentar, Sessions estava sendo "fraco" e "desleal", por não "proteger" Trump de investigações, sobretudo as feitas pelo conselheiro especial Robert Mueller. Comentaristas que não eram cúmplices de Trump ou apoiadores acríticos acharam que Sessions tomara o curso de ação obviamente adequado e que Trump, de novo (como ao demitir o diretor do FBI, James Comey, pelo que Trump chamou de "o assunto russo"), estava visivelmente tentando obstruir a justiça.

Uma técnica favorita de "discussão", comum a Trump e a seus representantes ou associados, pode ser definida como "pivotar e projetar". A técnica ou tática é evitar o questionamento crítico dirigido a você (em especial por representantes da mídia), pivotar em direção a um "ponto de discussão" preferido, em geral repetido infindavelmente, que solape seu oponente ou adversário (como os e-mails de Hillary Clinton ou sua suposta "desonestidade", e a designação de um possível conluio de associados de Trump com os russos para interferir na eleição como *fake news* da mídia ou uma história fabricada). Ato contínuo, Trump projeta nesse oponente aquilo que é típico da sua abordagem (mentir, disseminar "*fake news*" ou vitimizar os outros). Trump é, em termos populares, o protótipo do "vigarista" que faz promessas falsas, dissimula e manifesta tudo menos uma preocupação compassiva pelo sofrimento e pelas necessidades dos outros, e confia em ideias distorcidas espalhadas pela mídia de extrema-direita, ideias com frequência inspiradas em teorias da conspiração, fora do contexto *mainstream*, mas com frequência acompanhados de perto pela mídia. No entanto, parece estar sendo capaz de convencer seus seguidores de que não só ouve e compreende totalmente suas demandas, e de fato "sente suas dores", como também se ergue sozinho como seu sincero porta-voz e mesmo seu salvador. É bem conhecida pela prática de autoritários e ditadores a técnica da "grande mentira" ou da frequente repetição de declarações falsas, enganosas, muitas vezes ofensivas, especialmente em relação a algo além da esfera ou da experiência comum das pessoas, e apoiadas por uma aparente autoridade. Tal técnica pode a seu tempo ter o efeito de fazer falsidades ou mentiras serem tomadas como verdades, pelo menos por aqueles cujos preconceitos e necessidades narcísicas os induzem a se identificar, acreditar e reforçar a credibilidade de um ídolo oco como líder.[31]

---

[31] Ver os relatos admonitórios em FINCHELSTEIN, Federico. *From Fascism to Populism*. Oakland: University of California Press, 2017; e SNYDER, Timothy. *On Tyranny: Twenty Lessons from the Twentieth Century*. New York: Penguin Random House, 2017. Um artigo de apuração de fatos intitulado "President Trump's List of False and Misleading Claims Tops 1,000", de Glenn Kessler, Michelle Ye Hee e Meg Kelly, foi publicado no *Washington Post*, em 22 de

Um aspecto particular, talvez sintomático e paradigmático do processo de pensamento de Trump e de seu modo de se comunicar, notadamente com seus devotados seguidores, é o apoio em "tuítes". Esses fragmentos de mídia são limitados a 140 caracteres. Os tuítes de Trump são importantes, pois revelam maneiras básicas como sua mente "funciona", inclusive quando são ataques ultrajantes e injuriosos aos críticos, e se mostram aptos à inclusão em tabloides movidos por escândalos, como o *National Enquirer* (favorável a Trump e de propriedade e dirigido por seu amigo e apoiador de longa data David Pecker).[32] Trump acredita que o

---

agosto de 2017 (Disponível em: https://www.washingtonpost.com/news/fact-checker/wp/2017/08/22/president-trumps-list-of-false-and-misleading-claims-tops-1000/?utm_term=.e314e19b6e63. Acesso em: 23 ago. 2017). Destacava que, até a data da publicação do artigo, o presidente fizera em média quase cinco afirmações falsas ou enganosas por dia. Mais de 30 haviam sido repetidas três ou mais vezes, como a de que o "Obamacare" [Affordable Care Act] estava "essencialmente morto" (repetida 50 vezes). As falsidades mais bizarras vinham da reciclagem da retórica de campanha e incluíam as afirmações de que Hillary Clinton dera 20 por cento dos suprimentos de urânio dos Estados Unidos à Rússia e que o vice-diretor do FBI recebera 700 mil dólares de Clinton. Muitas dessas repetições eram alegações previamente desbancadas e facilmente apontadas como falsas ou enganosas por qualquer um que se preocupasse em esclarecer a verdade. Tem sido crescentemente reportado o papel na disseminação de *fake news*, em geral fornecidas por operadores russos, de plataformas de mídia não reguladas e que enganosamente se apresentam como "neutras" (embora com fins de lucro), notadamente a muitas vezes profana tecnotrindade Facebook, Google e Twitter.

[32] Ver TOOBIN, Jeffrey. The *National Enquirer's* Fervor for Trump. *New Yorker*, July 3, 2017. Disponível em: http://www.newyorker.com/magazine/2017/07/03/the-national-enquirers-fervor-for-trump. Acesso em: 3 jul. 2017. Pecker parece ter bloqueado em sua revista qualquer material prejudicial a Trump, como uma história sobre seu caso (enquanto casado com Melania) com uma ex-Playmate do Ano da *Playboy*. Sem suficiente confirmação de detalhes, vazou que Trump pode às vezes receber auxílio de afiliados em seus tuítes. Mas os tuítes talvez indiquem sua maneira de pensar associativa, sem censura, com frequência alheia aos fatos, e de qualquer modo são publicados em seu nome. Também são encarados legalmente como pronunciamentos seus, que os afiliados às vezes tentam "gentrificar" ou urdir e distorcer como sendo de alguma maneira plausíveis ou verossímeis.

modo de comunicação por "tuítes" crie uma sensação de imediatez em seu contato com os outros e que transcenda ou mesmo crie obstáculos à mídia convencional, como televisão ou jornais, impressos ou online. O tuíte, no entanto, também carece às vezes de ser mediado por apuração de fatos ou por pensamento crítico e autocrítica. Um tuíte de Trump não é comparável a um aforismo ou epigrama bem elaborado, ponderado, e Trump não é nenhum Montaigne ou Nietzsche para o homem comum. Ele tipicamente tuíta o que primeiro vem à sua mente autocentrada, alimentada por preconceitos e preconcepções. E pode simplesmente repetir alegações não checadas e infundadas veiculadas por apresentadores da mídia de direita, que são fãs de Trump e podem muito bem divulgar teorias da conspiração (Alex Jones, Mark Levin ou Sean Hannity, por exemplo). O que Trump ouve de modo acrítico ou lê ocasionalmente parece em grande medida confinado à mídia de direita, em especial às redes Breitbart e Fox, cujos "tópicos de discussão" tendenciosos com frequência ele apenas repete. A respeito da mídia *mainstream*, que ele tipicamente elege como bode expiatório, a tendência de Trump é sacrificar seus membros, culpando-os por quaisquer que sejam as notícias negativas que transmitam a seu respeito. A projeção corre solta nessa sua inclinação de culpar a mídia, culpar os outros (especialmente seus críticos e quem ele perceba como adversários), pelo que tipifica em medida bem maior seu próprio comportamento, como apoiar-se em afirmações não confirmadas ou mesmo em *fake news*. Por mais infundado ou ofensivo que possa ser o conteúdo de seus tuítes, eles presumivelmente são seguidos por milhões, muitos dos quais parecem acreditar no que diz (ou pelo menos levá-lo "a sério" ou mesmo "ao pé da letra", assumindo-se servidores de uma oposição ardilosamente invocada durante a campanha e que continua na presidência de Trump). Além disso, a mídia convencional fica restrita a acompanhar e comentar seus tuítes, especialmente quando são a única fonte para conhecer seus pontos de vista em várias questões. (Alguns apoiadores, como o porta-voz da Casa Branca, Paul Ryan, afirmam não dar atenção a esses tuítes, o que equivale a dizer que não se importam com o que ele diz ou faz, desde que subscreva a própria agenda.) O combate à disseminação de notícias, típica das autocracias, também assume a forma de não conceder coletivas de imprensa ou convocá-las raramente ou em sessões restritas ou mesmo fechadas, que não podem ser filmadas ou mesmo gravadas.

Um aspecto central do tuíte é que requer pouco tempo de atenção e não permite um pensamento estendido, que em especial incluiria um questionamento recíproco e uma reflexão crítica ou autocrítica. Os tuítes típicos de Trump são comentários do tipo bater-e-correr, pronunciamentos de mão única, não dialógicos, às vezes insultantes. Muitas vezes são uma forma de *bullying* cibernético, que lembra o *bullying* encenado que permitiu a Trump fazer o papel de homem forte, que ele admira em Putin, e arrasar seus rivais republicanos para a indicação à presidência. Trump aparentemente não lê livros ou textos extensos. O tuíte pode tipificar seu pensamento e talvez seja sintomático de um tipo de pensamento e de atenção para um número significativo de outros, em um ambiente encharcado de mídia, obcecado por velocidade, com análogos do tuíte como os fenômenos "tópicos de discussão", "declarações de impacto", zapear canais, leitura superficial e até *fast food* (pela qual Trump declara predileção).

Embora eu tente torná-los pertinentes às questões mais amplas que discuto neste livro, os comentários relativos a Trump e sua equipe poderão às vezes ser provisórios e datados, em boa parte porque o que parece ser uma saga mambembe montada (ou desmontada) às pressas, com elementos de histórias de espiões, *film noir* e teatro do absurdo, continua tendo voltas e reviravoltas praticamente todos os dias.[33] Mas os padrões e as possiblidades básicos pareciam bem

---

[33] Um evento importante após a demissão de James Comey foi a nomeação de Robert Mueller como conselheiro especial para investigar possíveis relações entre a equipe de Trump e afiliados russos, notadamente na tentativa de criar um viés contra Clinton na eleição. Mueller logo virou o objeto central da obsessiva animosidade de Trump em relação à investigação sobre a Rússia, incluindo um visível desejo de demiti-lo. Esse desejo teve oposição de várias frentes, como os esforços do Congresso para proteger Mueller. Muitos associados de Trump foram objeto de inquirição ou investigação por Mueller e agentes do FBI, entre eles Michael Flynn, Paul Manafort, Donald Trump Jr. e Jared Kushner, assim como

estabelecidos nos primeiros meses da presidência de Trump, assim como na campanha, e muitos deles refletem em um grau perigoso como não entender e tratar os outros.

Uma versão do capítulo 3 apareceu em *History and Theory* n. 55 (p. 371-395, out. 2016), e uma versão do capítulo 5, em *History and Theory* n. 56 (p. 98-113, mar. 2017). Uma versão do capítulo 6 foi publicada em *Do the Humanities Have to Be Useful?*, organizado

---

talvez o próprio Trump. Ver, por exemplo, PHILLIPS, Amber. Jared Kushner Trying to Secretly Talk to the Russians Is the Biggest Billow of Smoke Yet. *Washington Post*, May 26, 2017. Disponível em: https://www.washingtonpost.com/news/the-fix/wp/2017/05/26/jared-kushner-trying-to-secretly-talk-to-the-russians-is-the-biggest-billow-of-smoke-yet/?utm_term=.62815d904496. Acesso em: 27 maio 2017. Segundo a Reuters, investigadores do FBI estavam examinando se os russos haviam sugerido a Kushner ou outros auxiliares de Trump que facilitariam financiar pessoas vinculadas a Trump caso fossem moderadas as sanções econômicas contra a Rússia. Ver BERTRAND, Natasha. "This Is Off the Map": Former Intelligence Officials Say the Reported Kushner-Russia Plan Is Unlike Anything They've Ever Seen. *Business Insider*, May 28, 2017. Disponível em: http://www.businessinsider.com/jared-kushner-backchannel-plan-russia-flynn-2017-5. Ver também a intrincada rede de associações discutida em APUZZO, Matt *et al*. Trump Jr. Was Told in Email of Russian Effort to Aid Campaign. *New York Times*, July 10, 2017. Disponível em: https://www.nytimes.com/2017/07/10/us/politics/donald-trump-jr-russia-email-candidacy.html?mcubz=0. Acesso em: 11 jul. 2017. Como os comentaristas não se cansam de dizer, tudo isso e mais constitui evidência circunstancial que pode resultar em nada, mas pode também levar a grandes achados. De qualquer modo, fica-se inclinado a especular que havia tanta fumaça em torno de Trump, especialmente quanto à questão da Rússia, que, se não havia fogo, Trump teria no mínimo de ser considerado um dos maiores mágicos da história – pelo menos como um mestre do *trompe l'œil*. Além disso, o que parecia óbvio era uma situação do tipo "carta roubada" [alusão ao conto de mesmo título de Edgar Allan Poe], na qual os atos mais escancarados e dúbios estavam às claras e às vezes eram obscurecidos por uma frenética busca de novos detalhes e circunstâncias. Por exemplo, houve farta evidência de tentativa de obstrução de justiça quando, em entrevista em 11 de maio com Lester Holt na NBC (precedida, no dia anterior, por um inédito encontro no Escritório Oval com os diplomatas russos Kislyak e Sergey Lavrov, em que se reportou que Trump expressara sentimentos similares, como o de ter aliviado a pressão se livrando de Comey), Trump ostensivamente declarou que tomara a decisão de demitir Comey em razão do "assunto russo" investigado sob a supervisão do diretor do FBI.

por G. Peter Lepage, Carolyn (Biddy) Martin e Mohsen Mostafavi (Ithaca, NY: Cornell University Press, 2006. p. 75-85).

O livro de Ivan Jablonka, discutido no capítulo 5, está sendo traduzido por Nathan Bracher e será publicado pela Cornell University Press com o título *History Is a Contemporary Literature: Manifesto for the Social Sciences*. Jablonka acrescentou um novo prefácio, escrito em parte como resposta à versão anteriormente publicada do capítulo 5. Eu não havia lido o novo prefácio quando escrevi o presente livro.

Por sua leitura cuidadosa e suas sugestões, quero agradecer a Jane Pedersen, a Mahinder S. Kingra e a dois leitores anônimos da Cornell University Press. Também gostaria de agradecer a Sara Ferguson e a Marian Rogers, por sua muito valiosa assistência editorial.

CAPÍTULO 1

História, desconstrução e perlaboração do passado

Para certos comentaristas, a desconstrução é um assunto morto ou, pelo menos, coisa do passado, tornada irrelevante em boa parte pelo caso Paul de Man e as reações a ele. Gostaria de argumentar que, a despeito das críticas que possam ser feitas à maneira como a controvérsia sobre De Man foi tratada por um número significativo tanto de apoiadores de De Man, infelizmente incluindo Derrida, e de seus às vezes desdenhosos críticos, há aspectos importantes em que traços da desconstrução, e, em particular do pensamento de Derrida, ainda têm relevância para problemas importantes.[34] Uma iniciativa destacada, que gostaria de enfatizar, porque torna a desconstrução especialmente pertinente em termos históricos, éticos e políticos, é seu questionamento das oposições binárias, que estão relacionadas a uma busca de pureza e identidade não problemática. Os binários são cruciais para o funcionamento de um mecanismo de bode expiatório, por meio do qual a ansiedade e a insegurança no self ou no grupo do self são projetadas exteriormente em outros vulneráveis – outros

---

[34] Ver minha anterior discussão do caso De Man e de algumas importantes reações a ele, incluindo a de Derrida, em *Representing the Holocaust: History, Theory, Trauma*, cap. 4. Para uma perspicaz discussão e defesa do papel da desconstrução na história, ver KLEINBERG, Ethan. Haunting History: Deconstruction and the Spirit of Revision. *History and Theory*, n. 46, p. 113-143, Dec. 2007. Ver também o livro de Kleinberg *Haunting History: For a Deconstructive Approach to the Past* (Stanford: Stanford University Press, 2017). Ver igualmente as análises informativas, baseadas em arquivos e contextuais, em BARING, Edward. *The Young Derrida and French Philosophy*. New York: Cambridge University Press, 2011. [Edição brasileira: *O jovem Derrida e a filosofia francesa, de 1945 a 1968*. Belo Horizonte: Editora UFMG, 2019.]

que passam então a ser vistos como a detestada causa de degeneração ou poluição. Eleger bodes expiatórios depende de oposições binárias decisivas, em especial entre o self e o outro, e isso, num ciclo de *feedback*, é instrumental para gerar ou reforçar essas oposições injuriosas. Policiamento, violência e construção de muros reais ou simbólicos podem, é claro, ser empregados social e politicamente para subscrever e emprestar credibilidade ao binarismo em geral e à eleição de bodes expiatórios em particular.

Em contraste com os binários puros, Derrida propôs uma estrutura generalizada de traços e uma marcação assimétrica, mútua, mas carregada de poder, de possíveis opostos. Essa visão é bem ilustrada em sua afirmação muitas vezes mal interpretada "*Il n'y a pas de hors-texte*" – Não há fora-do-texto [ou extratexto]. Ao contrário de uma prevalente interpretação equivocada, essa declaração implica, em termos de uma estrutura generalizada de traços, não que não exista nada relevante fora dos textos no sentido comum, mas a importância de uma rede relacional em que tampouco haja um "dentro-do-texto" formalista, não problemático, não marcado, não implicado. Não leio Derrida (e não acho que Derrida leia Derrida) como alguém que reforce um binário dentro/fora ao eliminar ou mesmo suspender referências ou contextos. Ao contrário, ele convida a tentar repensar suas relações com textos, linguagem e práticas de significação em geral. Manifestamente, ele não defende uma autonomia autorreferencial do texto ou a ideia de que seja suficiente para um leitor (incluindo um pesquisador da história intelectual, filósofo ou crítico literário) restringir a pesquisa à leitura de um texto, isolando-o de quaisquer outras considerações, embora tipicamente aponte de fato (às vezes de modo questionável, como no caso de De Man) para complexidades pelo menos de certos textos e para a maneira como colocam em ação múltiplas forças tensamente relacionadas.

Em 2016, um destacado pesquisador da história intelectual ainda repetia uma vez mais essa compreensão enganosa sobre Derrida, que poderíamos imaginar já em total descrédito, especialmente já que ele se refere ao meu trabalho como se apoiasse sua compreensão, embora prossiga, de modo autocontraditório, discutindo meus esforços como se estivessem focados no "contexto cultural [...] em detrimento de uma compreensão do argumento dos próprios textos".³⁵ Richard Whatmore escreve que Derrida "questionou a colocação dos textos no contexto histórico. Como Derrida escreveu, os textos funcionam na ausência de seu autor e poderiam ser compreendidos pelo escrutínio apenas do texto. Essa abordagem foi resumida de maneira célebre na segunda parte de seu livro *De la grammatologie* (1967): '*Il n'y a pas de hors-texte* (não há fora-do-texto)'" (p. 33).³⁶ Embora se possa muito bem questionar essa tradução, que seria mais adequada para "*Il n'y a rien hors du texte*" [não há *nada* fora do texto], Whatmore talvez não tenha lido bem e com suficiente compreensão os textos e argumentos aos quais aqui se refere. É um *non sequitur* inferir da "ausência do autor" que os textos possam ser "compreendidos pelo escrutínio apenas do texto". Ao contrário, a famosamente mal compreendida afirmação de Derrida implica a recontextualização dos textos ao longo do tempo, acompanhando leituras e usos sobre os quais um autor não tem controle definitivo como intencionalidade proprietária.³⁷

---

[35] WHATMORE, Richard. *What Is Intellectual History?*. Cambridge: Polity Press, 2016. p. 34. Apesar de seu título geral, o livro de Whatmore é, em grande medida, uma exposição e defesa de métodos da chamada Escola de Cambridge, cujas figuras principais incluem o par frequentemente citado Quentin Skinner e John Pocock. Eles e outros afiliados dessa escola, que põem em foco a história e a teoria políticas, representam o que, para Whatmore, é história intelectual genuína. Ele fornece glosas bem-informadas de Skinner e Pocock, mas, apesar de sua menção ocasional a outras abordagens, ainda seria o caso de perguntar o que mais seria possível ou deveria ser dito a respeito de correntes em recentes abordagens da história intelectual. A obra de destacados pesquisadores da história intelectual e da cultura, mais ou menos da geração de Whatmore, notadamente nos Estados Unidos, em grande medida não segue a agenda de Whatmore. Ver, por exemplo, as contribuições de *Rethinking Modern European Intellectual History*, organizado por Darrin McMahon e Samuel Moyn (Oxford: Oxford University Press, 2014).

[36] Sem citar o original, John Banville pôde também escrever: "Como Jacques Derrida notoriamente afirmou, tudo é 'texto', e além do texto nada há" (BANVILLE, John. Philip Marlowe's Revolution. *New York Review of Books*, Oct. 27, 2016, p. 38).

[37] Pode-se reconhecer o importante papel ético e legal da intenção quando há questões de responsabilidade em jogo. Além disso, mesmo na ausência de uma ação intencional própria, pode-se atribuir um grau variável de responsabilidade

Whatmore não trata do contraste entre duas abordagens divergentes da história intelectual. A Escola de Cambridge tenta reconstruir o pensamento ou as "conversações" do passado, ao "tentar ouvir" por meio de uma combinação do estudo de sentidos intencionais presumíveis com o contexto discursivo no qual tal sentido foi elaborado e debatido, especialmente em termos de expressões idiomáticas ou paradigmas supostamente característicos de um tempo passado. Muito importante fica sendo a reafirmação da filologia e da erudição extensiva, que podem até ser consideradas não apenas como práticas valiosas, pertinentes, mas também, mais problematicamente, como os componentes de uma metodologia histórica específica, até autossuficiente. Aqui temos uma reformulação do ideal de conhecimento plenamente objetivo do passado em seus próprios termos e por si só, embora Skinner, em trabalhos posteriores, indique que sua abordagem poderia ter valor prático na medida em que pudéssemos aprender com os intercâmbios do passado que tivessem sido esquecidos ou subestimados, mas que ainda dissessem algo a nós e a nossos problemas, ainda que apenas em termos de um contraste entre aquele passado e o desafio do presente e do futuro. Essa última perspectiva em certa medida introduz um viés benjaminiano, que acho valioso, num quadro de referência que parece bastante convencional e unilateralmente objetificador.

A abordagem que defendo não coincide com a de Derrida, mas extrai dela elementos, de maneira crítica e seletiva, bem como de outros (notadamente Freud e M. M. Bakhtin). Como os historiadores em geral, reconheço o valor de tentar reconstruir o passado, seus discursos e argumentos. Mas, como Derrida, entre outros, não acho essa tentativa autossuficiente ou isenta de problemas. Ao tentar elucidar a questão, sem dúvida é importante afirmar o papel na historiografia de alegações de verdade, afirmações precisas e tentativas rigorosas de validá-las. Mas é simplificar demais e até enganoso acreditar que alguém possa propor uma reconstrução totalmente objetiva do que

---

e de dívida pelos efeitos de ações ou práticas de ancestrais ou de gerações precedentes à medida que alguém se beneficia delas, por exemplo, no que respeita a expropriação de terras, recursos e posses de povos subjugados e oprimidos.

ocorreu no passado que separe nitidamente esse passado objetificado do presente. Contextos discursivos são importantes, mas podem muito bem ser múltiplos, ainda mais no caso de textos complexos, e a determinação de quais contextos são mais pertinentes a um texto ou enunciação não pode ser feita de antemão. Expressões idiomáticas ou paradigmas são construções sujeitas a debate, em relação às quais textos ou enunciações não são simples instanciações, e sim usos de linguagem ou práticas de significação que podem modificar, contestar ou às vezes ter efeito transformativo em certos contextos, expressões idiomáticas ou paradigmas. Além disso, há problemas de "tradução", tanto literal quanto figurativa, em representar o passado e torná-lo mais ou menos compreensível a grupos no presente. Há aqui a questão do que Bakhtin chama de "compreensão responsiva" e o que Derrida aborda em termos de inaugurar uma leitura que não rejeita métodos tradicionais como a contextualização, mas os problematiza ao reconhecer não a inevitabilidade de um presentismo unilateralmente projetivo ou radicalmente construtivista, mas as demandas de um intercâmbio autoimplicante com um passado não homogêneo e com o que quer que seja tomado como outro (por exemplo, passados, povos e animais).

Como Derrida insiste, em crescente intercâmbio crítico com o pensamento de Freud, a linguagem é retrabalhada por várias forças, e às vezes foge da intenção do autor, levando textos em direções imprevistas e permitindo reconhecimentos tardios. Eu acrescentaria que uma formulação de intenção é em si muitas vezes retrospectiva, tardia e dialógica, notadamente quando se discorda de uma interpretação do que está sendo afirmado ou explorado (por exemplo, o sentido de "*Il n'y a pas de hors-texte*"). Um ponto básico sobre a intenção é que, num discurso público, incluindo procedimentos legais, se você sabe o que está fazendo e tem ciência das consequências prováveis, então seu ato é *prima facie* intencional. Intenção aqui não é uma questão de estados internos ou atos – por exemplo, perscrutar uma mente ou alma (incluindo a própria) para ver o que "de fato" se quis dizer ou fazer. Os autores da Escola de Cambridge certamente reconhecem consequências não pretendidas na história, mas podem não relacioná-las de modo coerente com usos de linguagem ou práticas de significação do próprio passado, e tomá-las primariamente como atos posteriores de apropriação unilateral, quando não de um assalto ao que existe como domínio proprietário de uma clara e distinta intenção autoral. Pode muito bem haver tentativas ilegítimas de evadir a intenção e a responsabilidade por declarações ou outros atos atinentes a elas, mas tais tentativas não dão conta de todas as complexidades ensejadas pela questão da intenção. Além disso, os textos, discursos e práticas daqueles do passado, ou, em termos mais gerais, de outros tempos e lugares, podem eles mesmos ser muito intrincados, internamente divididos e contestados. Algo similar pode ser dito do presente, talvez com especial insistência, já que somos (os problemáticos "nós") parte desse presente, e temos às vezes investimentos intensamente afetivos e carregados de avaliações a respeito do que está acontecendo nele e conosco.

Aqui entramos no difícil terreno dos seguintes pontos: (1) Aquilo que Freud tratou em termos de transferência, com a mútua implicação de self e outros e envolvendo uma tendência à repetição. A transferência (positiva, negativa e ambivalente) inclui, mas não se limita a, pais e filhos ou analistas e analisandos. Mais que isso, é um conceito relacional não restrito à psicologia individual ou à relação clínica individualizada. Também argumentaria que a transferência não se restringe a relações com pessoas, em contraposição a textos ou animais (por exemplo, um texto como a Bíblia [e muitos outros] ou um animal, especialmente um considerado parte da família ou encarado como uma pessoa). Há uma dimensão social crucial no conceito de transferência. E, como Freud sugere, há o que podemos chamar de *economia geral de transferência*, carregada de conflitos, em certo grau controlada na relação clínica, mas não restrita a ela. (2) Aquilo que Bakhtin tratou como a dimensão internamente dialogizada, polifônica, muitas vezes conflituosa e possivelmente carnavalizada dos textos e discursos (não confundir com diálogos convencionais entre indivíduos ou personagens, o que costuma equivaler a um intercâmbio não dialógico de estereótipos, clichês ou "tópicos de discussão").[38] (3) Aquilo

---

[38] Por exemplo, em *Madame Bovary*, de Flaubert, os "diálogos" entre Emma e Léon ou entre o padre Bournisien e o farmacêutico Homais são intercâmbios não

que Derrida investigou em termos de um traço ou estrutura "textual", que poderia ser visto também como uma rede geral de coimplicações diferenciais. Desconstrução e autodesconstrução aplicadas a textos e discursos internamente autoquestionadores ou "dialogizados", que poderiam reivindicar unidade e identidade apenas por meio de um movimento problemático de idealização e redução analítica.

É possível também notar a relação entre Derrida, Freud e Bakhtin na questão das oposições binárias. Em Derrida, os binários marcam-se mutuamente. Na realidade, no par de opostos, um é o "mesmo" que o outro, mas enquanto diferenciado e diferido, uma noção que pode ser adotada para abrir a questão da natureza variável das distinções que não são consideradas binárias.[39] Em Freud, há uma relação ambivalente entre conceitos básicos, que ele explorou notadamente com respeito

---

dialógicos de clichês. Mas são montados ou posicionados no texto pelo narrador de modo dialogizado, muitas vezes por modulações irônicas ou paródicas, ou empáticas, de estilo indireto livre, que leio como um processo internamente dialogizado, relacionando o narrador, em modulações de proximidade e distância, a vários objetos de narração, alguns dos quais não são pessoas, como a mão de Emma Bovary ou o chapéu de Charles. Mas, como Bakhtin nota, em *Problems of Dostoevsky's Poetics* (ed. and transl. Caryl Emerson. Intro. Wayne C. Booth. Minneapolis: University of Minnesota Press, 1984), um diálogo é mais poderoso e revelador quando as palavras de um interlocutor tornam explícito o que o outro já disse internamente a ele ou ela, mas de modo velado, que é negado ou resistido, como no intercâmbio, em *Os irmãos Karamázov*, entre Alyosha e Ivan, referente à culpa do último no assassinato do pai (p. 255-256). Além disso, o diálogo real com outra pessoa era, para Dostoiévski, o único modo de autorrevelação [*self-disclosure*] e de comunicação (ou mesmo comunhão) sem lacunas evasivas (p. 248-249). Também notaria que em *A queda*, de Camus, estruturalmente similar a *Notas do subsolo*, de Dostoiévski, o narrador envolve-se num monólogo dúplice, internamente dialogizado de cumplicidade do suposto interlocutor (ou do leitor analogamente situado), mas deixando lacunas por onde o outro pode resistir e retrucar. (Para ulterior discussão desses pontos, remeto o leitor aos meus livros *Madame Bovary on Trial* [Ithaca, NY: Cornell University Press, 1982], esp. cap. 6; *History, Politics, and the Novel* [Ithaca, NY: Cornell University Press, 1987], sobre *Notas do subsolo* [cap. 2]; e ao *History and Memory after Auschwitz*, sobre *A queda* [cap. 3].)

[39] Ver DERRIDA, Jacques. *Margins of Philosophy* [1972]. Transl. Alan Bass. Chicago: University of Chicago Press, 1982. cap. 1, "Différance". [Edição brasileira: *Margens da filosofia*. São Paulo, Papirus, 1991.]

ao infamiliar e à interação de afetos como o amor e o ódio.[40] Bakhtin defende que, em contraste com pelo menos a aspiração a declarações monológicas, a imagem, o uso ou a prática de linguagem dialógica e especialmente carnavalizada buscam estruturalmente

> abranger e unir em si ambos os polos do devir ou os dois membros de uma antítese: nascimento-morte, juventude-velhice, alto-baixo, frente-verso, elogio-abuso, afirmação-repúdio, trágico-cômico e assim por diante, enquanto o polo superior de uma imagem dois-em-um se reflete no inferior, à moda das figuras das cartas de baralho. Poderia ser expresso assim: opostos se juntam, olham um para o outro, refletem-se, conhecem-se e se compreendem... E precisamente desse modo podemos definir o princípio básico da arte de Dostoiévski. Tudo em seu mundo vive na fronteira de seu oposto. O amor vive na fronteira do ódio, conhece-o e entende-o, e o ódio vive na fronteira do amor e também o compreende...

---

[40] Ver especialmente FREUD, Sigmund. *The Uncanny* [1919]. Transl. David McLintock. Intro. Hugh Naughton. New York: Penguin Books, 2003. [Edição brasileira: *O infamiliar*. Belo Horizonte: Autêntica, 2019.] "Entre as várias nuances de sentido registradas para o termo *heimlich*, há uma em que se funde a seu antônimo formal, *unheimlich*, e então *heimlich* se torna *unheimlich*. Isso nos lembra que a palavra *heimlich* não é isenta de ambiguidades, mas pertence a dois conjuntos de ideias, que não se contradizem, embora muito diferentes – um relacionado ao que é familiar e confortável, o outro ao que é velado, mantido oculto. *Unheimlich* é antônimo de *heimlich* apenas no seu primeiro sentido, não no segundo. O termo 'infamiliar' (*unheimlich*) aplica-se a tudo o que se tinha intenção de manter em segredo, escondido, e veio à luz" (p. 132). Para Freud, o infamiliar refere-se ao retorno do recalcado e, na primeira instância, aos genitais ou ao ventre da mãe, o lar inicial (*Heim*) ao qual se espera voltar (como de fato faz o gênio musical "louco" Leverkuhn no *Doutor Fausto*, de Mann, ao sucumbir a um coma e buscar refúgio em sua mãe idosa). Freud também observa que o infamiliar é com frequência associado ao demoníaco. Pode ser pertinente observar que, em *Os irmãos Karamázov*, de Dostoiévski, e no *Doutor Fausto*, de Mann, é o demônio que aparece como uma projeção fantasmagórica e de modo inquietante cita as palavras que no retorno do recalcado do protagonista extremamente perturbado (seja Ivan, seja Leverkuhn) voltam a ele. Ver também minha discussão do infamiliar e do problema de sua relação com o sublime em *History and Its Limits: Human, Animal, Violence*, p. 85-89.

A fé vive na fronteira do ateísmo, vê-se ali e compreende-o, e o ateísmo vive na fronteira da fé e a compreende... O amor à vida é vizinho de uma sede de autodestruição... A pureza e a castidade compreendem a depravação e a sensualidade.[41]

Como adiante indico, o que é crucial é não permitir que a desconstrução de oposições binárias e a afirmação de certo tipo de ambivalência resultem na generalização de ambiguidade comum ou equivocação e a desintegração de todas as distinções, especialmente em níveis éticos e políticos. E a crítica de fundamentos absolutos, relacionada à desconstrução de oposições binárias, tampouco implica essa desintegração ou a ideia de que "vale tudo". Em vez disso, coloca problemas em termos de distinções e argumentos questionáveis, mas possivelmente convincentes e cogentes, em vez de crenças dogmáticas.

Os problemas precedentes indicam a importância de uma vigilância autorreflexiva para os historiadores e outros analistas, procurando atentar para e explicitamente elucidar na medida do possível os investimentos afetivos e valorativos ou "ideológicos" que temos em nossas próprias práticas discursivas, investimentos que podem ser mais ou menos opacos para nós e não inteiramente controlados por intenções. Esses investimentos podem até funcionar para questionar nossa própria identidade e nossas reivindicações de autonomia. Portanto, devemos sempre perguntar: Será que agora estou soando como ou sendo ventriloquizado por meu pai ou mentor? De maneiras que merecem ser investigadas, alguns emuladores de Derrida, Lacan ou Foucault (entre outros) podem dar, às vezes, a impressão de empreender ou passar por um roubo da identidade estilística, uma espécie de possessão pelo estilo e pela voz do outro. Desnecessário dizer, os problemas ficam mais complexos quando tratamos da retórica do discurso e do uso em todas as suas variantes, da ironia e da paródia (ou autoparódia) a afirmações testemunhais, indicações de preocupação e declarações de crença. O recurso à psicanálise em seus aspectos mais férteis aponta para um esforço para lidar com complexidades de linguagem e de vida, com conceitos e procedimentos que tocam

---

[41] BAKHTIN. *Problems of Dostoevsky's Poetics*, p. 176.

dimensões de self e sociedade, habitualmente veladas na reconstrução de enunciações e expressões do passado, notadamente quando focados apenas em intenções e, em termos mais gerais, em práticas conscientes.[42] Essa virada psicanalítica é evidente em Derrida, mas resistida no círculo de Bakhtin, que, pelo menos em *Freudianism: A Critical Sketch*,[43] de V. N. Voloshinov, não explora possíveis relações entre uma orientação bakhtiniana e o pensamento de Freud. Em vez disso, vê Freud em termos restritos, enfatizando aquilo que encara como uma negligência de Freud em relação às especificidades históricas e ao papel da linguagem na cultura, ao lado de seu apoio em um reducionismo biológico a-histórico (o que é uma visão de Freud parcialmente válida, mas muito limitada).[44]

O trauma tem um papel específico aqui, em seu impacto afetivo e sua desorientação de linguagem e vida, e seus efeitos criam problemas em relação às desconcertantes, compulsivas e não intencionais irrupções do passado no presente e no futuro. Pode também induzir extrema confusão e a incapacidade de fazer distinções e julgamentos cogentes. Tal passado traumático intrusivo pode ser experimentado, mesmo que enganosamente, como mais presente, premente e real que as circunstâncias atuais. Ele elude representações não problemáticas e estilos imperturbados. Precisa ser elaborado e perlaborado (assim como encenado em piadas, risadas e outros processos performativos,

---

[42] Muitos talvez não percebam que usam estilo indireto livre em vez de, digamos, citação direta ou tentativa de relato objetivo do tipo "ele ou ela disse". Além disso, a distinção entre menção e uso pode não ser reconhecida, seja isso intencional ou não. Por exemplo, uma menção do uso por outro de um insulto pode ser tomada como um endosso ou uso do insulto na própria voz. Mas às vezes também o uso do insulto em nome próprio pode estar sendo disfarçado ou encoberto como menção.

[43] Trad. I. R. Titunik; ed. com, e incluindo apêndice, de Neal H. Bruss. Bloomington: Indiana University Press, 1987. O longo ensaio de Voloshinov foi publicado pela primeira vez em 1927.

[44] Na sua própria obra, Lacan contestou pelo menos duas dessas críticas, e pode-se discutir o papel da especificidade histórica no discurso teórico. (Sou favorável a isso – e não simplesmente como uma instância de algum conceito ou estrutura supostamente universal como o "real".)

como canto e dança). Elaborar e perlaborar não implicam alcançar um fechamento e uma plena identidade ou autonomia. Em vez disso, apontam para um processo de autoimplicação na tentativa de reconstruir o passado de modo que levante questões para o presente e crie aberturas para futuros frequentemente imprevisíveis, mas em certo grau moldáveis. Um aspecto desse processo é passar de dicotomias ou oposições binárias plenamente decisivas para distinções ou diferenças mais flexíveis e sutis que existam no espectro que vai do escassamente discernível à distinção forte e às vezes resoluta que permite tomar decisões e fazer julgamentos. Eu notaria aqui que uma vantagem e desvantagem profissional da abordagem da Escola de Cambridge (que nisso se aproxima em certa medida da *New Criticism*) é que, apesar das diferenças entre seus afiliados, sejam elas mais ou menos significativas, ela fornece uma matriz ou metodologia segura, passível de ser ensinada e aprendida de modo bastante convencional, permitindo que acadêmicos assumam projetos de pesquisa que prometem sucesso, pelo menos aos olhos daqueles que aceitam suas premissas. A vantagem e desvantagem comparável do que poderia ser chamado de uma abordagem mais dialógica e autocrítica é que certamente possibilita interagir e aprender a partir da prática de outros, mas pode não oferecer de imediato, ou de nenhum modo, protocolos ou modelos que acadêmicos possam compartilhar ou seguir, especialmente se a meta for revelar aspectos do passado e de nossa relação com ele que sejam exploratórios, abertos a contestação, menos que óbvios, e gerem questões para o leitor e o acadêmico implicado e reativo.

Tenho sugerido que, em uma estrutura textual ou do traço (que inclui mas não deve ser identificada a um texto literal), pode-se fazer com que aparentes opostos que marcam um ao outro pareçam enganosamente puros ou íntegros por meio de uma questionável projeção de elementos produtores de ansiedade ou infamiliares em um outro totalmente separado e distinto. Esse procedimento projetivo infelizmente tem sido muito prevalente na história.[45] Derrida é famoso

---

[45] Como sugeri antes, o procedimento era bem evidente na campanha presidencial de 2016, especialmente com Donald Trump e seus "representantes", em que a voz de comando parecia ser desviar-se de uma questão embaraçosa, voltar-se

por explorar esse processo com respeito à relevante diferença entre oral e escrito, importante para o mito da comunidade oral como não afetada pelas dificuldades projetadas exclusivamente nas chamadas culturas letradas, notadamente o conflito e a violência.[46]

Oposição e diferença puras também estão em jogo em outros binários, tipicamente hierárquicos, mas reversíveis, como aqueles entre dentro e fora, natureza e cultura, texto e contexto, espaço e tempo, masculino e feminino, ariano e judeu, colonizador e colonizado, secular e religioso, história e memória, o filosófico ou sociocientífico e o literário, e assim por diante. O movimento típico é localizar a fonte de ansiedade apenas no outro, presumivelmente excluído e alienado, com frequência demonizado. Em certa forma de "populismo" autoritário, muito importante no passado recente (por exemplo, em Donald Trump e seus seguidores), há um nítido binarismo entre nós e eles: nós, o povo (ou o povo "de verdade"), e os outros ou os de fora, que na realidade não contam e são inimigos de uma sociedade e uma política verdadeiras. Alguns grupos podem ser componentes particularmente difamados desses "outros" (tradicionalmente os judeus, mas também certos estrangeiros ou forasteiros

---

para os "tópicos de discussão" preferidos e projetar repetidamente, acusando seu acusador daquilo de que você está sendo acusado, por exemplo, de mentir ou atacar outros vulneráveis (notadamente mulheres abusadas).

[46] O binário entre o escrito e o oral pode ser invertido, atribuindo-se ao escrito a categoria dominante ou privilegiada, como tem sido o caso com o dito "publique ou pereça" na academia ou a preferência por documentos escritos na historiografia, ao lado da tendência a evitar, ou a ver como tipicamente não confiáveis, o testemunho e a memória. Essa reversão tem tido efeitos flagrantemente prejudiciais para pessoas cuja cultura se apoia em tradições orais e na memória, notadamente povos indígenas, mas também outros grupos oprimidos para os quais o testemunho é crucial. Esses efeitos têm sido drásticos no caso dos nativos norte-americanos e dos aborígenes australianos, cujas reivindicações de território ou mesmo cuja própria existência histórica e legal têm ficado sujeitas a exigências não realistas de documentação escrita e cujas tradições orais têm sido com frequência, especialmente até tempos bem recentes, descartadas como não confiáveis e inadmissíveis nos procedimentos legais. (Esses pontos cruciais com frequência vêm sendo ignorados nas discussões às vezes encaradas com desdém pelos historiadores a respeito de memória e testemunho oral.)

de dentro ou de fora, como imigrantes sem documentos ou "ilegais", por exemplo, mexicanos e muçulmanos). Entra em cena um elemento claramente antidemocrático na convicção de que os outros não são parte de uma democracia, que pode muito bem abrigar conflitos sobre diferenças em políticas ou opiniões. Em vez disso, os outros são maus e corruptos, participantes ou beneficiários de um "lamaçal" que precisa ser limpo. Eles "burlam" o sistema mesmo quando alguém se beneficia desse sistema, o que inclui maneiras como ele pode ser "burlado" para favorecer os ricos e poderosos ou manipulado em proveito próprio por inimigos ou oponentes ostensivos (como os russos, que não cabe demonizar, apesar da orientação de certos líderes questionáveis). A identificação com um líder carismático e sua mensagem, que pretende traduzir a genuína voz do povo, pode dar a sensação de que mesmo aqueles em circunstâncias desvantajosas são valorizados como "o povo" e podem querer vingar-se de um *establishment* dubiamente circunscrito que não inclui aparentes *insiders* (certos bilionários e executivos de empresas que apoiam o líder pseudopopulista).

Uma questão que surge aqui é se os processos extremos de análise não funcionam às vezes como rituais questionáveis de purificação, talvez relacionados a formas de criação de bodes expiatórios, vitimização e violência sacrificial. Tais processos podem incluir a formação de tipos ou modelos ideais muitas vezes úteis *quando cumprem certas funções*, como uma inadequada busca de identidade e excepcionalidade, o que inclui a ideologia de um povo eleito ou a singularidade do Ocidente em oposição ao resto. (Esse último aspecto é talvez atuante no recurso metodológico de Max Weber a tipos ideais que demonstrem a suposta singularidade do Ocidente.) A extrema purificação analítica ou "limpeza" pode estar ativa também em políticas disciplinares identitárias, baseadas em uma discutível oposição rígida entre campos ou disciplinas como história, filosofia e estudos literários.[47]

---

[47] Houve várias tentativas de dividir esses campos, por exemplo, separando a história dos estudos literários ou da filosofia, sendo tal separação às vezes tomada como definidora dos "reais" historiadores ou do "historiador dos historiadores". Eu obviamente sustento que a historiografia deve nutrir interesse pela literatura e

Oposições agudas podem também atuar na busca de singularidade, de status privilegiado, até do ser humano como "eleito", contraposto a todos os demais animais, por vezes enganosamente condensados em "o" animal. Esta última é uma área na qual o trabalho tardio de Derrida tem um impacto nos estudos críticos sobre animais e na crítica do antropocentrismo. Importante aqui é a tentativa de ir além do humano e expandir o âmbito de preocupação, de compaixão, justiça e generosidade. Por exemplo, uma questão é se o conceito de genocídio ou de crimes contra a humanidade deve ser estendido a outras espécies, em vez de se restringir a humanos. A implicação é que o humanismo antropocêntrico, incluindo o discurso sobre direitos humanos, às vezes se baseia de modo dúbio em um mecanismo sacrificial tipicamente ocultado, de exclusão, possivelmente violento, de criação de bode expiatório em relação a animais ou a "o" animal como outro. Podemos tentar uma história do humanismo que, ao contrário das histórias antropocêntricas existentes, inclua e não mais marginalize ou negligencie o papel de outros animais, como é feito na história em geral, por mais que ela alegue ser desprovincializada, global ou total.[48]

A desconstrução (via noções como as de *différance* e suplementaridade) tende a valorizar pelo menos certos híbridos e compostos hifenados ou mesmo a vê-los, na história e na cultura, como generativos e reprodutíveis. É claro que certos compostos são indesejáveis, por exemplo, um líder que combine Hitler e Stalin ou, talvez mais próprio de um passado recente, Mussolini, Berlusconi e Putin. Não obstante, na cultura, entidades puras, incluindo o puramente "humano" ou o homem e a mulher "reais" (e assim por diante), são o resultado contestável

---

ter ela mesma dimensões literárias e filosóficas, sem se confundir com ficção ou com uma filosofia tradicional da história. E um objeto especial de atenção para historiadores da vida intelectual devem ser as suposições e os quadros de referência não examinados ou implícitos, por exemplo, o antropocentrismo, tanto no passado quanto neles mesmos.

[48] Essa negligência ou marginalização ocorre mesmo em estudos destacados, como em *Inventing Human Rights: A History*, de Lynn Hunt (New York: W. W. Norton, 2007) e *The Last Utopia: Human Rights in History*, de Samuel Moyn (Cambridge, MA: Harvard University Press, 2010).

de poda, processamento e policiamento. Híbridos culturais podem se reproduzir, e isso pode gerar ansiedade naqueles ligados a limites disciplinares e de gênero estritos. Uma noção relacionada de perto é que em história começamos *in medias res* ou numa posição intermediária, com identidades, posições, inícios e finais mais definidos como ficções heurísticas ou projetos contestáveis mais ou menos alcançáveis. É possível até propor que o humano é o ser-em-processo incapaz de conhecer a si mesmo plenamente, mas que ao longo do espaço e do tempo tem procurado, de maneiras repetidas, mas variáveis, uma identidade baseada em um critério decisivo que opõe de forma binária o humano ao outro, notadamente "o" animal, tipicamente de uma maneira que justifica cometer violência a esse outro (capturar, realizar experimentos, matar e comer). Felizmente, essa busca de um critério decisivo que certifique e privilegie a identidade humana tem sido colocada em questão por certo número de pessoas que pode estar crescendo.

Antes de prosseguir com um argumento vinculado aos pontos acima, vou abrir um parêntese para interrogar se Derrida tratou de modo adequado do problema de como aquilo que esbocei e em certa medida endossei como sua orientação pode ser relacionado com a ênfase posterior que ele deu à messianidade e à visão de que todo outro é totalmente outro (*tout autre est tout autre*). Essa última visão parece fundir todo outro com um Deus radicalmente transcendente e oculto (e vice-versa). E todo outro parece estar situado *hors-texte* ou além de uma implicação na mútua marcação de uma estrutura do traço similar a uma rede. Minha própria resposta a essa visão é argumentar que todo outro não é totalmente outro, e sim que em cada outro (como em si mesmo) há "algo" de outro, talvez radicalmente (hesito dizer totalmente) outro. Esse "outro" é tratado por Freud em termos de processos inconscientes que colocam um limite não fixável à autocompreensão e à comunicação transparente (ou a uma situação de fala ideal). Mesmo assim, como interpretar a messianidade de Derrida é uma questão em aberto, e o problema estrutural do traço/totalmente outro é uma variante (talvez pós-secular) da questão imanência/transcendência que reivindica ser a aporia paradigmática ou o duplo vínculo do cristianismo e talvez da chamada tradição ocidental. (No cristianismo, a questão é se Deus está no mundo ou é de outro mundo e transcendente, ou possivelmente ambos.) Pode-se alegar que esse problema tem sido deslocado para a questão de se o sentido é inerente aos signos ou arbitrário e, de certo modo, transcendente em relação a eles (o que pode ser um binário enganoso).[49]

Alguns (por exemplo, John Caputo) têm visto Derrida como um pensador paradoxalmente religioso (propondo uma "religião sem religião"), enquanto outros (por exemplo, Martin Hägglund) têm sustentado que é um "ateísta radical".[50] Apesar de sua predileção em se referir primariamente a religiões monoteístas, e da sua ênfase posterior na messianidade, é pelo menos concebível ver uma dimensão do pensamento de Derrida como apontando a uma religiosidade ateísta – uma religião não sem religião, mas sem uma divindade suprema. É importante notar que, na tradição de Durkheim (da qual Derrida em parte se vale, por exemplo, via Marcel Mauss e Georges Bataille), o crucial da religião é o papel do sagrado, e não de Deus ou de uma crença em um ser teísta. O sagrado e seus deslocamentos em contextos mais seculares podem ser uma dimensão crucial de uma estrutura do traço, campo de força ou rede relacional generalizados. E vale notar que o "totalmente outro" (para aqueles que afirmam essa noção, como Levinas, Kierkegaard ou Derrida) pode ser um perturbador *vis-à-vis* sublimemente para-

---

[49] Pode-se argumentar (como faz Derrida, em *De la grammatologie*) que, nos usos históricos da linguagem (*langage*), temos um processo de motivação e desmotivação de signos em relação ao sentido com, no limite, um signo desmotivado ou "anassêmico" parecendo ter sentido arbitrário. Aqui Derrida não é simplesmente um seguidor de Saussure quanto à arbitrariedade do significante.

[50] Ver CAPUTO, John D. *The Prayers and Tears of Jacques Derrida: Religion without Religion*. Bloomington: Indiana University Press, 1997; e CAPUTO, John D.; VATTIMO, Gianni. *After the Death of God*. Ed. Jeffrey W. Robbins. Postface Gabriel Vahanian. New York: Columbia University Press, 2007. Ver também HÄGGLUND, Martin. *Radical Atheism: Derrida and the Time of Life*. Stanford: Stanford University Press, 2008. Ver ainda BARING, Edward; GORDON, Peter (ed.). *The Trace of God: Derrida and Religion*. New York: Fordham University Press, 2015.

doxal, produtor de ansiedade, em uma assim chamada "relação sem relação". O Deus de Kierkegaard em *Temor e tremor* não é um ser muito acolhedor ou um ser invocado em uma questão simplista do tipo "você-acredita-em". Pode-se até argumentar que, em *Temor e tremor*, não só Abraão, mas também Deus está sendo julgado ou sendo testado em uma medida que Kierkegaard pode ter resistido a encarar. A questão óbvia, mas desconcertante, que o texto traz à mente é: Que tipo de Deus iria ordenar o sacrifício de um filho, e, de modo mais manifesto, será que Abraão seria louco a ponto de aceitar isso?[51]

À parte o que possamos ver como seus análogos (pós-)seculares ou mesmo deslocamentos, como o "real", a "arcaica herança de culpa" ou a melancolia constitutiva, o próprio pecado original tem recentemente feito um retorno, talvez como um aspecto da guinada pós-secular no pensamento recente.[52] Um apelo ao pecado original parece dar ao pensamento uma profundidade ou intensidade, muitas vezes via um retorno a Agostinho e Paulo, por exemplo, no trabalho de Alan Jacobs, em seu notável *Original Sin*.[53] Jacobs, de maneira ortodoxa, remonta o pecado original à herança de culpa após a queda de Adão, transmitida aos que vêm depois, e chega a comparar essa transmissão a processos genéticos e interpretá-la como apontando a uma necessidade de redenção por meio do autossacrifício de Cristo. De modo mais inesperado, talvez, Jacobs enfatiza sua natureza igualitária em representar todos

---

[51] Não obstante, destaco que, quanto ao argumento que tento desenvolver, pode haver um sentido desconcertante em que o universo é infinito. O que não quer dizer que sejamos infinitos ou orientados a um suposto "outro" infinito ou totalmente outro, mesmo que diferido ou por vir (*à venir*).

[52] Estou indicando de passagem o que está sujeito a discussão: que noções como a de real, em Lacan, herança arcaica de culpa, em Freud, e melancolia constitutiva (por exemplo, em *Psychic Life of Power*, de Judith Butler [Stanford: Stanford University Press, 1997], esp. p. 197-198 [edição brasileira: *A vida psíquica do poder: teorias da sujeição*. Belo Horizonte: Autêntica, 2017]) são – ou funcionam como – deslocamentos do pecado original ou de suas consequências.

[53] JACOBS, Alan. *Original Sin: A Cultural History*. New York: HarperCollins, 2008.

os humanos como caídos ou corrompidos, contestando alegações de excepcionalismo ou inerente singularidade ou caráter de eleitos de certos grupos ou indivíduos. Também observa que, em Reinhold Niebuhr, que enfatizou o pecado original no começo do século XX, esse igualitarismo foi ao longo de sua vida ligado não ao conservadorismo, como em vários pensadores (por exemplo, T. S. Eliot), mas a uma política progressista e ao ativismo social. Mas conferir ao pecado original um status estrutural e fundacional é um preço alto e dogmático a pagar pelo igualitarismo e até pelo progressismo, que resulta apenas de uma elogiável, mas questionável, interpretação do pecado original que é relativamente incomum.

Em vez de concordar com Jacobs, pode-se talvez ver o pecado original (e seus análogos) em termos não doutrinários ou dogmáticos, como apontando para a precariedade da vida e para uma repetida possibilidade, tendência ou mesmo propensão "originária" a transgredir ou a fazer o "mal", que limita o progresso ou o aperfeiçoamento e aponta para a ambivalente dualidade ou natureza dividida do ser humano como ao mesmo tempo bom e mau. Mas esse status problemático é diferente de encarar o pecado original como derivado da queda de Adão ou, em termos mais gerais, como trauma fundador ou estrutura inerente, universal, quase transcendental, da qual eventos, atos ou processos específicos sejam instanciações. Um modo de ver o pecado original (e talvez também seus análogos) é como condensação da transmissão inter ou transgeracional do trauma em certas tradições, originada de transgressão extrema, com frequência violenta, e gerando sentimentos de culpa ao longo de gerações. Esse processo é expresso miticamente quando se localiza sua fonte em termos da queda de Adão (ou de evento análogo, como o crime primordial de Freud), e se hipostasia o pecado original (ou uma herança de culpa) como fundacional. Em suma, o pecado original (ou seus análogos) não deve ser visto como uma solução ou uma resposta, mas como uma noção que coloca problemas e levanta questões que pedem uma inquirição crítica.

Uma discussão que vale a pena levantar é que a desconstrução de oposições binárias não deve ser empreendida de modo a implicar a desintegração ou o apagamento de todas as distinções ou a generalização do que Primo Levi denominou de zona cinzenta. Com essa generalização (criticada por Levi, mas talvez estabelecida por Giorgio Agamben), todos indiscriminadamente se tornam cúmplices como perpetradores-vítimas. Em contraste, o que a desconstrução de opostos binários torna mais exigente, e não menos, é o problema da rearticulação e das práticas articulatórias (incluindo instituições). E para a articulação é crucial o papel das distinções ou diferenças. Junto ao problema das distinções ou diferenças e sua articulação vem a questão de repensar as distinções em termos de sua relativa força ou fraqueza, tanto de fato como de direito. Em outras palavras, binários puros são distinções levadas a extremo, e, embora todas as distinções sejam problemáticas, algumas distinções são não apenas problemáticas, mas mais indefensáveis e danosas que outras. Distinções defensáveis e sua articulação são necessárias para um pensamento e uma prática cogentes, incluindo razão prática, julgamento e ação social. E levantam a questão de se as instituições e práticas existentes que se apegam a distinções ou diferenças inapropriadas, especialmente certos binários ou dicotomias, são dúbias, quando não desastrosas, e devem ser sujeitas a mudanças em direções ética e politicamente desejáveis.

Sem pretender ter respostas abrangentes a essa enorme gama de questões, ofereço mesmo assim alguns exemplos de como é possível tratar de um problema-chave na esteira da desconstrução no que concerne a distinções ou diferenças e sua articulação no pensamento e na prática. Eu destacaria que Derrida não toma o caminho que estou indicando, embora em certos pontos seu pensamento tenha intersecções com ele. Mas o caminho que defendo não vai na direção da messianidade, do fundamento "místico" da autoridade, de uma ideia de violência performativa originária (ou um *coup de force*) que presumivelmente precederia normas e leis, ou o que parecem ser saltos de fé decisionistas, ou uma ideia de justiça "não desconstrutível", infinitamente outra e sempre por vir (*à venir*), embora concorde que qualquer afirmação de ter estabelecido definitivamente uma ordem justa está aberta a contestação, e que decisões particularmente difíceis podem ser apoiadas por argumentos mais ou menos cogentes e convincentes, mas não decisivamente alicerçadas em certeza ou então simplesmente derivadas de princípios programáticos.[54]

Uma distinção importante em Primo Levi e outros é entre perpetradores e vítimas, incluindo sua relação com a "zona cinzenta", em que a distinção não é um binário, mas envolve vários graus de cumplicidade entre perpetração e vitimização. Como sugeri acima, tal cumplicidade não invalida a distinção, mas a torna problemática em certos casos, embora mantenha sua força em outros. No Holocausto houve casos tanto de perpetradores que não eram em nenhum sentido pertinente vítimas quanto de vítimas que não eram em nenhum sentido significativo perpetradores ou cúmplices na perpetração como "espectadores" (termo dúbio, já que de modo indiscriminado conota inocência ou indiferença, em vez de possíveis graus de cumplicidade, seja em cooperação ativa, seja em aceitação passiva, quando não em corroboração). O sofrimento e até a traumatização de certos perpetradores ou cúmplices devem ser reconhecidos, como no caso das vítimas alemãs de bombardeios Aliados ou até de militares ou homens ou mulheres da SS que sofreram traumatização e subsequentes sintomas de seus próprios atos de abuso dos outros. Mas não devem ser vistos em termos equivalentes aos de vítimas abusadas, nem sequer como vítimas ou sobreviventes do Holocausto em um sentido ético ou político pertinente. Vítimas de bombardeios foram afetadas por

---

[54] Ver DERRIDA, Jacques. The Force of Law: The "Mystical" Foundation of Authority. *Cardozo Law Review*, n. 11, p. 920-1045, 1990. [Edição brasileira: *Força de lei*. São Paulo: WMF Martins Fontes, 2007.] Está também em CORNELL, Drucilla *et al.* (ed.). *Deconstruction and the Possibility of Justice*. New York: Routledge, 1992. Ver também meu comentário sobre o ensaio de Derrida (não incluído no volume de Drucilla Cornell), feito sobre a versão do ensaio apresentada na conferência da Cardozo Law School, "Violence, Justice, and the Force of Law" (*Cardozo Law Review*, n. 11, p. 1065-1078, 1990). Como notei em outra parte, o ensaio de Derrida ainda não incluía as notas de rodapé e o "Post-scriptum" sobre nazismo e a "solução final" (p. 973-974 e 1040-1046), algo que eu só soube após a publicação do volume. Ver ainda minhas discussões em *History and Reading: Tocqueville, Foucault, French Studies* (Toronto: Toronto University Press, 2000), p. 216-223, e *History and Its Limits*, p. 98-102. Ver também, de Derrida, *The Gift of Death* [1992]. Trans. David Wills. Chicago: University of Chicago Press, 1995.

ações às vezes excessivas ou no mínimo questionáveis dos Aliados buscando a vitória, enquanto perpetradores traumatizados que abusaram de vítimas sofreram danos por seu próprio comportamento abusivo e seus efeitos. (Vale destacar em especial possíveis efeitos danosos nos descendentes de perpetradores.) Mesmo a violência contra alemães no *front* oriental, incluindo os muitos estupros, por mais objetável que tenha sido, só pode ser igualada ou ponderada em relação ao genocídio e abuso do Holocausto de uma forma muito questionável de contabilidade, que tipicamente funciona de uma maneira apologética. E perpetradores que possam estar traumatizados por suas ações não se tornam *ipso facto* vítimas em sentidos éticos, políticos e legais pertinentes.

Aqui temos também o problema do papel da empatia ou compaixão na compreensão. A empatia em relação às vítimas com frequência não é problemática, e a desconexão ou o bloqueio da empatia pode muitas vezes ser por si só uma precondição para a perpetração e para uma cumplicidade ativa ou passiva em vitimizar os outros. (Tal bloqueio pode com o tempo se tornar uma questão de hábito ou de dessensibilização.) O papel da empatia na compreensão dos perpetradores ou mesmo de certas figuras cúmplices na zona cinzenta está aberta a debate, como também o próprio significado de empatia e compaixão. Tenho criticado a conflação de empatia e identificação e argumentado que a empatia é uma relação imaginativa, intelectual e emocional com o outro enquanto outro, que não implica uma aptidão de se colocar no lugar do ou de falar pelo outro. Pode, em vez disso, ser entendida como colocar-se no lugar do outro sem assumir o lugar do outro – uma distinção que reconhece a diferença. Na medida em que há um elemento de identificação na empatia, ela pode ser mais bem capturada na noção tensa, até oximorônica, de Kaja Silverman como identificação heteropática.[55] Do jeito como a entendo, seria uma identificação internamente dividida, que não elimina ou subsume a diferença. Deve ser contrastada à identificação incorporativa ou projetiva, que

---

[55] Ver SILVERMAN, Kaja. *Threshold of the Visible World*. New York: Routledge, 1996.

mina o entendimento dos outros ao assimilá-los ao self. Eu veria um papel para a empatia como perpetrador, pelo menos no sentido de reconhecer a possibilidade de certas ações ou experiências para si, sob certas condições. Talvez seja impossível determinar o grau dessa possibilidade, exceto se estivermos de fato em uma posição comparável, mas não é desejável em nenhum sentido buscar essa posição a fim de adquirir maior certeza a respeito das próprias aptidões ou propensões. Em vez disso, reconhecer a possibilidade em si mesmo estaria mais relacionado a uma consciência ampliada que aumentaria a vigilância e ajudaria a combater quaisquer tendências para ações ou crenças inadmissíveis que a pessoa pudesse abrigar, talvez como um efeito inconsciente de crescer ou viver em certos contextos ou de se identificar com o agressor. Um problema de certo modo similar surge a respeito das várias nuances na zona cinzenta, embora nesse caso muitos de nós possamos ter vivido experiências nas quais tenhamos de fato nos visto ou posto em situações ambíguas e não agido de modos dos quais pudéssemos nos orgulhar. No caso daqueles colocados pelos vitimizadores em duplos vínculos que não criaram por si próprios, como era a situação de um bom número de vítimas no Holocausto, assim como em outras situações de tensão (por exemplo, harkis[56] na Argélia ou vietnamitas cooperando com forças de ocupação francesas ou norte-americanas), pode-se muito bem ficar inclinado a compartilhar a suspensão de julgamento de Primo Levi com relação a conselhos judeus, ou *Sonderkommandos*.[57]

Um aspecto difícil da empatia está relacionado à reação à coimplicação transferencial com os outros, que pode ela mesma ser vista como precondição da empatia. Pode-se encarar a empatia num sentido

---

[56] Termo utilizado para designar as forças suplementares, compostas principalmente por argelinos, que foram mobilizadas pelo Exército Francês durante a Guerra da Argélia, entre 1954 e 1962. São, ainda hoje, grupos envolvidos em complexas disputas de memória. (N.R.)

[57] Unidades especiais em que judeus atuavam no extermínio de outros judeus (literalmente, "*Sonderkommando*" quer dizer "Comando Especial"). Ver: https://www.bbc.com/portuguese/internacional-51230256. Acesso em: 25 jan 2023. (N.R.)

relativamente objetificado mesmo que aparentemente não objetável, como implicando tentar evocar de que modo os outros "veem" as coisas, em especial em termos das histórias que contam a si mesmos para explicar e justificar suas ações. Mas a empatia pode também ser entendida de modos que acentuem, até estendam excessivamente, essa coimplicação, como pode ocorrer na influente noção de Dilthey de sentir um caminho até o outro, até reexperimentando o que o outro experimentou. Mas seria isso desejável em relação, digamos, à excruciantemente traumática e talvez incapacitante experiência de certas vítimas, como os *Muselmänner*[58] ou outros que passam por uma compulsiva revivência que impossibilita a agência e a responsabilidade no presente e no futuro? Tenho argumentado que a empatia é realmente exigida em tais casos, mas que idealmente iria resultar em uma forma não compulsiva de perturbação empática, cuja natureza variaria e não poderia ser determinada com precisão. No extremo oposto do espectro, será que existe um sentido no qual alguém possa resistir a uma empatia com respeito a certos perpetradores, não apenas Hitler ou Himmler, mas também a cruéis abusadores em posições menos exaltadas – resistência que se contraponha à violência ou a se comprazer em vitimizar os outros e possa não ser repreensivelmente insensível ou defensiva, mas, em vez disso, uma atestação autoconsciente de certos valores? Pode-se até questionar se todos os outros merecem empatia. Atualmente, especialmente na Terra de Trump, uma proximidade com a orientação de perpetradores ou uma identificação com o agressor "vencedor" e com um comportamento abusivo, preconceituoso, pode ser uma grande tentação para alguns, se não muitos, mais do que uma experiência aparentemente alheia que precise ser apresentada e tornada familiar. Pode muito bem ser simples e fácil assumir o status progressista cosmopolita como nossa

---

[58] Expressão, derivada do termo em iídiche para muçulmano, que se empregava nos campos de concentração para designar os prisioneiros que estavam em estado crítico de emagrecimento e exaustão, com extrema dificuldade para desempenhar quaisquer tarefas e grande probabilidade de serem mortos. Ver: MUSELMANN. *In*: Wikipedia. Disponível em: https://en.wikipedia.org/wiki/Muselmann. Acesso em: 25 jan. 2023. (N.R.)

posição predefinida. Em qualquer caso, a empatia ou a compaixão devem ser distinguidas de apoiar, aceitar ou perdoar, o que requer julgamento crítico que não nega a empatia, mas não pode ser confundido com ela. Em geral, a empatia ou compaixão pode ser necessária, mas nunca suficiente para uma compreensão bem fundamentada ou uma ação social e política viável.

Um exemplo ao qual já aludi sugere que toda a rede de distinções entre humanos e outros animais demanda uma extensiva e cuidadosa reconsideração em termos não binários, tendo implicações históricas, éticas e políticas. Quanto a vitimização e violência, que considero problemas cruciais, pode muito bem haver situações em que a distinção entre perpetrador e vítima seja muito forte, como na maioria dos casos no Holocausto, em que a zona cinzenta é mais restrita e vem à tona primariamente por meio das políticas de perpetradores que colocavam vítimas em duplo vínculo e tentavam torná-las cúmplices da própria opressão. Há outras situações em que a zona cinzenta pode ser bem maior, embora haja marcadas diferenças em poder que a enviesam de maneiras muito importantes, com o peso da responsabilidade por sua gênese e seu funcionamento em geral atribuível primariamente aos mais poderosos. Nossas recentes guerras e a crise financeira estendida, agravando a já excessiva disparidade entre os muito ricos e os demais – não apenas a classe média, mas crucialmente os muito pobres –, cria vasto campo para análises que discriminem aquelas zonas de um cinza bem escuro onde julgamentos decisivos (e tempo na cadeia) são às vezes justificados.

Um ponto adicional, não restrito ao problema da zona cinzenta, é que muitas distinções cruciais são analíticas. Certas distinções podem não delimitar casos ou situações concretos (por exemplo, entre uma caixa com lápis de cor vermelhos e outra com lápis verdes), mas aplicar-se a situações de maneiras discutíveis ou diferenciais. Uma distinção analítica problemática, mas, penso eu, defensável, que fiz e elaborei em outra parte, é entre trauma estrutural e trauma histórico, respectivamente relacionados à ausência de certezas fundacionais ou absolutas (ausência muitas vezes interpretada ou mal interpretada como perda traumática) e a perdas de seres e entidades históricos específicos.⁵⁹ Os dois podem coincidir em fenômenos empíricos, mas apenas eliminar ou negar a distinção entre eles pode ser enganoso. Pode levar à busca de um absoluto supostamente perdido, mas na realidade ausente (por exemplo, um paraíso perdido ou a *Volksgemeinschaft*⁶⁰ livre de conflitos, e utopias similares ou fundações absolutas, incluindo a antes grande, mas agora supostamente perdida, América). Essa busca decorre de uma fantasia confusa que talvez induza à experiência da "perda" do que você nunca teve ou poderia ter tido, com a suposta "perda" às vezes atribuída a outros, vistos como culpados ou desprezados, típicos bodes expiatórios. Ou, alternativamente, o colapso da distinção entre trauma estrutural e histórico pode levar a uma drenagem da especificidade de perdas históricas construídas apenas em termos de uma teoria altamente abstrata (talvez incluindo certas formas de teoria do trauma). A especificidade também corre risco quando as perdas são tratadas como instanciações de alguma ausência estrutural ou construto trans-histórico, como a Queda, o pecado original, a ausência constitutiva, o "real" lacaniano ou uma ideia da história *per se* como trauma. Eu não universalizaria o trauma estrutural (incluindo o "real") ou lhe daria status quase transcendental, mas daria no máximo uma credibilidade qualificada pelo menos dentro da chamada tradição ocidental, na qual a noção da Queda (ou algo análogo) como trauma fundacional desempenha papel destacado como uma crença relacionada a certas práticas. A noção de trauma estrutural pode também estar relacionada à importância dos traumas fundacionais em geral, incluindo o Holocausto ou o 11 de Setembro – traumas em que eventos históricos catastróficos ganham

---

⁵⁹ Ver o meu *Writing History, Writing Trauma* (2014, com novo prefácio), cap. 2. Eu notaria que a ausência de certezas fundacionais ou absolutas pode ser encarada não como traumática, mas como desafiadora e, no entanto, libertadora, como penso que Nietzsche tenha argumentado.

⁶⁰ Expressão alemã que poderia ser traduzida como "comunidade do povo", que aparece aqui em alusão ao seu uso pela ideologia nazista, como um preceito de submissão aos interesses da nação, entendida essencialmente em termos raciais. Ver: VOLKSGEMEINSCHAFT. *In*: Britannica. Disponível em: https://www.britannica.com/topic/Volksgemeinschaft. Acesso em: 25 jan. 2023. (N.R.)

sentido estrutural ou paradigmático –, traumas que devem e às vezes de fato problematizam a identidade, mas paradoxalmente podem também se tornar um pretexto ressentido e politicamente perigoso para uma identidade de grupo, ou individual, usada para justificar atos ou políticas dúbios (como infelizmente tem acontecido com o Holocausto e com o 11 de Setembro).

A crença na total objetividade da pesquisa histórica, às vezes correlacionada a uma ideia do arquivo de documentos escritos como o fundamento de tal objetividade, pode funcionar como outra instância de hipóstase de uma ausência ou busca de certeza ou alicerce absoluto quando nada do tipo está disponível. No mínimo, dá-se um privilégio desmedido à pesquisa de arquivo. Fazer essas afirmações não é diminuir a importância e o valor dos arquivos e do trabalho meticuloso de arquivo. Mas a historiografia não deve se restringir (como ocorre frequentemente) à tradução de arquivos em narrativas. E em história não se deve dar ao arquivo escrito uma preferência indiscriminada sobre o oral e a memória. Uma construção restritiva como essa da história (ou historiografia) tem ao menos três inconvenientes. Primeiro, como já sugeri, minimiza ou rebaixa a importância da memória, do testemunho e da história oral – atitude que age em detrimento de povos vitimados e oprimidos, notadamente aqueles para os quais as tradições ou os testemunhos orais são cruciais. Pode assim replicar práticas coloniais ou pós-coloniais que têm feito uso tendencioso ou discriminatório da demanda por provas de arquivo escritas. Segundo, a ênfase exclusiva em arquivos escritos obscurece o valor da pesquisa apoiada em fontes publicadas ou outras disponíveis (documentários ou filmes, por exemplo). Além disso, obscurece dimensões mais "arquivísticas" ou menos manifestas, até secretas e infamiliares dessas mesmas fontes disponíveis. (Aspectos "arquivísticos" ou menos manifestos daquilo que está à mostra têm sido, é claro, preocupação especial de leituras desconstrutivistas e psicanalíticas.) E priorizar arquivos convencionais pode ocluir aspectos problemáticos dos próprios arquivos.[61] Terceiro, restringe demais a historiografia a modos narrativos de articulação (tanto do

---

[61] Trato de alguns desses aspectos no capítulo 3.

ponto de vista teórico quanto do prático), ou pelo menos privilegia a narrativa em detrimento da análise, da descrição, da argumentação e dos ensaios (muitas vezes relegados ao status inferior de "textos de opinião"). Em contraste, pode-se reconhecer o valor da narrativa, mas sem desvalorizar outros modos de pesquisa e apresentação na investigação histórica, bem como em outras práticas, como ficção, poesia e produções audiovisuais, também importantes em tentativas de lidar com problemas, incluindo o trauma. Um possível efeito da hierarquia que coloca a pesquisa de arquivo e a narrativa em seu cume é exaltar quem faz esse tipo de trabalho, minimizando a importância de outras abordagens, notadamente formas de história intelectual e cultural, particularmente aquelas que reconhecem a importância da literatura, da arte e da filosofia.

A ênfase em aparições e espectrologia no último Derrida leva sua desconstrução de origens ou fundamentos absolutos a uma nova direção e em certo sentido generaliza o papel das forças de possessão ou "fantasmas" do passado, que são acentuados no trauma e em seus efeitos subsequentes. (Como alguns outros, por exemplo, Nicolas Abraham ou Toni Morrison, acho particularmente significativa a sacada de que o fantasma ou aparição pode ser visto como um efeito pós-traumático persistente.) Eu sugeriria que a objetividade em um sentido não absoluto pode ser reformulada como resultado de pesquisa e argumentação cuidadosa, crítica e autocrítica, que resiste a identificação não mediada, repetição sintomática e possessão do tipo *acting out* pelo passado, mas em vez disso tenta lidar com e contestar, especialmente com respeito a problemas muito sensíveis, a inevitável tendência transferencial a incorporar ou projetar no outro (ou no objeto de pesquisa) o que quer que se conforme às próprias propensões, ideologias e desejos, com frequência não reconhecidos ou mesmo inconscientes. Tal conceito de objetividade não enseja o colapso da distinção forte entre verdade (ou asserção fundamentada) e falsidade. Tampouco autoriza lidar de modo leviano com fatos ou assumir o chamado discurso pós-factual, às vezes um eufemismo enganoso para afirmações mirabolantes, propaganda enganosa ou francas mentiras, como em certa retórica política recente ou *fake news*, bem como em formações do passado, como o fascismo.⁶² Mas há um sentido no qual aqueles que são historicamente situados (incluindo historiadores) estão sempre tentando reconstruir, entender e analisar o passado em terreno controverso e em uma relação dialógica, às vezes autoquestionadora, com seus fantasmas transgeracionais, e com outros inquiridores do passado e do presente, tanto dentro da própria disciplina como, idealmente, também fora.

A campanha e o início da presidência de Donald Trump sinalizaram a importância de um conjunto de distinções que talvez fossem consideradas óbvias, distinções fortes e pronunciadas. Uma delas é entre fato e ficção, junto a verdade e falsidade. O suposto advento da chamada era da pós-verdade ou pós-fato parece ter abalado ou até desmantelado essa distinção na qual não só a história, mas também a vida cotidiana se baseia. Uma asserção fundamentada, que justificadamente seja vista como afirmando um fato verdadeiro, tem de ser confirmada ou substanciada por evidência além de toda dúvida razoável. Uma falsidade assevera o que não é verdade e o faz sem uma base factual demonstrável. Uma ficção não afirma nem um fato nem uma falsidade. Ela se torna falsidade quando não é apresentada

---

⁶² Um aspecto da tática, por parte de quem está sendo criticado, de pivotar para as supostas faltas do outro, a quem se opõe, tem a ver com o chamado fenômeno pós-factual ou de pós-verdade. Esta última pode incluir a crença de que a função das desmontagens ou mentiras é expor a hipocrisia e a complacência elitista de seus objetos, sejam a grande mídia, sejam figuras políticas do *establishment*, como Hillary Clinton. Em tal sentido, pivotar pode ser entendido e defendido, embora dubiamente, não na sua relação com a projeção, que pode não obstante ser operativa e importante, mas como um modo distorcido de contar certa verdade sobre o outro – o outro como um hipócrita rei nu. Mas a verdade pode também ser suspensa ou subvertida quando quem faz a revelação ou exposição é um tipo específico de "troll", que finge estar além das normas ao fazê-lo, como ao envergonhar ou vitimizar, a fim de romper com o que é visto como ordem estabelecida e zombar cinicamente à custa de sua infeliz vítima e de todos os outros, obtusos demais para levar a sério a normatividade, a legalidade e a ética. Sobre o fenômeno recente de "trollagem", em especial na internet, ver, por exemplo, PHILLIPS, Whitney. *This Is Why We Can't Have Nice Things: Mapping the Relationship between Online Trolling and Mainstream Culture*. Cambridge, MA: MIT Press, 2016.

como ficção, e sim asseverada como fato verdadeiro. Em ciência e história, há um papel para as ficções heurísticas que não se mascaram como fatos, mas podem ser úteis na pesquisa de fatos e em sua interpretação ou teorização. Um modelo ou tipo ideal heuristicamente fictício, como o conceito de Renascimento, de homem econômico ou de racionalidade instrumental, pode ser muito útil para orientar a investigação, inclusive de maneiras em que sua referência à realidade ou a fatos empíricos não seja inclusiva e exaustiva. Além disso, uma ficção como um romance ou peça teatral pode incluir fatos ou oferecer uma leitura ou interpretação de processos históricos. Mas isso não a torna equivalente a um relato factual ou a um tipo de pesquisa histórica, mesmo que envolva e possa interagir de modo frutífero com eles ou levantar questões multidirecionais a respeito deles.

Leituras, interpretações e teorias podem pedir diferenciações adicionais, mas algo que compartilham é que não podem ser confirmadas de uma maneira ou com um grau de convicção que se aplica a certos fatos, por exemplo, o fato de que Barack Obama nasceu nos Estados Unidos. Supondo que haja um alto grau de precisão nos procedimentos usados para chegar a isso, pode-se afirmar que o discurso de posse de Donald Trump teve um público de cerca de 250 mil pessoas. Também se pode afirmar que há pouquíssima ou nenhuma evidência para a afirmação de que 3 milhões de eleitores fraudulentos deram seu voto a Hillary Clinton, levando à sua vitória popular na eleição presidencial de 2016. Apesar das evidências, Trump e alguns apoiadores insistiram em que havia dúvidas a respeito da cidadania de Obama, do público que compareceu à cerimônia de posse de Trump ou mesmo sobre o papel de eleitores fraudulentos na eleição de 2016, além de outras afirmações sem fundamento ou enganosas (por exemplo, de que Obama "grampeou" telefones na Trump Tower durante a campanha presidencial).

Sean Spicer, ex-secretário de Imprensa de Trump, tem declarado que Trump acreditou e continua acreditando que eleitores fraudulentos tenham sido responsáveis pela larga vantagem de Clinton no voto popular. Afinal, o que é acreditar na verdade ou no estatuto factual de afirmações que comprovadamente não têm qualquer fundamento? É como crer em Cristo nascido de uma virgem ou na trindade de Deus? Aparentemente não, já que esses são artigos de fé, e não se pode provar que sejam verdadeiros ou falsos, estão além da compreensão normal, enquanto se supõe que uma afirmação sobre milhões de eleitores fraudulentos em favor de Clinton se baseie em evidência empírica. Mas não se pode demonstrar empiricamente que seja verdadeira, portanto, pode-se concluir convincentemente que seja falsa. Se a pessoa segue "acreditando" nisso, é plausível buscar outra base para essa "crença", por exemplo, o modo como tais afirmações sobre eleitores fraudulentos podem funcionar como distração ou para encobrir o papel de tipos dúbios ou fraudulentos de exclusão de eleitores, como diminuir o número de locais de votação, manipular a divisão por distritos ou restringir horários de votação de modo a prejudicar certos grupos, como os afro-americanos.[63] Trump tem tido o poder, usualmente com base em tuítes irresponsáveis, levianos, que deixam os outros ocupados, às vezes dias a fio, tentando confirmar ou desmentir alegações e afirmações implausíveis ou irrelevantes, muitas vezes colhidas de fontes não confiáveis pró-Trump. Na realidade, a questão geral sobre essas afirmações ou crenças chamadas de pós-factuais ou pós-verdade é se, e como, elas funcionam ideologicamente de modo questionável e mesmo ilegítimo, quase

---

[63] Está pendente na Suprema Corte um caso sobre divisão de distritos de votação marcada por partidarismo político (*gerrymandering*). Uma corte inferior vetou tal prática no Wisconsin. O ponto controverso parece ser o quanto de partidarismo é considerado excessivo. Ver VOGUE, Ariane de; DIAZ, Daniella. Supreme Court to Hear Partisan Gerrymandering Case. *CNN Politics*, June 20, 2017. Disponível em: http://www.cnn.com/2017/06/19/politics/supreme-court-partisan-gerrymandering/index.html. Acesso em: 23 jun. 2017. A Associated Press reportou que foi criado um novo método estatístico para detectar o grau de manipulação política da divisão distrital. A análise encontrou quatro vezes mais estados com distritos legislativos de viés republicano do que em relação aos democratas. Nas duas dúzias de estados mais populosos, havia perto de três vezes mais distritos eleitorais com viés republicano. O resultado é que em 2016 os republicanos obtiveram nada menos que 22 assentos adicionais na Câmara em relação ao que se esperaria com base na média de votos em distritos eleitorais por todo o país. Ver LANE, David A. Analysis Shows Gerrymandering Aided GOP in 2016. Associated Press. *Santa Fe New Mexican*, June 25, 2017, p. A-1, A-8.

sempre como falsidades diversionistas ou, quando têm a intenção de enganar, como mentiras. Há dimensões mais difíceis dessas complexas relações cujos rudimentos esbocei, mas é crucial, e talvez um sinal perigoso e embaraçoso de uma crise cultural e política, que se insista em pontos básicos que tentam coibir as táticas de "charlatães" que minam a importante função da confiança e da credibilidade em um regime político e em uma sociedade. É claro que é concebível que um charlatão esteja tão imerso no autoengano ou preso a nós ideológicos que possa trapacear consigo a ponto de se confundir ou autoiludir, tornando-se algo como um mentiroso patológico. Mas também é provável que o abuso da confiança alheia ou a exploração da credulidade dos outros (crucial na técnica da grande mentira) seja, pelo menos em grande medida, uma tática ou manobra de autoenaltecimento, busca de poder e desmonte das instituições democráticas. Falsidades ou mentiras podem também ser aceitáveis ou até valiosas para um grupo que siga um líder (na realidade, com intensos vínculos transferenciais que promovam a identificação com ele), porque as falsidades ou mentiras reforçam preconcepções e preconceitos e desse modo também as bases de identidade e solidariedade dentro de um grupo que pensa parecido, e também a hostilidade em relação a outros, vistos como oponentes ou inimigos. Mas cabe enfatizar que Trump não é capaz de aceitar ou admitir a derrota, a perda ou os "erros". Como já sugeri, a derrota é magicamente transmutada em (ou "invertida" como) uma vitória, e uma perda ou erro devem ser vistos como uma estratégia vencedora. O resultado "muito triste" é um jogo de confiança confuso, narcisista, de vigaristas e falsificadores, aplaudido por aqueles que não conseguem encarar o fato de estarem sendo enganados. Se o jogo apontar que seu ídolo é oco e falso, então a fachada pode ruir, e com isso a própria identidade autoconfiante desaba junto, quem sabe revelando as próprias tendências destrutivas e autodestrutivas.

Eu destacaria também uma distinção ou diferença significativa entre desconstrução e crítica em geral – uma distinção entre procedimentos que podem, ambos, ser adequados em certos casos. Mas a distinção ou diferença coloca em questão uma noção indiscriminada da natureza de todos os textos (ou práticas e instituições) como convite à desconstrução. Pode-se ver a desconstrução como proximamente relacionada à crítica imanente (por exemplo, em Theodor Adorno), e ela depende de existirem tendências ou forças diversas, mutuamente contestatórias, autoquestionadoras no objeto de estudo. Por exemplo, pode-se contestar uma prática objetável, como a discriminação ou o encarceramento desproporcional de afro-americanos, confrontando a prática com princípios estabelecidos da democracia norte-americana ostensivamente afirmados por quem discrimina. E, num registro diferente, pode-se argumentar que um texto de Freud, ou, mais geralmente, o seu pensamento, tem em si os recursos para tornar dúbias as próprias tendências misóginas ou reducionistas de Freud. Mas uma prática ou texto predominantemente unidimensionais, monológicos, ideologicamente saturados podem não abrigar internamente em grau significativo forças contestatórias ou autoquestionadoras, embora possam estar cheios de equívocos, evasões e autocontradições. Por exemplo, um panfleto antissemita pode apresentar os judeus ao mesmo tempo como vermes (ou pragas, o que há de mais baixo) e como forças todo-poderosas, históricas em termos mundiais, conspiracionais, que manipulam a economia tanto no capitalismo quanto no comunismo. Em outro contexto, uma fala divagante de Trump, insultando mulheres, juízes, pessoas com deficiência ou mexicanos, e colocando a mídia como inimiga do povo, não mereceria uma desconstrução. Em vez disso, pediria uma crítica.

Importante aqui é o papel da fantasia na ideologia, que pode abrigar elementos contraditórios e moldar tanto a crença quanto a prática de maneiras que fomentam a vitimização ao ponto do abuso e da violência. A psicanálise, ao mesmo tempo que insiste no papel da realidade e do teste de realidade, leva a pessoa a reconhecer a importância da fantasia e da projeção na construção ou má construção de problemas, notadamente em preconceitos que resistam aos fatos. Em certas situações, um fato é como uma bola de neve batendo num sólido muro de tijolos de preconceito. Tentar desconstruir um texto ou prática ideologicamente saturados e estruturados por meio de preconceitos, binarismos e estereótipos tornados fixos, rígidos, às vezes violentamente policiados, é algo como um erro de categoria e se prestar a uma reescrita dúbia da história. Como indiquei no passado, penso que isso ocorra na própria tentativa de Derrida (e de outros) de supercomplicar e desconstruir um artigo antissemita de 4 de março de 1941, do jovem Paul de Man, publicado no grande jornal belga *Le Soir*, de um modo que às vezes evade aquilo que pede crítica e assim reescreve a história, transformando colaboração em resistência.

Uma questão-chave de interesse histórico, da qual posso tratar apenas brevemente, é a temporalidade. Tanto em Derrida quando em Freud, assim como em outros, a temporalidade é repensada em termos de deslocamento ou repetição com mudança, às vezes uma mudança drástica e traumática. Acho que essa abordagem da temporalidade tem grande valor heurístico e oferece uma compreensão mais precisa e sutil das relações ao longo do tempo do que a simples oposição entre continuidade e descontinuidade (incluindo o corte epistemológico), por exemplo, em relação à secularização. Na secularização, o que se costuma tomar como religioso e secular são forças interatuantes cujas instanciações são complexas constelações ligando passado, presente e futuro. Isso se aplica, por exemplo, à dimensão quase sacrificial da vitimização quando se acredita que traga, por meio da violência, regeneração ou redenção do perpetrador. A própria linguagem – como o jazz na música de um modo ainda mais ostensivo – é uma instituição ou prática que envolve repetição com mudança, e uma iniciativa inovadora ou de improvisação traz significativa mudança nos padrões de repetição – mudança que pode ser disruptiva ou, às vezes, de natureza revolucionária. Daí que a mudança com respeito à repetição possa ser decisiva ou mesmo traumática, incluindo um nível experiencial, quando a pessoa passa por uma desconversão e uma perda de fé, talvez uma conversão a uma fé diferente, "secular", como o marxismo ou a desconstrução ou a psicanálise, quando tomadas como compromisso abrangente ou mesmo como ideologia. Tal visão da temporalidade como deslocamento (ou repetição com graus variáveis de mudança) situa a periodização e os conceitos de período não como totalmente inúteis, mas como tipos ideais pragmáticos e problemáticos que não devem funcionar para obscurecer contratendências em um dado período ou série de textos, mesmo quando as contratendências são subdominantes ou atenuadas, mas podem a seu tempo ter status mais proeminente ou até dominante. A cronologia, não obstante, permanece importante não como a lógica universal do tempo, mas como andaime para uma narrativa, que pode ainda ser marcada por repetição com variação. A cronologia também é pertinente para a especificação da importância relativa de certos eventos, por exemplo, a do artigo antissemita de De Man publicado em março de 1941, comparado com outro muito menos discutido e talvez mais significativo, publicado em agosto de 1942, depois que o recolhimento e a deportação de judeus havia se iniciado na Bélgica. A própria resposta ou não resposta de De Man a seus escritos anteriores, envolvendo no máximo revelações a uns poucos de seu círculo íntimo, de modo mais geral se tornou um segredo da vida inteira ou objeto de ocultação, talvez existindo em uma zona cinzenta entre a supressão, a repressão e a encriptação. Pode-se especular ainda que teve a ver com sua recorrente preocupação com o problema do declínio e da degradação e talvez com a densidade ou mesmo a natureza críptica, assombrosa e assombrada de significativos aspectos de seu estilo de escrita.

Eu observaria ainda que o interesse de Derrida e Freud pelo objeto marginal, aparentemente insignificante ou pequeno, talvez se relacione ao deslocamento por meio do qual o objeto marginal pode ser o *locus* de questões extremamente "catexizadas" ou sensíveis, tão significativas que se evita o contato direto com elas. Em certo sentido, o significativo é repetido de forma quase indiscernível ou aparentemente desimportante no pequeno objeto, na nota de rodapé ou no aparte, por exemplo. Tal visão pode levar a uma guinada nas práticas de leitura que propositalmente evitam o que parece óbvio a fim de focar o menos óbvio, mais estimulante ao pensamento, ou mesmo o oculto ou secreto em um texto ou tradição. Claro que essa visão deve ser qualificada de diversas maneiras. O que parece óbvio em outras culturas ou no passado – ou mesmo para um grupo de leitores no presente – pode não ser óbvio para leitores presentes ou um conjunto deles. Pode até parecer estranho ou infamiliar. Parte do trabalho de ler e interpretar é desencavar o que era aparentemente óbvio, assim como o que foi marginalizado, reprimido ou evitado, e como tal constelação mudou ou operou em outros tempos e lugares.

Além disso, o que parecia óbvio pode ser contestado ou contestável mesmo dentro de um quadro de referência contemporâneo, e pode muito bem haver diferenças ou divisões em qualquer cultura a respeito do que não precisa ser dito ou passa como óbvio e autoevidente. O que se apresenta como óbvio ou autoevidente em um texto, tradição ou cultura pode, na verdade, não ser tão óbvio assim. É lugar-comum observar que uma iniciativa insistente do pensamento crítico e da arte experimental é desfamiliarizar o que se costuma considerar óbvio e abrir diferentes possibilidades de compreensão ou de visão. Uma consideração adicional é que o esforço de produzir a visão inesperada, desconcertante, pode induzir um efeito "Alice através do espelho", por meio do qual uma leitura forte (ou equivocada) é empreendida não como reescrita explícita, mas como procedimento que vai além da capacidade de resposta e se torna arbitrário, projetivo e voltado a preencher um desejo. Tal possibilidade pode ser inerradicável, mas sublinha a importância da contestação, da discussão e do julgamento (auto)crítico nas avaliações de várias leituras.

Como já notei, a transferência, da maneira como uso o termo num sentido revisionista, enfatiza a coimplicação, incluindo a implicação do "observador" – por exemplo, do historiador – no observado. Inclui envolvimento afetivo e a tendência a repetir o que é encontrado ou projetado no outro, colocando assim o problema de *acting out*, de elaborar e perlaborar essa tendência. (Portanto, transferência nesse sentido refere-se a autoimplicação, envolvimento afetivo e *tendência a repetir*.) Está relacionada a (e pode ajudar a repensar) o que tem sido chamado de observação participante, como o fenômeno mais extremo de "se tornar nativo" (*going native*), por exemplo, em uma figura como Frank Hamilton Cushing. A transferência é também uma dimensão de uma relação dialógica com o passado por meio da qual inquiridores em interação colocam questões ao passado e procuram respostas de maneiras que exigem uma "escuta" atenta à procura de reações, às vezes com silêncios significativos ou sentidos ausentes. Mas pode também envolver formas dúbias de identificação, incorporação, projeção e interpretação equivocada, que são também aspectos possíveis da transferência. A transferência pode ainda levar à criação de bodes expiatórios, no sentido de que você pode muito bem estar inclinado a vitimizar ou atacar com veemência no passado ou no presente o que você se recusa a reconhecer como ativo ou mesmo possível em você. (Isso pode ser visto atuante em nosso recurso ao terror e à tortura na às vezes indiscriminada "guerra ao terror".) O *acting out* da transferência, com suas repetições compulsivas, identificações e projeções, pode também obviar a tentativa de recuperar e possivelmente reativar iniciativas de valor que podem ter sido derrotadas no passado.

Penso que o conceito de perlaborar seja geralmente subdesenvolvido e com frequência ignorado nos usos da psicanálise nas ciências humanas. Sua elaboração cogente exigiria discussão e debate entre acadêmicos que a levam a sério. A esse respeito, devo apenas ressaltar alguns pontos inadequados. Perlaborar envolve trabalho no self e nos processos sociais, mas não deve ser tomado em sentido estrito e excluir ou se desviar do papel do jogo, do humor e do riso (epitomizado na compreensão de Bakhtin do carnavalesco).[64] Ainda assim, envolve uma resposta crítica à transferência, possibilitando lembrar da melhor maneira possível ao *ativar forças compensatórias* a uma identificação não mediada (projetiva ou incorporativa), ao *acting out*, à compulsão à

---

[64] Em termos que eram tanto normativos e visionários quanto tentativas de descrever um período passado, Bakhtin escreveu: "Tanto a tragédia autêntica quanto o riso ambivalente autêntico são aniquilados pelo dogmatismo em todas as suas formas e manifestações. Na cultura antiga, a tragédia não excluía o aspecto de riso da vida e coexistia com ele. A trilogia trágica foi seguida pelo drama satírico que a complementava no nível cômico. A tragédia antiga não temia o riso e a paródia, até pedia isso como corretivo e complemento [...] As formas cômicas da antiguidade [...] fertilizaram o diálogo socrático e o libertaram da seriedade retórica unilateral" (*Rabelais and His World*. Transl. Helene Iswolsky. Cambridge, MA: MIT Press, 1968. p. 121 [edição brasileira: *A cultura popular na Idade Média e no Renascimento: o contexto de François Rabelais*. São Paulo: Hucitec, 1987]). Como no caso do luto como modo de perlaboração, uma questão que surge é como o riso ambivalente (que implica que não há um alvo específico de uma piada, mas que em certo sentido estamos todos juntos nisso) se relaciona com o julgamento crítico que não é equivalente a um dogmatismo ou eleição de bode expiatório e pode muito bem, em alguns aspectos, ser empático, digamos, com respeito a tiranos, que Bakhtin retratou como "comedores de gente", assim como a seus apoiadores.

repetição e à melancolia (no sentido freudiano, envolvendo negação da perda e identificação com o outro perdido – algo em questão em certas respostas apologéticas ao jornalismo inicial de De Man, incluindo, entre outras, a de Shoshana Felman, cujas leituras algumas vezes questionáveis podem funcionar para manter De Man como objeto ideal intacto, ao desviar a atenção crítica dele para o modo como está sendo lido). Envolve ainda uma abordagem crítica do que chamo de traumatropismos que descuidadamente transfiguram o trauma no sagrado ou no sublime.[65] O processo em aberto, recorrente, de perlaborar não aponta para a obtenção de uma cura total ou para um esforço de esquecer o passado e alcançar normalização ao "virar a página da história". Tampouco significa que tudo o que ocorreu, todos os que foram perdidos, podem ser postos a descansar ou transcendidos. Pode ser mais bem visto como uma tentativa de renovar o problema de relacionar teoria e prática sociopolítica e tornar possíveis outras opções, especialmente as não vitimizadoras e outras que não sejam "traumacentradas" e "traumatrópicas".

Como Roger Luckhurst observa em relação ao meu próprio trabalho, minha "insistência no modelo de perlaboração sugere que haja um modo que pode renovar a política cultural e substituir demonstrações de abjeção ética ou da estética da aporia".[66] Embora reconheça a importância da intervenção de Luckhurst, prefiro me referir à conexão entre a perlaboração, num sentido amplo, e a investigação crítica de questões politicamente pertinentes, em especial no nível de suposições básicas e quadros de referência nos quais o pensamento tem implicações para a prática. Nesse sentido, é importante expandir o próprio quadro de referência das questões cruciais de preocupação humana, como raça, classe e gênero, e incluir uma orientação não antropocêntrica em direção a seres não humanos e ao ambiente, de modos que não sejam simplesmente culturais em qualquer aspecto estreito. Seja lá o que se faça do papel dele na controvérsia sobre De

---

[65] Felman é discutida em *Representing the Holocaust*, cap. 4, e os traumatropismos são o assunto do capítulo 4 de *History and Its Limits*.

[66] LUCKHURST, Roger. *The Trauma Question*. London: Routledge, 2008. p. 213.

Man ou da sua posterior guinada para a messianidade e noções afins, pode-se entender o projeto de vida de Derrida de desconstruir a longa tradição da metafísica como tentativa de perlaborar uma importante dimensão do passado, que para Derrida continua a permear ou assombrar o presente (incluindo a historiografia e as ciências sociais) de maneiras muitas vezes encobertas, mas poderosas.[67]

A perlaboração do passado é um processo que pode nunca chegar a um fechamento ou transcender inteiramente o *acting out* e a repetição compulsiva, mas pode permitir um reinvestimento no presente com aberturas para o futuro. Tal processo não precisa induzir afirmações de criação *ex nihilo* ou saltos apocalípticos em direção a uma utopia vazia, mas levar-nos a procurar o que pode ser chamado de transcendência situacional, informada pelo conhecimento das limitações passadas e presentes e tentando efetuar mudanças sociais e políticas, assim como pessoais, básicas num *status quo* inaceitável.[68] No nível pessoal e social, pode envolver iniciativas talvez modestas, mas muito importantes, como adotar animais abandonados ou auxiliar em abrigos para sem-teto. Tais iniciativas no nível básico podem significar muito, tanto para si mesmo quanto para os animais ou pessoas envolvidos, e até ser uma maneira de ajudar a superar os efeitos mais debilitantes do trauma e do abuso. E apontam para atividades e criam relacionamentos que não precisam ser entravados por aporias, embora

---

[67] Podemos encontrar uma compreensão valiosa de perlaborar tanto em Adorno, em "The Meaning of Working Through the Past", de 1957 (em *Critical Models*, em que ele emprega "*Ausarbeitung*", em vez do freudiano "*Durcharbeitung*") quanto em Habermas, na sua admirável intervenção na *Historikerstreit*, da década de 1980. [A *Historikerstreit*, ou "querela dos historiadores", foi uma controvérsia que inflamou os meios acadêmicos e as páginas dos jornais da então Alemanha Ocidental entre meados dos anos 1980 e o início dos anos 1990. Os debates giravam em torno do significado histórico e da atribuição de responsabilidades pelo Holocausto. Um de seus marcos centrais foi um artigo publicado em junho de 1986 pelo historiador conservador Ernst Nolte no jornal *Frankfurter Allgemeine Zeitung*, ao qual o filósofo e sociólogo Jürgen Habermas responderia, em julho do mesmo ano, com um ensaio veiculado no semanário *Die Zeit*. (N.R.)]

[68] Nessa e em outras questões relacionadas, ver o meu "Resisting Apocalypse and Rethinking History", em JENKINS, Keith; MORGAN, Sue; MUNSLOW, Alun (ed.). *Manifestos for History*. New York: Routledge, 2007. p. 160-178.

possam ensejar certos sacrifícios, como as limitações à possibilidade de viajar ou de seguir proclividades que não sejam estorvadas por obrigações em relação aos outros.

A mudança efetiva requereria a articulação de iniciativas pessoais e sociais, assim como culturais, com ação política organizada para a reforma estrutural da economia e de importantes instituições sociais, como partidos políticos, bancos e outras corporações. Bernie Sanders tentou tratar desse problema em termos de socialismo democrático, o que constitui um anátema para muitos norte-americanos. Tenho indicado que Sanders poderia até ter ido além se tivesse se referido a um novo *New Deal*, que era, com efeito, o que ele estava propondo. Pode-se achar essa meta limitada, mas ainda assim, ainda mais no atual contexto, vê-la como um grande passo progressista.

Em nível crítico-teórico básico, um componente amplamente ignorado de uma tentativa de entrar em acordo com o passado e seus efeitos sobre o presente seria destrinchar o sacrificial em seus componentes-chave de doação (*gift-giving*) e vitimização. No sacrifício (mesmo no tratamento dado por Derrida em *The Gift of Death*), a vítima e a dádiva (*gift*) fundem-se de maneiras que tipicamente envolvem violência, notadamente em bodes expiatórios vulneráveis como vítimas, com violência experimentada ou postulada como uma fonte de regeneração ou mesmo de redenção (incluindo a obediência ao que se toma como uma ordem de Deus). O propósito de uma crítica do sacrifício seria resistir a eleger um bode expiatório e a usar de violência ao mesmo tempo que se valoriza a dádiva não identificada com a vítima sacrificial. Penso que a violência sacrificial ou quase sacrificial venha sendo uma dimensão significativa da violência contra grupos e indivíduos (incluindo o self) que tem desempenhado papel importante na modernidade como seu outro negado ou reprimido (ou o que Lacan chama de "extimidade"), muitas vezes vista equivocadamente como um retrocesso atavístico ao "barbarismo" ou à "brutalidade".[69]

---

[69] Em trabalhos anteriores, defendi que a violência sacrificial teve papel significativo, muitas vezes negligenciado (mas também às vezes exagerado), no Holocausto. A maquinaria de destruição, o assassinato em massa industrializado e a banalização

A meta mais ampla da perlaboração do passado seria promover um *ethos* de compaixão, justiça e generosidade que se estenderia além do humano para abranger outros animais e o ambiente. Um *ethos* desse tipo poderia servir para se contrapor tanto às depredações de uma exploração econômica desregulada e desenfreada quanto às atrocidades tipicamente traumatizantes perpetradas por vários regimes na história. Em uma época muitas vezes vista como marcando o fim ou o esgotamento do utopismo, que se consubstancia em utopias vazias ou mesmo no surgimento de distopias apocalípticas ou saturadas de trauma, perlaborar o passado tendo em vista mudanças institucionais, práticas e ideológicas pode ser encarado como uma variante sóbria de uma prática normativa embasada e de uma aspiração utópica.

---

do mal foram importantes. Mas não foram as únicas coisas envolvidas, apesar das visões de muitos, até mesmo da maioria, dos historiadores e de outros comentadores.

CAPÍTULO 2

Humanos, outros animais e as ciências humanas

Numa asserção frequentemente citada, Wittgenstein declarou: "Se um leão pudesse falar, não o compreenderíamos".[70] Tal afirmação é prototípica de uma posição que eu, junto ao que espero que seja um número crescente de outras pessoas, gostaria de questionar. Poderíamos começar até perguntando: com que frequência "nós" compreendemos Wittgenstein? No meu caso, diria que às vezes compreendo, às vezes não, e outras vezes não tenho muita certeza (essa última opção talvez seja a mais próxima do estado mental de autoquestionamento, se não cético, talvez perplexo que Wittgenstein pode ter procurado engendrar no leitor, ou que pelo menos tipicamente induz de fato nesse leitor). Acho que minha reação seria mais similar do que diferente em relação a um leão falante. Mas posso estar próximo da asserção de Wittgenstein em fazer observações enfáticas, performativas, como ele costuma fazer.[71]

---

[70] WITTGENSTEIN, Ludwig. *Philosophical Investigations* [1953]. Transl. G. E. M. Anscombe. 3. ed. Malden, MA: Blackwell, 2001. p. 190. [Edição brasileira: *Investigações filosóficas*. Petrópolis: Vozes, 2009.] Ver também minha análise do problema das relações entre humanos e outros animais em *History and Its Limits: Human, Animal, Violence*, cap. 6.

[71] Para uma tentativa de analisar o escopo e os limites de um estudo contextual abrangente, aparentemente totalizante, do *Tractatus*, de Wittgenstein, assim como de traçar as relações entre o *Tractatus* e as posteriores *Investigações filosóficas*, de Wittgenstein, ver meu *Rethinking Intellectual History: Texts, Contexts, Language* (Ithaca, NY: Cornell University Press, 1983), cap. 3: "Reading Exemplars: Wittgenstein's *Vienna* and Wittgenstein's *Tractatus*". Compare esses dois comentários a seguir sobre Wittgenstein. O primeiro é de Georg Henrik von Wright: "O autor das frases 'O enigma não existe' e 'Tudo o que pode ser dito pode ser dito claramente" foi ele próprio um enigma, e suas frases têm um

Em uma leitura plausível, poder-se-ia traduzir o que Wittgenstein diz como uma injunção: o que quer que você faça, *não* entenda o que o leão falante diz, ao menos se quiser manter uma percepção segura de sua identidade humana, supostamente assentada, separada e distinta. Gostaria de confrontar essa injunção com outra: faça o possível para perlaborar e superar o sintomático desejo de uma oposição fundamental entre o humano e outros animais. E procure ter distância crítica da busca compulsiva e repetitiva do critério essencial ou do conjunto de critérios que subscreva essa oposição. Aqui, de certo modo como Wittgenstein, notadamente em relação a um quadro que mantém a "nós" cativos, aponto para uma transformação "terapêutica", até mesmo um tipo de experiência de conversão no nosso uso da linguagem, na nossa imaginação, em nossas reações emocionais e formas de vida relacionadas a elas. De forma mais alinhada à minha contrainjunção, seria possível até defender que a asserção de Wittgenstein sobre o leão falante parece plausível na medida em que "nós" estamos tão distanciados ou alienados do modo de vida dos leões e de outros animais, os "não de companhia", que estão além do alcance de nossa empatia, como outros totalmente alheios e tipicamente ameaçadores (digamos, terroristas).

Gostaria ainda de destacar que se voltar a outros animais como preocupação integral da história e das ciências humanas não é apenas incluir outro tópico de pesquisa na agenda de acadêmicos e estudantes. É um movimento que implica reconceitualizar os estudos históricos e as ciências humanas em geral. De fato, as ciências humanas tornam-se,

---

conteúdo que muitas vezes fica profundamente abaixo da superfície da linguagem [...] Tenho pensado às vezes que o que torna a obra de um homem *clássica* com frequência é apenas essa multiplicidade, que estimula e ao mesmo tempo resiste ao nosso desejo de compreender" (MALCOLM, Norman. *Ludwig Wittgenstein: A Memoir*. With a biographical sketch by Georg Henrik von Wright. Oxford: Oxford University Press, 1958. p. 22). O segundo é a maneira como Malcolm conclui suas memórias: "Quando penso em seu profundo pessimismo, na intensidade de seu sofrimento mental e moral, na incansável maneira como conduziu seu intelecto, sua necessidade de amor junto à rispidez que repelia o amor, fico inclinado a acreditar que sua vida foi intensamente infeliz. No entanto, no final, ele mesmo [morrendo de câncer da próstata – DLC] exclamou que havia sido 'maravilhosa'! A mim parece uma enunciação misteriosa e estranhamente comovente" (p. 100).

com essa guinada, um campo ou um conjunto de campos não centrados exclusivamente no ser humano, e definitivamente deixam de ser um empreendimento em que outros animais se constituam como um "outro" mais ou menos encoberto ou como bode expiatório de uma ideia do humano ou das ciências humanas (e de campos aliados, como a antropologia) enganosamente entendida como universal em seus valores e adequada em sua tentativa de compensar ou "redimir" tradicionais exclusões ou subênfases. Uma consequência evidente para a pesquisa "pós-humanística" é que a atenção aos animais e aos processos que os afetam seria uma questão válida de ser levantada na avaliação de trabalhos, por exemplo, em um estudo da guerra e do impacto da batalha (incluindo bombardeios) ou num estudo do pensamento e de escritos de figuras em vários campos, incluindo a história e a literatura. Por exemplo, na extensa literatura sobre *Coração das trevas*, de Joseph Conrad, será que não se está repetindo tipicamente a "cegueira" de Kurtz e também do romance ao tratar o marfim como mera *commodity* abstrata, com os efeitos frequentemente traumáticos da extração do marfim sobre o elefante e as próprias sociedades de elefantes escondidos em um coração das trevas? E o "papagaio de Flaubert" não seria um animal empalhado que ventriloquizamos para mostrar nosso virtuosismo como leitores inteligentes, talvez sem perceber como Loulou, o papagaio empalhado de Félicité em *Uma alma simples*, não é um mero fetiche ironizado e objetificado de uma pessoa simplória, mas um foco de devoção em um mundo desolado, que levou Flaubert à compaixão?

Uma inferência plausível da percepção de Wittgenstein ou de Flaubert sobre o quão pouco sabemos, assim como uma implicação da noção de inconsciente de Freud, é que o humano é o ser que não é capaz de se conhecer totalmente. Ou, nos termos de Heidegger, o humano (ou o que Heidegger substituiu por *Dasein*) é o ser em questão em seu ser. (Heidegger pareceu "esquecer", suprimir ou reprimir essa visão ao afirmar com convicção que "o" animal é desprovido de ou pelo menos pobre em mundo.)[72] Ao longo do tempo e do espaço, seres humanos

---

[72] Em seu *East West Street* (New York: Alfred A. Knopf, 2016), Philippe Sands cita uma entrevista em que um sobrevivente do Holocausto, em sua busca por recuperar o tempo perdido, teria dito: "Não esqueci. Escolhi não lembrar". Mas

buscaram, de modos repetidos, embora variados, uma identidade segura baseada em um critério decisivo que opusesse o humano de maneira binarista a "o" animal, tipicamente de uma forma que possibilitasse cometer violência a esse outro. De qualquer modo, a implicação de meu argumento *não* é que as (pós-)ciências humanas possam agora minimizar a importância de preocupações como gênero, raça e classe (incluindo as chocantes diferenças de renda e riqueza) ou que o pós-humanismo implique um anti-humanismo, mesmo que a passagem e as práticas dos humanos pelo planeta tenham às vezes sido excessivas, autodestrutivas e devastadoras para outros seres. Mas isso quer dizer, sim, que se voltar para a questão do papel de outros animais na história e na vida sociocultural, crucialmente incluindo as variedades de tratamento que humanos dispensaram aos animais ou às quais os submeteram, reorienta a própria maneira de pensar a pesquisa histórica, a compreensão "humanística" e talvez a ciência. Pode também acompanhar o ceticismo em relação às infindavelmente repetidas, embora também contestadas, afirmações da singularidade ou excepcionalidade do humano. Deve levantar questões (quando não arrepios) sobre pesquisas dúbias ou mesmo inúteis (incluindo pesquisas evolucionárias) motivadas em última instância pelo repetido desejo de demonstrar a superioridade do ser humano, que prontamente serve para legitimar usos ou abusos injustificáveis de outros animais, incluindo de modo proeminente a pesquisa, que requer ela própria a captura, o aprisionamento e a experimentação, de maior ou menor crueldade, praticada em outros animais.[73]

---

será que alguém pode escolher não lembrar certas coisas, ainda que "escolha" ser um inveterado voluntarista? Escolher não lembrar seria, quando muito, uma prática contínua da supressão, o que implica o periódico ressurgimento e lembrança daquilo que se escolhe não lembrar.

[73] Um livro inovador é, sem dúvida, o de Peter Singer, *Animal Liberation: New Ethics for Our Treatment of Animals* (New York: Basic Books, 1975). Embora possamos encontrar deficiências na ética utilitária de Singer ou mesmo no conceito de "direitos" animais, deve-se reconhecer a força de suas descrições sobre o abuso animal, notadamente em fazendas industriais e na experimentação, assim como de algumas de suas sugestões práticas. No próximo capítulo, comento a contribuição positiva feita por um de seus recentes ensaios de revisão bibliográfica.

Duas concepções do estatuto do humano em relação a outros animais têm predominado tanto na história como possivelmente na compreensão histórica. Elas com frequência serviram para justificar o tratamento insuficientemente regulado e mesmo abusivo dispensado por humanos a outros animais em áreas como pecuária industrial, abatedouros, experimentação, cativeiro em zoológicos e caça por "esporte" (o que às vezes equivale a uma conduta antiesportiva, unilateral e livre de riscos, de matar à vontade). Também ressalto que merece atenção o interesse na combinação transgenérica do humano e do técnico ou protético, epitomizada no ciborgue. Obviamente, a imagem na grande tela do replicante ou do exterminador do futuro não deve levar a obscurecer aquela outra, menos ligada à ficção científica, mais pedestre e muito prevalente, da fazenda de criação ou do abatedouro. Mesmo assim, não se deve considerar a atenção às diferentes dimensões do pós-humano em termos de um jogo de soma-zero. Por mais que se julgue importante a relação entre humanos e outros animais, isso não deve levar a minimizar a importância de outras questões que têm papel crucial nas abordagens pós-humanísticas, incluindo inteligência artificial (IA), robôs, engenharia genética e o advento de possibilidades futuristas (como uma possível dominação dos humanos por suas invenções mais inventivas).[74]

---

[74] Sobre o papel da IA e de companhias que fazem uso dela para disseminar informações às vezes errôneas ou falsas na web, moldando a opinião pública e tentando influenciar eleições, ver artigo de Carole Cadwaladr, "Robert Mercer: The Big Data Billionaire Waging a War on Mainstream Media" (*The Guardian*, Feb. 26, 2017 [atualizado em 27 de fevereiro]. Disponível em: https://www.theguardian.com/politics/2017/feb/26/robert-mercer-breitbart-war-on-media-steve-bannon-donald-trump-nigel-farage. Acesso em: 28 fev. 2017). O artigo é sobre Mercer, um bilionário e conhecido especialista em IA, que talvez seja o principal apoiador rico de Donald Trump, e decisivo por trazer o principal consultor deste último, Stephen Bannon, para a Breitbart News. Segundo Cadwaladr, Mercer doou milhões para a campanha de Trump e enfatizou a importância de inundar a web com postagens que promoviam Trump e empregavam a técnica de uma repetição infindável, técnica que pode tornar *fake news* algo crível. Sobre Mercer, ver também, de Jane Mayer, "The Reclusive Hedge-Fund Tycoon behind the Trump Presidency: How Robert Mercer Exploited America's Populist Revolt" (*New Yorker*, Mar. 27, 2017. Disponível em: www.newyorker.com/magazine/2017/03/27/the-reclusive-hedge-fund-tycoon-behind-the-trump-presidency. Acesso em: 22 mar. 2017).

A primeira concepção questionável da relação humano/outro-animal postula o domínio do ser humano sobre a natureza, incluindo outros animais, que são com frequência meramente subsumidos como um componente de um conceito indiferenciado de natureza.[75] A grande cadeia do ser,[76] à qual A. O. Lovejoy e outros deram grande atenção, costuma ser vista como uma série vertical de elos, com os animais na parte mais baixa e os humanos perto do topo (abaixo apenas da divindade e talvez dos anjos). A implicação dessa concepção é que os outros animais existem para uso humano, algo limitado no máximo por noções de pureza humana ou ética humana, notadamente o conceito de crueldade para com os animais. Mas, mesmo quando é tema de legislação, a crueldade é tipicamente uma noção muito restrita, abrigando ampla gama de comportamentos em relação a outros animais não permitidos com relação a humanos, como caçar, matar ou abater, comer, manter

---

Um desdobramento ideologicamente relacionado tem sido o papel do Sinclair Broadcast Group na aquisição bem-sucedida de mídias locais, como espaços para a disseminação de uma agenda de direita.

[75] Sobre o uso de um conceito abstrato de natureza que praticamente obscurece o papel dos animais, ver, por exemplo, o livro de Siegfried Kracauer, em outros aspectos instigante e importante (concluído após sua morte por Paul Otto Kristeller), *History: The Last Things before the Last* (New York: Oxford University Press, 1969). O direito natural é tipicamente entendido como um direito que desbanca (ou deveria desbancar) o direito positivo e a convenção. Recentemente, um conceito relacionado tem sido estendido além dos humanos para abranger leis ou direitos da própria natureza que podem ser alegados para limitar ou se sobrepor aos direitos humanos, especialmente quando estes últimos são invocados em formas destrutivas da natureza e de outros seres (por exemplo, caçar e matar pelo menos certos animais ou então práticas que ensejam severos danos ecológicos). O direito ou os direitos da natureza podem ser respeitados ou afirmados em tribunais para impedir ou inibir atividades humanas, como quando locais sagrados para povos indígenas são declarados fora dos limites da exploração humana ou quando espécies de animais, como grandes símios ou orcas, são reconhecidas como protegidas contra captura e caça. Ver, por exemplo, BOYD, David R. *The Rights of Nature: A Legal Revolution That Could Save the World*. Toronto: ECW Press, 2017.

[76] Um dos trabalhos mais conhecidos da história das ideias como praticada nos Estados Unidos em meados do século XX. Originalmente apresentado como uma série de conferências entre 1932 e 1933, o estudo de Lovejoy tem uma edição brasileira: LOVEJOY, Arthur O. *A grande cadeia do ser*. São Paulo: Palíndromo, 2005. (N.R.)

em cativeiro, impor trabalho forçado e submissão. Como sabemos, os governos federal e estadual nos Estados Unidos e em outras partes autorizam a matança de animais, especialmente aves, mas, é claro, também cervos, coiotes, lobos e ursos, entre outros, pois muitos donos de propriedades consideram-nos danosos, demonizando-os como pragas. (Um cervo que come suas tulipas pode ser fantasiado como um grande rato que tem de ser "sacrificado", isto é, morto.) Um aspecto do antropocentrismo e do humanismo que pode ficar oculto ou reprimido é essa dominação humana frequentemente letal. Outros animais, talvez reduzidos ao conceito homogeneizador de *o* animal, podem ser o bode expiatório não assumido, às vezes inconsciente, de um humanismo restrito, incluindo um que é sensível à inaceitável natureza de várias orientações preconceituosas em relação a outros humanos, como racismo, misoginia e excessiva diferença em riqueza e renda. De fato, certas perspectivas supostamente globais ou mesmo universalistas (como a de Kant) podem não questionar a subordinação dos outros animais. Aqui cabe perguntar se a noção dominante do Antropoceno pode funcionar como outra versão do domínio e na melhor das hipóteses da supervisão dos humanos sobre toda a natureza. E, para muitos, um aspecto crucial de ser um realista obstinado é a crença de que devemos usar outros animais para nossos propósitos, bastando simplesmente que façamos isso da maneira mais empática e amável possível. Mas, embora os efeitos de certas práticas possam ser mitigados, é difícil ver de que modo você pode plantar eletrodos no cérebro, treinar para realizar truques escravizantes ou circenses, maximizar por meio de pecuária industrial a produção de carne como alimento ou mesmo matar de uma maneira empática, amável. Alguns animais, como cavalos e cães, podem genuinamente gostar de algumas formas de treino e das atividades que se seguem com humanos e se beneficiar delas. Mas tal situação dificilmente poderia ser encarada como geral em usos e abusos humanos de outros animais.[77]

---

[77] Um exemplo recente de uma reação talvez exagerada foi o assassinato, em 28 de maio de 2016, de um jovem gorila de costas prateadas (Harambe) num zoológico de Cincinnati, por haver a possibilidade de o animal machucar uma criança de 3 anos que havia caído em seu recinto. A criança escapara da supervisão da mãe e escalara, sem ser vista, uma cerca baixa, atravessando um gramado e caindo no recinto, provocando

Uma segunda orientação pode questionar a dominação pelos humanos, mas seu impacto sobre outros animais varia. Uma versão religiosa importante da subdominância do humano é ver os humanos ou o "homem" como guardião da natureza sob Deus, e o trato de outros animais e da natureza em geral regido pelo direito divino. Tal direito, como na Bíblia, pode, porém, permitir ou ao menos ser interpretado prevalentemente como permitindo grande latitude no trato, a ponto de incluir o sacrifício de outros animais. O julgamento humano ou mesmo a liberdade de decidir sobre como ser bom guardião abre as portas para muitas práticas questionáveis a partir de outros pontos de vista. Tais práticas podem permitir explorar outros animais e a natureza no interesse do ser humano, que é supostamente guiado por um sentido de direção divina ou pelos ditames de um texto sagrado. Podem até assumir ou transmitir um senso da natureza caída ou de corrupção abjeta do ser humano via pecado original, que o aproxima do animal mais baixo, mesmo o verme, pelo menos até a promessa de redenção elevar o humano pela graça divina. A supervisão pode ela própria ser vista como algo que dá ensejo a uma espécie de senso de responsabilidade e compaixão mais ou menos restritivo – por exemplo, consideração ou mesmo respeito

---

alguma agitação no gorila e, de forma mais intensa, um acentuado pânico na mãe e no grupo de espectadores. Ao que parece, houve pouca tentativa de acalmar o grupo. Em vez disso, o pessoal do zoológico abateu o animal com um tiro, avaliando que tranquilizantes seriam "arriscados" ou iriam demorar demais para fazer efeito. Acharam que a criança corria perigo, pois se supõe que gorilas sejam imprevisíveis, e o gorila às vezes arrastava a criança na água pelo tornozelo. Não se acusou a mãe de negligência, já que, segundo o promotor, Joseph T. Deters, ela não fora negligente, e crianças de 3 anos se soltam rapidamente dos pais. "Não equivale à vida humana [a vida do gorila]", acrescentou ele. "E sentiram que a vida desse garoto estava em risco, optando pela dolorosa alternativa de fazer o que fizeram." (Ver o relato de 6 de junho de 2016 para o *New York Times* de Mike McPhate, disponível em http://www.santafenewmexican.com/news/no-charges-for-mother-of-boy-who-fell-into-gorilla/article_709903ed-e51a-53e2-9cab-bba4f862841c.html.) Parece clara a disposição de muitos em chegar logo a conclusões e especular sobre o possível comportamento animal. (Foi destacado que o gorila, normalmente calmo, poderia estar tentando proteger a criança de uma pequena multidão agitada e imprevisível.) A inferência preventiva foi a necessidade de "sacrificar" o animal pelo risco de que a criança fosse ferida. (Soube-se depois que ela sofreu ferimentos leves.)

pela vida de outros animais e um uso de recursos naturais (às vezes vistos como incluindo outros animais) de modo não destrutivo, até cuidadoso, que tente garantir sua perpetuação para gerações futuras.[78]

Uma versão mais apocalíptica do cristianismo ou de um evangelismo capitalista, piedosamente dedicados tanto ao direito divino quanto à maximização do lucro, pode voltar-se para o fim dos dias ou minar de outro modo toda preocupação com a conservação ou preservação da natureza e de outros seres que não os humanos (cujas vidas são às vezes vistas como iniciadas na concepção). Um fundamentalismo cristão que afirme que o humano (ou o "homem") é feito à imagem e semelhança de Deus pode também rejeitar de vez o animal como constitutivo do humano (e, por inferência, da divindade ou espiritualidade), rejeitar Darwin e a evolução como apoios a uma noção do animal humano e entender o uso humano, e possível abuso, de outros animais como prerrogativa humana concedida por Deus. Mesmo a guarda pode ser vista como autorizando a exploração ilimitada da natureza e a matança de outros animais quando se crê que as práticas atendem a interesses humanos.

Extremamente equívoco é o status do animal outro-que-humano como matéria-prima ou mera vida (que seria o limite mais inferior da

---

[78] Encontramos essa orientação no livro *Dominion*, de Matthew Scully (New York: St. Martin's Press, 2002), quando pede misericórdia pelos outros animais. Seu relato, embora muito restrito e unidimensional, traz descrições explícitas e comoventes de abuso animal em áreas como pecuária industrial, pesquisa biomédica, fazendas de caça e organizações isentas de impostos, como a Safari International, que atendem os muito ricos, que têm como bancar tanto esposas-troféu quanto safáris de caça de troféus. A principal questão surgida com a morte do gorila Harambe no Zoológico de Cincinnati é, sem dúvida, a própria existência de zoológicos. Mesmo modificados para melhorar ou disfarçar sua natureza, eles são em algum nível prisões de animais exibidos para divertir ou instruir espectadores humanos. Para uma crítica dos zoológicos a partir do incidente em Cincinnati, ver GRUEN, Lori. Zoo's Problem Isn't Gorilla Death. *Washington Post*. Reimpresso em *Santa Fe New Mexican*, June 6, 2016, p. A-17. Gruen talvez apenas sobrevoe os detalhes do caso e possíveis implicações para animais, mas enfoca bem a natureza questionável dos zoológicos e argumenta que uma alternativa preferível ao sistema carcerário seriam santuários para animais que não podem ser simplesmente soltos em razão dos efeitos sofridos no cativeiro e da eliminação pelos humanos de seu hábitat natural (ou "natureza"). Ver também BARATAY, Éric; HARDOUIN-FUGIER, Élisabeth. *Histoire des jardins zoologiques en Occident, XVIe au XXe siècle*. Paris: La Découverte, 1998.

secularidade restrita) e vítima e bode expiatório quase sacrificial (com aspectos religiosos ou "pós-seculares"). Mesmo no abatedouro, ver o animal como mera vida é um gesto consolador, que alivia a consciência, mas que pode não se sustentar quer por motivos quase sacrificiais, explícitos na matança *kosher*, mas talvez não limitados a ela, quer pelo sentimento, rechaçado em maior ou menor grau, de que um animal não é mera vida, por mais que se queira objetificá-lo como tal, por exemplo, dando-lhe um número e não um nome. Em termos mais gerais, mesmo quando o sacrifício animal não é mais uma prática de uma dada religião, pode ainda assim perdurar como uma religiosidade "pós-secular" que vê animais abusados ou sacrificados como vítimas sagradas ou sublimes ou até como seres santificados. Por exemplo, no muito elogiado filme de Robert Bresson *Au hasard Balthazar* (1966) [no Brasil, *A grande testemunha*], um burro fortemente abusado e tornado bode expiatório é de algum modo percebido, por outros personagens e, ao que parece, pelo cineasta, de orientação religiosa, como um santo ou mártir com traços bizarros de redenção. Mas tal visão mistificada na realidade vem justificar o injustificável. Roger Ebert, que combina uma vaga religiosidade com grau zero de secularidade, é só uma voz do coro de elogios acríticos em sua resenha de 19 de março de 2004:

> Robert Bresson é um dos santos do cinema, e *Au Hasard Balthazar* (1966) é sua oração mais pungente. O filme narra a vida de um burro do nascimento à morte, e ele o tempo todo lhe dá a dignidade de ser ele mesmo – uma besta estúpida, nobre em sua aceitação de uma vida sobre a qual não tem controle. Balthazar não é um daqueles animais de desenho animado capazes de falar e cantar como um humano de quatro patas. Balthazar é um burro, e é tão simples quanto isso.[79]

Tão simples quanto o quê? Sou tentado a dizer que a única coisa simples ou simplista dessa declaração aparentemente autoevidente e desmistificadora é a compreensão apologética e subcrítica de Ebert do filme e do papel do burro.

---

[79] A resenha de Ebert está em http://www.rogerebert.com/reviews/great-movie-au-hasard-balthazar-1966 (Acesso em: 10 de dezembro de 2015).

Uma terceira e diferente orientação em relação a outros animais está implícita em minha declaração inicial sobre uma abordagem pós-humanística que não seja anti-humanística, mas que de fato situe os humanos num terreno mais amplo de preocupação no qual a dominância ou sua companheira frequente, a reivindicação de singularidade ou excepcionalidade, não seja atribuída aos humanos. Uma abordagem pós-humanística situa-se tanto depois quanto além do humanismo na concepção do escopo da compaixão, da justiça e da generosidade. Insere-se numa perspectiva relacional ou multidimensional abrangente não centrada no ser humano. É típica de várias culturas indígenas, para as quais o humano é parte de uma rede mais ampla que inclui todos os outros no mundo. Uma meta mínima dessa perspectiva é que a passagem dos humanos pelo planeta não seja uma política de terra queimada ou arrasada, de consumo e devastação sem fim. Quais são e podem ser as implicações políticas e éticas de uma orientação pós-humanística é uma questão que está hoje em processo de elaboração, e debates sobre esse processo são de extrema importância.[80] No mínimo, a questão deverá ter lugar crucial nas agendas não apenas éticas, mas também políticas e acadêmicas, e ser um tema de deliberação pública, debate e ação. (Quando foi a última vez ou mesmo a primeira em que ouvimos um político abordar a questão do tratamento dos animais, exceto de passagem?) Significativa em si seria a percepção de que não há respostas fáceis ou incondicionais à questão das relações legítimas entre humanos e outros animais e que nenhuma resposta será aceitável se tiver por base a dominação, quando não a singularidade do humano e o direito quase divino (ou "natural") dos humanos de fazer o que quiserem com outros animais. A insistência mínima de uma orientação pós-humanística é em que não se cumpra e se faça de fato o possível para resistir e se contrapor a uma maior implementação da asserção que emerge da conjunção dos títulos de três livros do fotógrafo e escritor Nick Brandt, cujo trabalho

---

[80] Para duas contribuições importantes e vigorosas ao debate dessa questão, menciono *The Dreaded Comparison: Human and Animal Slavery*, de Marjorie Spiegel (New York: Mirror Books, 1966), que tem um prefácio laudatório de Alice Walker, e BEKOFF, Marc. *The Animal Manifesto: Six Reasons for Expanding Our Compassion Footprint*. Novato, CA: New World Library, 2010.

sobre animais é realmente notável. A combinação desses três títulos produz a memorável declaração "Neste globo uma sombra cai sobre a terra devastada". Infelizmente, o antropocentrismo, incluindo um humanismo antropocêntrico e religiões que privilegiam o humano, pode cair dentro dessa perniciosa sombra.

Gostaria de discutir brevemente um livro de 2013, de boa acolhida, mas, penso eu, ambíguo e que, em nome da ciência, empreende de novo a busca de um critério distintivo ou um conjunto de critérios que de modo decisivo separem e privilegiem o humano em relação a outros animais. O título do livro, bem apropriado, é *The Gap: The Science of What Separates Us from Other Animals* [A lacuna: a ciência do que nos separa de outros animais].[81] Seu autor é Thomas Suddendorf, psicólogo australiano nascido na Alemanha que se orgulha de seu método científico na análise e avaliação de várias alegações sobre a similaridade ou diferença entre humanos e outros animais, ou mesmo do humano e do animal em geral. Em sua concepção de ciência, porém, deixa de examinar certas suposições, o que garante encontrar aquilo que procura, a saber, certas conclusões que decorrem da suposição básica de uma excepcionalidade do humano, quando não de sua singularidade.

A busca de Suddendorf segue um padrão ou modelo familiar que identifica supostas diferenças ao focalizar um par de aspectos em vez de outros. Eis como Suddendorf, ou quem redigiu esse texto, descreve o livro em sua sobrecapa, um relato repetido em várias resenhas, bem como na Amazon:

> Em *The Gap*, o psicólogo Thomas Suddendorf faz um relato definitivo [*sic*] das qualidades mentais que separam os humanos de outros animais, e de como essas diferenças surgem. Apoiado em duas décadas de pesquisa em macacos, crianças e sobre a evolução humana, investiga as habilidades mais citadas como singularmente humanas – linguagem, inteligência, moralidade, cultura, teoria da mente e viagem mental no tempo – e conclui que há dois traços que explicam a maioria das maneiras como nossa

---

[81] SUDDENDORF, Thomas. *The Gap: The Science of What Separates Us from Other Animals*. New York: Basic Books, 2013.

mente parece tão peculiar: nossa habilidade aberta de imaginar e refletir sobre cenários e nosso impulso insaciável de conectar nossas mentes. Esses dois traços explicam como nossa espécie foi capaz de amplificar qualidades que herdamos em paralelo com nossas contrapartes animais; transformar comunicação animal em linguagem, memória em viagem mental no tempo, sociabilidade em leitura da mente, solução de problemas em raciocínio abstrato, tradições em cultura e empatia em moralidade. A ideia central de Suddendorf é que nós, humanos, somos capazes de feitos cognitivos dos quais nenhum animal – nem nosso impressionante primo, o macaco – chega perto. Somos capazes de imaginar infindáveis situações, criar cenários e narrativas sobre lugares distantes, incluindo passado e futuro. E, também importante, temos um impulso insaciável de partilhar essas imaginações com outras mentes construtoras de cenários. Nossa singularidade, defende o autor, apoia-se nesses dois traços fundamentais, mas se manifesta em vários domínios da mente humana.

No próprio Suddendorf, essa suposta "aptidão aberta de imaginar e refletir sobre cenários" parece bem circunscrita, e seu "insaciável impulso de conectar as mentes" é rapidamente saciado. Seu foco na imaginação, apesar de chamada de "feito cognitivo", parece ela mesma se inserir na tradição romântica, e a atenção a cenários e narrativas reverbera tendências ou modas recentes nos estudos culturais, assim como na historiografia. Nós, humanos, somos presumivelmente únicos em nossa aptidão de produzir histórias e cenários infindáveis e variados, e também temos presumivelmente um desejo irreprimível de compartilhar nossas imaginações com os outros.

Na sua própria mente científica, Suddendorf não é um romântico. Até vê como românticos aqueles que enfatizam pontos comuns com outros animais, e vê os que enfatizam apenas diferenças como desmancha-prazeres. Como um típico âncora de TV ou moderador de debates, ele moderadamente e com aparente razoabilidade situa-se no meio, embora de modo ostensivo busque diferenças que tenham o custo-benefício adicional de colocar nos humanos uma responsabilidade moral especial, bastante familiar: a de agir como guardiões do mundo para evitar a destruição e a autodestruição. Também vê o planejamento de longo prazo como um aspecto de nossa imaginação singular e argumenta que, enquanto outros animais podem mostrar empatia, não conseguem desenvolver normas morais e, em um nível ainda mais elevado, exercer uma autorreflexividade moral complexa no julgamento de si e dos outros.

Nesse nível mais alto da excepcionalidade humana, estamos perto de um ideal rarefeito e, penso eu, raramente alcançado de espiritualidade humana. Suddendorf tem pouco a dizer sobre a natureza espantosamente idealista de seus critérios da singularidade humana ou sobre a quantidade e os tipos de humano que nem sequer chegam perto de satisfazer suas exigências. Na verdade, seu próprio projeto científico às vezes parece pouco imaginativo, quando não francamente desinteressante, um trabalho infindável digno do Gradgrind, de Dickens, checando extensivamente cada alegação de cada aspecto que afirme aproximar ou distanciar humanos e outros animais. Suas diferenciações entre os vários animais são às vezes tão pouco elaboradas quanto suas diferenciações entre grupos de humanos ou humanos como indivíduos. Mas meu ponto básico, como sugeri acima, é a própria natureza e motivação do tipo de busca que Suddendorf empreende e a maneira como, com aquilo que a meu ver é uma variação menor e relativamente desprovida de consequências, repete e repete incontáveis buscas anteriores. Buscas que, sejam religiosas, sejam presumivelmente seculares ou científicas, procuram um modo decisivo de localizar a identidade e singularidade do humano, privilegiá-lo e colocá-lo à parte como ocupando o ponto mais alto da evolução até aqui, na verdade o ápice do ser e da história.

Seria a simples curiosidade científica que motiva essa busca? E será que a própria busca antropocêntrica é falha em sua base, mal concebida e inevitavelmente hostil? E por que razão tal busca parece ter apelo recorrente e impactar muitos como realmente nova e impressionante? Será que "nós" somos tão imaginativos assim, e que alguma hora nos cansaremos de dar tapinhas nas nossas próprias costas? Quantos de nós não somos criaturas de hábito, que endossam hábitos ou repetem "tópicos de discussão" como se fossem rituais rígidos ou até reações instintivas estereotipadas, levando-nos ou mesmo obrigando-nos a resistir a algo de fato imaginativo e diferente? Onde situamos aquilo que é ainda mais impositivo que o hábito: a compulsão à repetição, notadamente a repetição de cenas violentas e formas de vitimização que podem advir de ou produzir experiências traumáticas comuns em práticas abusivas, genocídios e guerras? E onde situamos preconceitos e criações de bodes expiatórios, que recentemente esgueiram suas horrendas cabeças de modos disseminados e atraentes? Tais questões podem parecer especialmente pertinentes em um momento da história em que o papel efetivo das normas éticas e políticas e da sensibilidade ou do julgamento autorreflexivo talvez esteja em um de seus pontos mais baixos, enquanto o "impulso insaciável" ou excessivo, comparável a estereótipos de frenesi bestial, parece predominar na ganância econômica e em asserções de poder, não só aqui, mas também na arena econômica e política globalizada. Tais questões podem também parecer pertinentes a qualquer um que tenha um mínimo de conhecimento da história moderna e da maneira como as capacidades humanas têm sido usadas de maneiras extremamente cruéis, destrutivas, até genocidas. De qualquer modo, Suddendorf, como muitos outros, conta-nos a mesma velha história, quando muito em trajes antigos remodelados.[82]

Gostaria de me voltar brevemente para uma discussão sobre uma figura em estudos humanos e animais que tem sido severamente criticada por alguns, mas ainda é levada a sério e citada por outros que trabalham na área: Harry Harlow, que ocupou uma posição importante

---

[82] Para uma abordagem muito diferente, ver DE WAAL, Frans. *Are We Smart Enough to Know How Smart Animals Are?*. New York: W. W. Norton, 2016. [Edição brasileira: *Somos inteligentes o bastante para saber quão inteligentes são os animais?* Rio de Janeiro: Zahar, 2022.] De Waal esforça-se para adotar um ponto de vista não antropocêntrico que se abre para uma série de similaridades e diferenças que resistem a ser reduzidas a simples oposições subordinadas à busca de critérios decisivamente diferenciais que separem humanos de outros animais e levem à demonstração de uma suposta superioridade ou mesmo singularidade humana. (Claro que pode haver especializações, como a incrível capacidade de polvo de se disfarçar, como sua habilidade de mudar sua cor de pele em reação a vários desafios.) Embora defenda experimentos não invasivos com animais, De Waal expõe vieses frequentemente ocultados em experimentos com animais e destaca evidências para o papel da empatia e mesmo de um senso de justiça em outras espécies. Para De Waal, a grande cadeia do ser e suas hierarquias deslocadas dão lugar a redes complexas que situam os humanos em uma ecologia de conexões e articulações que ligam humanos, animais e toda a natureza.

na docência da Universidade de Wisconsin. (Infelizmente, Wisconsin, antes um bastião progressista, recentemente tornou-se local de políticos e de seus proponentes, defensores de políticas que minam até mesmo vestígios do *New Deal*, como a assistência à saúde, a previdência social e o apoio à educação pública, paradoxalmente em um estado que teve, pelo menos há até bem pouco tempo, um dos melhores sistemas universitários do país e do mundo.)

Harlow é discutido em várias obras, como na de Deborah Blum, *The Monkey Wars*,[83] e em *seu Love at Goon Park: Harry Harlow and the Science of Affection*.[84] Harlow fez no máximo ciência questionável baseada num behaviorismo não empático, por meio do qual a ciência foi invocada para legitimar o que equivale a abuso e tortura animal, num esforço para provar coisas que deveriam ser autoevidentes. Submeteu filhotes de macacos rhesus a experimentos que os colocavam no que chamou, com adequação, mas insensibilidade, de "Poço do Desespero" – uma câmara isolada de aço inox à qual os macacos, separados de suas mães, eram confinados por longo tempo, sem contato com outros macacos ou com humanos. Os únicos objetos que os macacos tinham eram uma mãe substituta, feita de arame metálico, e um pano felpudo, ao qual eles tipicamente se agarravam com abandono desesperançado. Harlow "descobriu" que os macacos assim despojados ficavam desorientados, privados de ânimo. Não eram reconhecidos pelos demais de sua espécie, que, entre outras reações, tentavam arrancar-lhes os olhos. O inventivo Harlow acrescentou ao seu "Poço de Desespero" um "Suporte de Estupro", onde fêmeas adultas criadas em condições de isolamento eram amarradas e estupradas.[85] A prole dessas uniões não recebia cuidados maternais de

---

[83] BLUM, Deborah. *The Monkey Wars*. New York: Oxford University Press, 1994.

[84] BLUM, Deborah. *Love at Goon Park: Harry Harlow and the Science of Affection*. New York: Berkley Books, 2002.

[85] A questão do estupro entre outros animais é tema importante e, pelo que sei, subinvestigado. (Agradeço a Mahinder Kingra por trazê-lo à minha atenção.) O contraste é acentuado em comparação com a preocupação prevalente e justificável com o estupro humano, que a crítica feminista trouxe para o primeiro plano. A tentação de assumir uma abordagem antropocêntrica ao problema do estupro em

suas mães alienadas, que em vez disso a maltratavam, por exemplo, comendo seus dedos ou esmagando suas cabeças.

Harlow não era um retrocesso a uma fantasia da Idade da Pedra ou um cientista durão que ficou "medieval" demais. Para Blum, a abordagem de Harlow era parte do *mainstream*, e até progressista para a época – a década de 1980! E ela com frequência esforça-se em introduzir mensagens amenas ou esperançosas, e chega a atribuir posteriores melhorias ao impacto dos ou à reação aos experimentos de Harlow. (Observo que, com notáveis exceções, como o uso de inseminação artificial em vez de suportes de estupro, procedimentos similares aos de Harlow ainda são prática-padrão em fazendas industriais. Estas, com

---

outras espécies é grande, e o tópico abre vasto campo para estudo comparativo e pensamento crítico. Há dificuldades óbvias para determinar "consentimento" ou participação voluntária em outras espécies, mas é uma questão crucial ao investigar o estupro. Um suporte para estupro no qual fêmeas são imobilizadas e machos podem penetrá-las à vontade é um caso nítido em que o consentimento está ausente e o que domina é a força. Humanos que forçam ou permitem estupro em outras espécies devem ser responsabilizados, talvez criminalmente. (O uso comum de inseminação artificial introduz um nível adicional de complexidade.) Uma questão é em que grau está disseminado o estupro ou a penetração forçada nas práticas de acasalamento e se esse chega a ser um tema tratado em regulamentações e práticas regulatórias. Cenas mostrando o uso de suportes de estupro na criação de porcos podem ser encontradas no documentário de Victor Schoenfeld e Myriam Alaux *O filme dos animais*, que traz filmagens de usos e abusos de animais em fazendas industriais, pesquisa experimental (incluindo a militar), caça e acasalamento. Inclui até filmes secretos do governo e material como noticiários e filmes de propaganda, e destaca a prevalência de práticas abusivas, assim como o papel do movimento internacional pelos direitos animais em coibi-las. Esse documentário importante e controverso, lançado em 1981 e narrado por Julie Christie, é uma realização relevante. Em uma nota que traz alguma esperança, alguns zoológicos têm implementado um processo para orangotangos, espécie ameaçada de extinção na natureza pela destruição de seu hábitat. De modo análogo aos procedimentos do serviço de namoro humano Tinder, fêmeas de orangotango são capazes de usar computadores para ver fotos de potenciais parceiros e escolher os que acharem atraentes. O resultado é juntar animais com base em suas aparentes preferências. Ver WANG, Amy B. An Orangutan Will Have a Chance to Find Her Mate – Through Tinder. *Washington Post*, Jan. 31, 2016. Disponível em: https://www.washingtonpost.com/news/animalia/wp/2017/01/31/an-orangutan-will-have-a-chance-to-find-her-mate-through-tinder/?utm_term=.fd656dc8504e. Acesso em: 20 mar. 2017.

muita frequência, mereceriam ser chamadas de campos de confinamento, desumanos, superlotados, como ocorre, por exemplo, na produção de porcos, vitelas e galinhas, nos quais parece irresistível a comparação com prisões punitivas ou mesmo campos de concentração, inclusive pela linguagem ofensivamente eufemística usada pelas partes interessadas ao descreverem o que ocorre sob seus auspícios.) Blum fornece muitas informações importantes e tenta, embora de modo distorcido, ser equilibrada em mostrar ambos os lados de cada questão, abordagem questionável nos casos em que há muito desequilíbrio envolvido, por exemplo, no poder e nas prerrogativas do experimentador humano (ou cuidador) em relação a seus indefesos objetos de experimentação (ou produção). Ela observa, não obstante, que a aprovação de uma Lei Federal do Bem-Estar Animal revisada em 1985 deveu-se em grande medida à pressão de grupos de proteção animal e se deu apesar da resistência muitas vezes feroz de grandes instituições favoráveis ao uso de animais em pesquisas e experimentos, como National Institutes of Health, American Psychological Association e National Association for Biomedical Research, bem como de cientistas individuais que experimentam com animais, inclusive primatas. Ela observa que o National Center for Research Resources, que dirige centros federais de primatas, dedicava-se a "um tema": "dar aos cientistas as ferramentas que precisem. Nesse caso [pesquisa sobre AIDS], as ferramentas são macacos" (p. 252). Uma disposição especial sobre macacos incluída na lei de 1985 era a necessidade de atentar ao seu "bem-estar psicológico", embora a determinação disso ficasse a cargo das instituições que empreendiam os experimentos, sujeita a revisão por inspetores federais, dos quais havia parca provisão. Antes da aprovação da lei, em 1985, quem experimentava com animais podia tratá-los em grande parte como julgasse adequado.[86]

---

[86] Ver BLUM. *The Monkey Wars*, especialmente 24ff, 113ff, 121ff e 184ff. O Departamento de Agricultura dos Estados Unidos (USDA) é responsável por aplicar a Lei de Bem-Estar Animal de 1966. Em fevereiro de 2017, o USDA retirou da consulta pública as informações do órgão sobre sua regulamentação das leis de bem-estar animal, incluindo todos os registros sobre laboratórios de pesquisa animal. A decisão supostamente tinha a ver com um caso em litígio sobre o alegado uso de produtos químicos cáusticos nas patas de cavalos marchadores do Tennessee, para fazê-los adquirir seu passo característico. Uma razão importante foi que a revelação

Quem lida com animais de criação, aos quais estatutos de crueldade não se aplicam, ainda tem, quase sempre, permissão para abuso e excesso com um mínimo de regulamentação, em geral da parte de legisladores ou inspetores (quando disponíveis) que basicamente concordam com seu desenfreado *ethos* capitalista.

O tratamento abusivo de Harlow supostamente forneceria provas de que macacos, e, por inferência, bebês humanos, exigiam amor e cuidados, ou o que Harlow, com lirismo robótico, chamou de "conforto pelo contato", a fim de crescerem sem ficar extremamente desequilibrados e até psicóticos. Penso que o que provou, à parte o óbvio, foi que ele próprio podia ser visto como profissionalmente deformado, se não enlouquecido, e que o que fez em nome da ciência mostrou as graves deficiências em leis e práticas para a proteção de abusos não só em experimentos, mas também em fazendas industriais, em matadouros, na caça "esportiva" (especialmente em fazendas de cervos ou para troféus) e em várias atividades nas quais humanos supõem ter direito de usar e abusar de outros seres para a própria curiosidade, diversão, sadismo, interesses

---

de registros poderia infringir privilégios advogado-cliente, razão que os críticos julgaram insuficiente, até um despiste. Uma solicitação feita em 7 de fevereiro pela BuzzFeed News, a partir da Lei de Liberdade de Informação (FOIA, na sigla em inglês), pedindo todos os e-mails e registros sobre a decisão de remover da web bancos de dados e documentos, foi atendida com o envio pelo USDA de 1.771 páginas de registro, todas com tarja preta. Confrontado por objeções e processos, o USDA passou a repor on-line alguns dos documentos censurados. Mas a remoção dos bancos de dados tornou muito mais difícil às partes interessadas encontrar a informação que procuravam, como material pertinente aos processos movidos pelo USDA contra instituições que violassem leis de bem-estar animal. Ver ALDOUS, Peter. The USDA Won't Say Why It Hid Animal Welfare Records from the Public. *BuzzFeed News*, Apr. 29, 2017. Disponível em: https://www.buzzfeed.com/peteraldhous/usda-animal-welfare-redacted-documents?utmterm=.vnk66WZZ2#.wv1WW0bbe. Acesso em: 30 abr. 2017. Uma preocupação é que o número de macacos em experimentos duplicou desde 2002, principalmente pelos esforços para criar drogas e vacinas contra armas biológicas e tratamentos para exposição a radiação e ataques químicos. Em boa medida, tais eventos podem ser vistos como outro efeito traumático, terrorista, tanto da desregulação como da "guerra ao terror". Animais, é claro, podem ficar traumatizados, e os efeitos de comportamento abusivo podem ser devastadores para eles e muito perturbadores para humanos compassivos que tenham contato ou se importem com eles.

individuais ou vaidosa sensação de poder e dominação. Permanecemos assombrados pelo olhar no rosto de alguns dos bebês macacos totalmente desorientados que Harlow tornou objeto de sua extravagante curiosidade e concepção de pesquisa científica. Esse olhar, que de certo modo lembra fotos de Franz Kafka, atesta que animais podem falar por meio de gestos faciais e de outro tipo, mesmo sem terem as palavras para comunicar o que querem dizer. Aqui, mesmo bebês macacos parecem leões rugindo de modo ininteligível. Figuras como Kafka, e mais recentemente J. M. Coetzee, chegam perto de encontrar essas palavras, notadamente no memorável conto de Kafka "Um relatório para uma academia", sobre um macaco chamado Peter, o vermelho, que foi traumatizado até se tornar quase humano. (A técnica de tentar tornar animais humanos por meio de traumatização e terror também é explorada de forma crítica no notável romance de H. G. Wells de 1896, *A ilha do doutor Moreau*.) Mas o olhar de um animal, mesmo além da importante questão da natureza das várias linguagens ou simbolismos animais, pode ser suficiente para trazer à tona a natureza inadmissível, se não demencial, de certas práticas humanas, e a necessidade de uma reconceitualização básica do lugar do humano na natureza e a urgente necessidade de limites éticos, legais e políticos – limites sobre aquilo que os humanos podem infligir a outros seres quando têm o poder e a tecnologia para isso. O que Harlow fez há não muito tempo talvez não seja mais aceitável hoje em pesquisa com animais, embora reverbere em certas práticas de fazendas industriais. Instituições como universidades costumam supervisionar a experimentação por meio de conselhos, em grande medida internos, de pesquisadores. Mas resta a questão de se as leis e práticas que prevalecem hoje são de fato suficientes para impedir formas abusivas de tratamento e se uma reconceitualização básica do lugar dos humanos e dos animais é necessária para criar um mundo que seja adequado e justo para todos os seus habitantes.

Há um adendo à história de Harry Harlow que indica sua relevância ainda hoje. Em outras palavras, Harlow não é simplesmente o repudiado Hitler da pesquisa animal, que transforma o ato de "usar o argumento Harlow" em uma estratégia retórica dúbia. No início de outubro de 2014, a Dra. Ruth Decker fez circular, via Change.org, uma petição protestando contra testes com macacos bebês na Universidade de Wisconsin que pareciam sombriamente similares aos experimentos de Harlow, embora a universidade tenha emitido uma declaração tentando contestar essa acusação.[87] Decker, a propósito, acha esses experimentos inúteis e injustificados, e tem fornecido atualizações sobre suas atividades e os processos legais relacionados. Em sua carta inicial de protesto (as ênfases são do original), Decker observa:

> Como egressa da Escola de Medicina da Universidade de Wisconsin-Madison, estou horrorizada em ver que minha alma mater planeja realizar experimentos altamente controversos e cruéis que vão torturar e matar macacos bebês.
>
> *Os experimentos, liderados pelo Dr. Ned Kalin, vão afastar macacos rhesus recém-nascidos da mãe (contida ou drogada contra a vontade enquanto seu bebê é removido). Os indefesos macacos bebês vão então para confinamento solitário* [ponto contestado pela Universidade de Wisconsin – DLC] *– onde serão aterrorizados e expostos a estressores indutores de ansiedade, como cobras vivas, dolorosas biópsias por punção e exames de imagem cerebrais estressantes. Após essa incessante tortura, serão mortos antes de chegarem aos dois anos.*

Decker prossegue:

> A universidade ganhou notoriedade na década de 1960, quando Harry Harlow pela primeira vez isolou primatas infantes de suas mães nos hoje tristemente famosos estudos de privação maternal. Os efeitos foram devastadores. *Os bebês entraram em choque, agachados nos cantos de suas gaiolas, agarrados a si mesmos, balançando e se automutilando.* Hoje, tais métodos são considerados extremos e não éticos, apesar de revividos na pesquisa proposta por Kalin. Estou chocada ao ver essa grande univer-

---

[87] A petição da Dra. Decker pode ser encontrada em https://www.change.org/p/university-of-wisconsin-cancel-the-unethical-torture-and-killing-of-baby-monkeys (acesso em: 3 jan. 2015). Para a resposta da Universidade de Wisconsin, ver "Primate Freedom", de 26 de outubro de 2014, disponível em: http://primateresearch.blogspot.com/2014/10/responding-to-university-of-wisconsin.html (acesso em: 20 nov. 2014). Esse artigo cita e tenta refutar a resposta da universidade, que ao que parece foi retirada da Web.

sidade, considerada instituição de primeira linha, regredindo ao se envolver nesses estudos bárbaros.

Já há métodos de pesquisa indolores disponíveis que não envolvem sofrimento animal e permitem avaliar melhor aspectos cognitivos de transtornos de ansiedade. O método da privação maternal, que um pesquisador define como "absolutamente cruel e antiquado", traumatiza macacos bebês das piores maneiras imagináveis.

No início de outubro de 2014, a petição havia recebido bem mais de 300 mil assinaturas. No programa de Jane Velez-Mitchell de 3 de outubro de 2014, a posição de Decker recebeu apoio de Wayne Pacelle, presidente da Humane Society dos Estados Unidos, bem como da própria Velez-Mitchell. Vou citar a tentativa da Universidade de Wisconsin de refutar a carta da Dra. Decker, na qual o único ponto importante, a meu ver, é afirmar que o tipo de privação maternal no experimento pós-Harlow era menos drástico por envolver "criação por pares" e indução de depressão apenas leve, embora sem explicar como era possível controlar essa depressão, especialmente dadas as condições de captura, os métodos de causar depressão e o subsequente tratamento dos macacos. E, como indicado por Velez-Mitchell, parecia absurdo procurar a cura da depressão aumentando-a e, eu acrescentaria, fazendo isso em animais vítimas indefesas, que geralmente não estão deprimidos a não ser por terem caído nas mãos de humanos que são de uma curiosidade cruel, venais, ou buscando atender a critérios de publicação para obter posições estáveis na universidade mesmo quando o valor científico dos experimentos é altamente contestável, ou mesmo de patente inutilidade. De qualquer modo, transcrevo a seguir alguns trechos-chave da resposta da Universidade de Wisconsin:

> É gratificante ver tanto interesse por pesquisa básica – especialmente pesquisa na Universidade de Wisconsin-Madison voltada para uma melhor compreensão dos transtornos de ansiedade e depressão, que afetam milhões de norte-americanos e resultam em suicídios em alguns casos. [Note que não é dada nenhuma evidência de como experimentos com macacos ajudam a compreender ou aliviar "transtornos de ansiedade e depressão" em

norte-americanos ou quaisquer outros humanos. – DLC] Mas é tremendamente decepcionante que para atrair esse interesse se recorra a um conjunto bem surrado de falsidades e exageros deliberadamente lançados por ativistas [em alguns círculos, um termo pejorativo ou mesmo sinônimo de terroristas – DLC].

Como quase todas as críticas a essa pesquisa, a petição invoca o trabalho de 50 anos atrás do psicólogo da UW-Madison Harry Harlow. [Cabe questionar a matemática usada aqui pela universidade para qualificar trabalhos que adentraram pelo menos na década de 1980. – DLC] Mas o trabalho recém-aprovado da UW-Madison sobre estresse no início da vida não tem similaridade significativa com os controversos métodos de Harlow.

Em vez do confinamento solitário, como reporta irresponsavelmente a petição, pesquisadores da UW-Madison adotaram o método de criação com pares, no qual jovens macacos são criados por cuidadores humanos junto a macacos de idade similar. A criação com pares foi escolhida por produzir confiavelmente sintomas leves de ansiedade em jovens macacos. [Cabe perguntar aqui como é exatamente que bebês "criam" outros bebês e como alguém reagiria a uma prática que tirasse bebês humanos de suas mães para criá-los com bebês ou crianças menores de 3 anos sob uma supervisão não especificada de humanos. – DLC]

O leitor pode julgar por si, mas acho essas declarações uma obra-prima retórica de distorções eufemísticas, evasivas, do tipo que seria de esperar da retórica de recentes campanhas políticas, não de uma grande universidade. Vou me abster de entrar nos esforços da Dra. Decker para refutar as alegações da Universidade de Wisconsin ou seus esforços adicionais em defesa dos macacos. O leitor pode procurar isso on-line. Eu apostaria em que a declaração da universidade foi redigida não por observadores mais ou menos independentes, mas por professores ou por pessoal com interesse na pesquisa e/ou a partir da compreensível preocupação da universidade pela mancha em sua reputação. Seja como for, a declaração da universidade mostra pouca preocupação genuína, se é que alguma, pelos efeitos do experimento nos bebês macacos, busca apenas mencionar maneiras mínimas como práticas como a chamada criação com pares supostamente aliviariam condições, e se refere a alegações não documentadas e insubstanciais sobre como a pesquisa beneficiaria humanos, mesmo produzindo severos danos aos animais experimentais. Nos experimentos em questão, os macacos são "eutanasiados" após um ano para permitir operar em seus cérebros.

É difícil para um não especialista propor regras fundamentais para pesquisas aceitáveis em animais. Mas um tipo talvez menos invasivo seja a observação em hábitat natural, algo que a destruição massiva (aspecto proeminente do Antropoceno) às vezes tornou impossível. Uma alternativa é uma observação e interação não prejudicial, até mesmo mutuamente benéfica, em santuários, como no trabalho de Frans de Waal no Centro de Pesquisa Yerkes, na Universidade Emory. Em tais instalações, é possível trabalhar *com* e não simplesmente *sobre* outros animais, um trabalho que afeta tanto os humanos quanto os outros animais. Pode ainda assumir formas não estreitamente instrumentais ou antropocêntricas em sua natureza. Não obstante, vale notar que procedimentos experimentais estão regulados internamente por instituições como universidades, e a supervisão federal ou estadual dessa regulação é mínima e, como outras supervisões ou regulamentações governamentais, sofre oposição ferrenha do agronegócio e de produtores de animais para experimentação, cujos lobistas com frequência têm o ouvido sintonizado com campanhas de representantes no Congresso e nas legislaturas estaduais.

Outros animais além dos experimentais podem estar em risco, às vezes alto risco (veremos isso brevemente no capítulo 3). Talvez o perigo mais disseminado esteja nas fazendas de criação, onde os animais não circulam livremente, mas são mantidos em condições de superlotação e sujeitos a tratamento rude, às vezes próximo da tortura. As condições em abatedouros, que tipicamente atendem um número de fazendas industriais, podem ser comparáveis às dessas fazendas. Nos Estados Unidos, o fato de a legislação estadual sobre crueldade com animais não se aplicar a animais de criação abre as portas para o abuso, e é de preocupação geral a recente tentativa de "reverter" todas as regulamentações. Animais silvestres podem ter alguma proteção pelos estatutos relativos a espécies ameaçadas ou pelo trabalho de guardas de caça. A eficácia dessa tênue proteção é discutível. Mas dois tipos de animais têm pouca proteção ou nenhuma.

Um tipo é o composto por animais considerados pragas, que simplesmente podem ser mortos à vontade por quem quer que os considere um perigo ou um distúrbio. São camundongos, ratos, esquilos e gambás. Em alguns lugares incluem coiotes, e um fenômeno de exploração de lucro é a caça organizada aos coiotes, na qual há um prêmio para o "vencedor" que matar o maior número deles. A justificativa unilateral para essas caças é, obviamente, o perigo que tais animais representam para os animais de criação, mas o espírito que as anima e a paixão exaltada pela caça podem muito bem superar qualquer perigo plausível que os coiotes ofereçam a esses animais.[88]

Uma segunda forma de matar animais desprotegidos talvez seja até menos defensável. É a caça de troféus, basicamente em reservas onde grandes animais, como elefantes, são mortos por "caçadores" suficientemente ricos para pagar as taxas exigidas. Essas reservas são em alguma medida como grandes barris nos quais peixes cativos são mortos. A caça de troféus torna-se equivalente a um abate incondicional, quando o tiro é automatizado e a pessoa simplesmente pressiona um botão que dispara a arma e mata para prover um troféu. Mesmo em um campo aberto, é difícil ver como a caça de troféu pode ser considerada um esporte, já que o animal tem pequena chance de se defender ou mesmo de fugir. A caça de troféu talvez seja o auge de uma arrogância antropocêntrica e narcisista na relação dos humanos com outros animais, e não é muito diferente de caçar esposas ou parceiros tomados como troféus. Talvez caiba notar que essa última prática tem sido vista como uma característica de Donald Trump, enquanto a primeira é o "esporte" declarado de seus filhos.[89]

---

[88] Ver, por exemplo, FLORES, Dan. *Coyote America: A Natural and Supernatural History*. New York: Basic Books, 2016. Flores rastreia a notável variedade e adaptabilidade dos coiotes, a ponto de questionar se as diferenças, às vezes enormes, não sugerem espécies diferentes. Seu relato compassivo da vida dos coiotes e das diversas visões que os humanos têm a respeito deles, incluindo seu papel-chave em muitos mitos indígenas, combina uma ciência cuidadosa com uma narrativa envolvente.

[89] Com o apoio de Donald Trump e alinhado à política republicana de extrema desregulamentação, o Senado de maioria republicana votou, por estreita margem, com clara divisão partidária (52-47), abolir a regra federal que restringe práticas de "caça" específicas em reservas naturais nacionais no Alasca, como plantar

A maneira como os animais vivem ou são forçados a viver antes de morrer ou de serem mortos, notadamente em razão de desígnios humanos, como o consumo, o autointeresse, a curiosidade ou a diversão, é o que pode ser chamado de mínimo ético no tratamento humano de outros animais. Em termos mais gerais, talvez possamos prever um tempo em que a questão dos animais outros-que-o-humano, vistos em termos não antropocêntricos, amplamente relacionais e ecológicos, será conjugada de uma maneira que não resulte em soma-zero com questões tão cruciais como as de raça, classe e gênero nas investigações críticas e teóricas. Outros animais são uma categoria massiva de seres que têm estado subprotegidos e sujeitos a uso e abuso humano, algo que se intensifica sob o capitalismo, em particular quando é desregulamentado e fica à mercê das injunções da privatização e de uma motivação descarada de lucro. Colocar em questão a existência de critérios decisivos que separem o humano dos outros animais, ou mesmo a repetida busca de tais critérios, tem ramificações amplas, indicando a necessidade de uma radical mudança de paradigma nas relações entre humanos, animais e a natureza em geral. Tal mudança não apenas marcaria um afastamento do antropocentrismo, mas também apontaria as limitações (mas não a simples irrelevância) do discurso sobre "direitos", tanto humanos quanto animais. Ao contrário de simplesmente nos levar de volta a ideias tradicionais de direito natural, isso iria sublinhar a necessidade de limites legítimos regulando as relações, junto a uma demanda por justiça aplicável a todos os seres em uma rede interativa que coloque em questão a soberania, seja humana, seja divina. E isso iria exigir complexas negociações mútuas entre alegações, uma concepção de deveres em relação a outros animais, assim como a parceiros humanos, e uma regulação normativa, bem como legal, das várias formas de assertividade humana.

---

armadilhas, usar iscas e fazer disparos aéreos. Em minha opinião, essas práticas de matança e mutilação livres de risco, cuja regulamentação, mesmo em terras federais, fica agora a cargo do estado do Alasca, não deve ser vista como caça mesmo em uma definição muito ampla da prática. Revogar a regulamentação federal permitirá matar mães ursas e seus filhotes, assim como lobos e suas crias. O senador Martin Heinrich, democrata do Novo México, comentou que permitir essa matança colocaria a "chancela federal" em métodos que "o público vê como antiéticos" (*Santa Fe New Mexican*, Mar. 22, 2017, p. A-2).

CAPÍTULO 3

Trauma, história, memória, identidade: o que resta?

Apesar do considerável volume de trabalho já dedicado ao tema, o nexo entre trauma, história, memória e identidade ainda desperta amplo interesse, e ainda há muito a ser investigado tanto no nível empírico quanto no teórico.[90] O desafio em curso é abordar o tema sem opor história e memória de modo binário, mas sim questionando as relações mais complexas e desafiadoras entre ambos, assim como aquilo que não é abrangido pelo binário. Este relato tenta estabelecer uma agenda de pesquisa que é multifacetada, mas com componentes conceitualmente inter-relacionados que pedem pesquisa e pensamento adicionais.

A pesquisa histórica baseada em fontes escritas e fontes documentais relacionadas a elas pode contestar ou corrigir a memória individual ou coletiva, mas o oposto também pode ocorrer. O primeiro caso tem em geral sido a ênfase muitas vezes cogente de historiadores. Neste

---

[90] Ver, por exemplo, NORA, Pierre (ed.). *Les Lieux de mémoire*. Paris: Gallimard, 1984. 3 v.; OLICK, Jeffrey K. *et al.* (ed.). *The Collective Memory Reader*. Oxford: Oxford University Press, 2011; RADSTONE, Susannah; SCHWARZ, Bill (ed.). *Memory, History, Debates*. New York: Fordham University Press, 2010; RICŒUR, Paul. *Memory, History, Forgetting*. Transl. Kathleen Blamey and David Pellauer. Chicago: University of Chicago Press, 2004; STONE, Dan (ed.). *The Holocaust & Historical Methodology*. New York: Berghahn, 2012; KANSTEINER, Wulf. Finding Meaning in Memory: A Methodological Critique of Collective Memory Studies. *History and Theory*, n. 41, p. 179-197, May 2002; KANSTEINER, Wulf. Genealogy of a Category Mistake: A Critical Intellectual History of the Cultural Trauma Metaphor. *Rethinking History*, n. 8, p. 193-221, 2004. Ver também o meu *History and Memory after Auschwitz*, esp. cap. 1.

relato, sem desmerecer o valor e a importância da pesquisa de arquivo, vou me concentrar na última possibilidade, isto é, a de a memória colocar questões à história (ou à historiografia). De maneira necessariamente seletiva, vou indicar em que aspectos as histórias baseadas em arquivos escritos padrão, assim como as obras que reivindicam estatuto histórico, podem, como a própria memória, ser problemáticas e utilmente suplementadas e mesmo contestadas ou corrigidas por um apelo à memória. Na realidade, o que liga conceitualmente os vários casos com os quais lido é a questão do papel da memória neles, da memória traumática (ou dos efeitos pós-traumáticos) e da memória (ou do trabalho da memória) que se contrapõe a efeitos pós-traumáticos e suplementa fontes escritas, às vezes corrigindo-as. É claro que os próprios arquivos escritos costumam ser repositórios de testemunhos e de vários relatos baseados na memória, o que é indicação adicional da dubiedade de uma dicotomia entre o escrito e o rememorado ou oral. O que gera ansiedade e se abre a questionamento na história escrita pode ser projetado exclusivamente na memória como uma espécie de bode expiatório.[91] De qualquer modo, é enganoso ver a memória apenas ou mesmo distintamente como o *locus* de uma tentativa de absorver a história ou como uma busca equivocada de patrimônio, um passado mais real ou "presente", ou identidade não problemática (ou "políticas identitárias").[92] Certos

---

[91] Talvez se possa detectar aqui uma inversão do processo de que trata Jacques Derrida em uma dimensão de seu *Of Grammatology* (transl., with a preface, Gayatri Chakravorty Spivak, 1967; Baltimore: Johns Hopkins University Press, 1974; edição de 40º aniversário em 2016) [edição brasileira: *Da gramatologia*. São Paulo: Perspectiva, 1973]. Como observei no capítulo 1, pode-se privilegiar documentos escritos em relação à oralidade e à memória e ao mesmo tempo colocar como bode expiatório o "outro" subordinado ao projetar nele as causas, sejam quais forem, de ansiedade no self ou na entidade dominante. Um argumento geral que eu extrairia de Derrida é que a escrita e a oralidade (ou a memória) são sistemas de inscrição de traços instituídos que podem operar diferentemente em contextos históricos e sociais variados, mas não devem ser interpretados em termos de uma oposição binária decisiva que funcione como mecanismo de bode expiatório.

[92] Na década de 1990, historiadores importantes na França expressaram fortes reservas e até uma franca hostilidade a estudos da memória como nocivos a uma

esforços de memória podem estar sujeitos a crítica, mas isso não leva nem a desconsiderar todas as abordagens da memória nem a minimizar a pressão às vezes traumática do passado e seu envolvimento com o presente, ou sua intrusão nele. Defendo a relevância para a história de uma abordagem crítica, mas que não desmereça o estudo da memória, do trauma e da formação de identidade, e discuta novos trabalhos importantes, assim como indique a pertinência continuada de alguns trabalhos já mais antigos na área.

Em trabalhos recentes, o trauma ocupa, e muitas vezes com boas razões, um lugar importante nos estudos da memória.[93] O trauma destaca de maneira marcante a importância do afeto e de seu impacto na memória, apontando tanto para a memória traumática na forma de efeitos pós-traumáticos (compulsões à repetição, reações

---

história genuína, incluindo historiadores que haviam se destacado no estudo da memória, como Pierre Nora e Henry Rousso. Rousso, em sua obra de 1994 *Vichy un passé qui ne passe pas* [Vichy um passado que não passa; estudo dedicado à memória do regime colaboracionista estabelecido na França sob ocupação nazista] (em coautoria com Eric Conant), apontou a memória judaica como excessiva, e Nora, em entrevista de 2006, chegou a se referir à sua anterior menção a uma "tirania" acrescentando-lhe uma acusação de "terrorismo" de uma memória "agressiva" e "patológica" no discurso público francês. (Ver ROTHBERG, Michael. *Multidirectional Memory: Remembering the Holocaust in the Age of Decolonization*. Stanford: Stanford University Press, 2009. p. 269.) Sobre essas e questões correlatas, ver também o lúcido relato de Carolyn J. Dean, em *Aversion and Erasure: The Fate of the Victim after the Holocaust* (Ithaca, NY: Cornell University Press, 2010). A suspeita ou mesmo rejeição dos estudos da memória, assim como a postulação de uma oposição decisiva entre história e memória, manteve-se em certas abordagens da história. Ver, por exemplo, HARTOG, François. Time and Heritage. *Museum*, n. 57, p. 7-17, 2005; KLEIN, Kerwin Lee. On the Emergence of Memory in Historical Discourse. *Representations*, n. 69, p. 127-150, 2000; e SPIEGEL, Gabrielle. Memory and History: Liturgical Time and Historical Time. *History and Theory*, n. 41, p. 149-162, May 2002 (em que Spiegel chega à questionável conclusão de que a historiografia moderna postula uma aguda divisão entre passado e presente e mantém o passado no passado).

[93] Ver um lúcido panorama geral em LUCKHURST. *The Trauma Question*. E também a acauteladora inquirição etnográfica dos usos e abusos políticos de se apelar ao trauma e à vitimização em FASSIN, Didier; RECHTMAN, Richard. *The Empire of Trauma: An Inquiry into the Condition of Victimhood* [2007]. Transl. Rachel Gomme. Princeton: Princeton University Press, 2009.

de sobressalto ou exageradas, transtornos graves do sono, pesadelos recorrentes, entre outros) como para o desafio de perlaborá-la de modo viável, mas talvez nunca totalmente bem-sucedido. Além disso, é importante investigar o trauma e os efeitos pós-traumáticos de modo que não fiquem isolados, ao contrário, possam ser ligados à investigação de outros problemas significativos, como as relações mais gerais entre história e memória, envolvendo o papel do testemunho e da história oral.

Traumas e eventos e experiências ou processos traumáticos, como genocídios e outras formas de violência e abuso, podem envolver duplos vínculos e limitar o que possa ser representado com algum grau de adequação. Mas há dimensões do traumático que podem ser representadas, e devem, da maneira mais lúcida e precisa possível. Um duplo vínculo usual, que precisa ser negociado por quem quer que lide com o traumático, está bem expresso no subtítulo de um livro de dois psicanalistas franceses, que brincam com uma variação da sentença final do *Tractatus*, de Wittgenstein: *Sobre aquilo de que não se pode falar, não se pode calar.*[94] Pois silêncios podem também falar à sua maneira e ter uma dimensão performativa que não é desprovida de significado objetivo e força moral. As próprias rupturas ou lacunas de um relato, como um testemunho, podem atestar experiências disruptivas e se relacionar com a revivência de um trauma que faz o passado colapsar dentro do presente, fazendo-o parecer ou ser sentido como mais "real" e "presente" do que as circunstâncias contemporâneas. Quanto ao trauma, uma simples postulação não é suficiente para se distinguir passado de presente, e pode funcionar para ocluir o papel do trauma e dos efeitos pós-traumáticos. A capacidade de fazer uma distinção efetiva, não enganosa, depende de perlaborar a experiência traumática e pós-traumática de uma maneira que requer, *inter alia*, trabalho de memória que situe o trauma em um passado relacionado com

---

[94] Ver DAVOINE, Françoise; GAUDILLIERE, Jean-Max. *History and Trauma*. Transl. Susan Fairfield. New York: Other Press, 2004. Ver também MANDEL, Naomi. *Against the Unspeakable: Complicity, the Holocaust, and Slavery in America*. Charlottesville: University of Virginia Press, 2006.

o presente – em certo sentido até mesmo ainda preso a problemas vivos –, mas não repetidamente revivido ou confundido com ele.

Apenas em um passado relativamente recente o trauma se tornou uma preocupação na historiografia, mesmo com respeito a eventos e processos nos quais seu papel deveria ser evidente. Ainda assim, o estilo de uma abordagem predominante na historiografia, em sua busca de fatos objetificados, pronta legibilidade, anedotas divertidas, narrativa fluidas e equilíbrio clássico, ameaça tirar o trauma do trauma. Tal narrativa pode ser como um biombo de memória que oculte fenômenos perturbadores, talvez traumáticos ou, em termos mais gerais, problemas que pediriam abordagem diferente, mas culturalmente variável, não codificável. Notadamente em certas áreas da crítica literária e em formas correlatas de teoria crítica, a reação a uma orientação amenizadora pode levar ao extremo oposto de interpretar o trauma como uma incompreensível afronta à compreensão.[95] Nessa vertente, o trauma assume às vezes a forma de uma experiência totalmente indizível, um vácuo de ilegibilidade, o "real" lacaniano insimbolizável, ou mesmo o sublime objeto de infindável melancolia e impossível luto.[96]

---

[95] Ver, de Cathy Caruth, *Unclaimed Experience: Trauma, Narrative, and History* (Baltimore: Johns Hopkins University Press, 1996). Uma linha de pensamento influente (mas não a única) no trabalho da autora enfatiza a maneira como o "trauma, portanto, parece evocar a difícil verdade de uma história que é constituída pela própria incompreensibilidade de sua ocorrência". Em contraste com a memória traumática enquanto "*flashback* ou reencenação traumática", que, para o sobrevivente, presumivelmente expressa "tanto a verdade de um evento como *a verdade de sua incompreensibilidade*", a narrativa e a integração à memória trazem uma perda de precisão e, além disso, "outro desaparecimento, mais profundo: a perda, justamente, da incompreensibilidade essencial do evento [traumático], a força de sua *afronta à compreensão*" (CARUTH, Cathy. Recapturing the Past: Introduction. *In*: CARUTH, Cathy [ed.]. *Trauma: Explorations in Memory*. Baltimore: Johns Hopkins University Press, 1995. p. 153-154). O evento traumático, que traz uma "experiência de choque" incompreensível, parece supor, pelo menos via seus efeitos posteriores, um estatuto valorizado ou mesmo sublime que bloqueia a compreensão histórica e talvez até processos de perlaboração.

[96] Sobre esse e temas afins, ver especialmente meu *Writing History, Writing Trauma*, assim como *History in Transit: Experience, Identity, Critical Theory* (Ithaca, NY:

O trauma e suas causas são de fato um aspecto proeminente da história, que não deve ser disfarçado ou negado. Mas interpretar o trauma como algo que evoca uma incompreensibilidade essencial é obscurecer dimensões dos eventos e das experiências traumáticos que se prestam a uma compreensão mesmo que limitada e que pode ajudar a evitar a incidência do trauma ou mitigar e contrapor-se a seus efeitos. Essas dimensões incluem esforços para elaborar e perlaborar efeitos pós-traumáticos compulsivos ao possibilitar julgamento crítico, abrir futuros possíveis e diminuir ou eliminar causas de traumas históricos, como o preconceito, a eleição de bodes expiatórios e as extremas diferenças de riqueza, status e poder.[97]

Cornell University Press, 2004), esp. cap. 3, "Trauma Studies: Its Critics and Vicissitudes". Ver também BALL, Karyn. *Disciplining the Holocaust*. Albany: State University of New York Press, 2009, que trata da incômoda questão dos afetos na academia, entre eles sadomasoquismo e raiva. O que chamo de desestabilização empática (que resiste a uma identificação não mediada) pode incluir, ao menos no ambiente acadêmico, não raiva, mas ultraje, que é moderado e testado por julgamento crítico. Às vezes pode também trazer uma sensação de vulnerabilidade e desempoderamento. Em seu importante livro sobre diários escritos *durante* o Holocausto, Amos Goldberg apregoa uma retificação ou mesmo uma mudança em boa parte da historiografia anterior, "direcionando a atenção para dimensões e aspectos do tema que têm sido em grande medida ignorados: radical desintegração, lacunas e rupturas na narrativa, a penetração do 'outro' nazista no relato judaico [até mesmo nas próprias vozes das vítimas – DLC] e, acima de tudo, o extremo desamparo dos judeus durante o Holocausto". Ver GOLDBERG, Amos. *Trauma in First Person: Diary Writing during the Holocaust*. Bloomington: Indiana University Press, 2017. p. 258. Uma seção especialmente interessante do livro compara os diários do judeu de Dresden Victor Klemperer, de orientação secular, convertido ao protestantismo, casado com uma não judia e sobrevivente do Holocausto, e de Chaim Kaplan, judeu ortodoxo, morto em Varsóvia e cujo diário indica maneiras como o discurso nazista às vezes o invadia para criar uma espécie de zona cinzenta em sua identidade.

[97] Sem ter *expertise* para oferecer um comentário crítico, vou simplesmente fazer uma menção prudente a um estudo recente de uma equipe de pesquisa do Hospital Monte Sinai de New York, liderado por Rachel Yehuda. Ele afirma que mudanças genéticas decorrentes de trauma sofrido por sobreviventes do Holocausto podem ser transmitidas a seus filhos. Essa afirmação refere-se à chamada herança epigenética, antes associada a Lamarck e designada como herança de características adquiridas. Aqui, o que penso ser a suposição plausível,

Em *Haunting Legacies: Violent Histories and Transgenerational Trauma*, um livro importante que leva em conta trabalhos bem anteriores, Gabriele Schwab destaca o valor de situar o trauma em contextos e histórias de violência mais amplos. Ela enfatiza especialmente o estudo da transmissão inter ou transgeracional do trauma e seus efeitos ou sintomas nos descendentes, tanto de vítimas quanto de perpetradores. A esse último respeito, muito importante para Schwab e também em termos mais gerais é o trabalho, baseado em entrevistas e testemunhos, de Dan Bar-On, com judeus e alemães, israelenses e palestinos.[98]

---

mas insuficientemente validada, parece ser que traumas que ocasionem mudanças psicossomáticas profundamente disruptivas podem ter consequências genéticas. Esse argumento controverso concernente à transmissão genética de efeitos do trauma proveria um correlato biológico ao argumento relativo à transmissão psíquica e social intergeracional, mas cabe ressaltar que aquela não seria uma condição necessária para esta. Ver THOMPSON, Helen. Study of Holocaust Survivors Finds Trauma Passed On to Children's Genes. *The Guardian*, Aug. 21, 2015. Disponível em: http://www.theguardian.com/science/2015/aug/21/study-of-holocaust-survivors-finds-trauma-passed-on-to-childrensgenes. Acesso em: 22 ago. 2015. O artigo original, "Holocaust Exposure Induced Effects on FKPBS Methylation", de Rachel Yehuda *et al.*, encontrava-se no prelo, em 2015, em *Biological Psychiatry: A Journal of Psychiatric Neuroscience and Therapeutics*, e disponível on-line em http://dx.doi.org/10.1016/j.biopsych.2015.08.005.

[98] Ver SCHWAB, Gabriele. *Haunting Legacies: Violent Histories and Transgenerational Trauma*. New York: Columbia University Press, 2010. Ver também BAR-ON, Dan. *Legacy of Silence: Encounters with Children of the Third Reich*. Cambridge, MA: Harvard University Press, 1989, e *Tell Your Life-Story: Creating Dialogue among Jews and Germans, Israelis and Palestinians*. Budapest: Central European University Press, 2006. Um dos entrevistados e discutidos por Bar-On é Martin Bormann, que carregou o nome infame de seu pai, sentiu o fardo de seu legado, teve uma vida difícil, mas com o tempo emergiu como uma pessoa que continuamente deu testemunho do passado. Ver também MUCCI, Clara. *Beyond Individual and Collective Trauma: Intergenerational Transmission, Psychoanalytic Treatment, and the Dynamics of Forgiveness*. London: Karnac Books, 2013. Ver ainda FRIE, Roger. *Not in My Family: German Memory and Responsibility after the Holocaust*. New York: Oxford University Press, 2017, que oferece um cuidadoso entrelaçamento transdisciplinar de narrativa histórica, comentário psicanalítico e memória pessoal sobre o envolvimento de parentes no regime nazista no nível dos alemães "comuns". E ver FRIE, Roger (ed.). *History Flows through Us: Germany, the Holocaust, and the Importance*

Muito significativos também são os textos clássicos, às vezes bastante difíceis, dos psicanalistas Nicolas Abraham e Maria Torok, que muitas vezes se apoiam em sua prática clínica.[99] Esse trabalho foi muito importante para Derrida, em sua crítica da ontologia e sua guinada em direção ao que ele, em expressão famosa, chamou de "espectrologia", em que o passado e seus "fantasmas" assombram o presente, com frequência de maneiras elusivas e infamiliares. Abraham elaborou a ideia do "fantasma" transgeracional que retorna para perturbar o presente em relação a crimes ou transgressões que não foram perlaborados (ou, em seu conceito preferido, "introjetados", em contraste com incorporados, como uma espécie de inconsciente não reprimido que não exerce pressão para se libertar, mas cujas "criptas" devem ser expostas e desencriptadas). Um exemplo famoso que Abraham explora é o fantasma do pai de Hamlet, que, segundo especula ele, cometeu um crime secreto, não assumido, que condiciona seu retorno sem trégua para assombrar seu melancólico filho. Uma implicação elementar dessa linha de pensamento é que um espectro ou fantasma, seja como metáfora, seja como alucinação, é uma forma de memória traumática ou de efeito pós-traumático.

Schwab é uma acadêmica criada na Alemanha do pós-guerra, que entrelaça em seu relato a memória de algumas das suas experiências como criança que cresceu numa nação que é chamada de perpetradora. Ela ressalta a importância de fenômenos que talvez nunca cheguem a constar de um arquivo escrito: "Crianças de uma geração parental traumatizada [...] tornam-se ávidos leitores de silêncios e vestígios da memória escondidos em um rosto que está congelado em pesar, com um sorriso forçado que não é sentido como muito adequado, um surto de raiva sem motivação aparente

---

of Empathy. New York: Oxford University Press, 2017, que reúne uma coleção de ensaios com material informativo sobre trauma transgeracional e explora maneiras interatuantes de tentar compreender o passado com a maior precisão e empatia possíveis.

[99] Esses textos estão em parte reunidos em *The Shell and the Kernel*, editado e traduzido, com comentário, por Nicholas Rand (Chicago: University of Chicago Press, 1994. v. 1).

ou uma depressão crônica. A segunda geração [e, ela também argumenta, possivelmente as gerações futuras – DLC] recebe desse modo histórias violentas não apenas por meio de efetivas memórias ou relatos de pais (pós-memória), mas por meio também de traços de afeto, particularmente afetos que permanecem não integrados e não assimiláveis" (p. 14).

Schwab escreve também:

> Não seria plausível que filhos de perpetradores fossem assombrados por crimes cometidos pela geração de seus pais? Reconhecer os efeitos transgeracionais desse assombramento não desculpa ou absolve de modo algum esses descendentes de perpetradores de assumir responsabilidade por seu legado. Ao contrário, tal perspectiva sistêmica sugere que as pessoas não têm escolha, exceto ser reativas e assumir responsabilidade pela história que herdaram, não importa de que lado da divisão tenham nascido. É nesse sentido que o controvertido termo *Kollektivschuld*, isto é, a transmissão transgeracional de culpa e vergonha, pode ser usado de maneiras produtivas (p. 26).

Eu preferiria me referir aos *sentimentos* de culpa e vergonha dos descendentes relacionados à transmissão transgeracional de sintomas ou efeitos do trauma – processo que, segundo Schwab, não deveria ser negado, melancolicamente afirmado ou tornado sublime, e sim arduamente perlaborado. Nisso os descendentes de vítimas e de perpetradores podem talvez compartilhar algo importante, pois herdam um fardo pelo qual não são culpados, mas podem se sentir assim, e pelo qual eles, dentro de certos limites, respondem e podem assumir responsabilidade. Também observaria que, apesar do culto nazista da dureza, que pode servir para impedir a traumatização dos perpetradores, casos de trauma de perpetradores junto à transmissão de efeitos traumáticos a descendentes de perpetradores iriam contradizer a bem conhecida asserção de Himmler em seu discurso (ou discursos) de Posen de outubro de 1943 de que a matança nazista de judeus não teria causado "nenhuma deformação [ou dano] em nós, em nossa alma, em nosso caráter" (*keinen Schaden in unserem Innern, in unserer*

Seele, in unserem Charakter).[100] Não foi esse o caso para alguns, talvez muitos, perpetradores, pelo menos em relação a seus descendentes e pessoas próximas.

Fica evidente no filme *Shoah* (1985), de Claude Lanzmann, a dificuldade de conseguir testemunhos de perpetradores sem que o entrevistador recorra a truques e mesmo a mentiras, como num diálogo com o guarda de Treblinka, Franz Suchomel. No documentário de 2015 de Adam Benzine, *Claude Lanzmann: espectros do Shoah*, Lanzmann (em termos que lembram perturbadoramente o testemunho de Abraham Bomba em *Shoah*) narra a terrível surra que recebeu ao ser flagrado com uma câmera por outro ex-integrante da SS. A relutância de perpetradores em comentar suas ações, especialmente quanto a práticas genocidas, é uma das razões pelas quais se fica inclinado a levar muito a sério e dar especial destaque a certos trechos dos discursos de Himmler em Posen, em outubro de 1943, pois neles temos um grande protagonista do Holocausto que em certo sentido testemunha não para gente de fora, quando poderíamos esperar que houvesse evasão e tergiversação, e sim para o alto escalão, que podemos supor que esteja sintonizado com o que Himmler está dizendo.

Às vezes, filhos de perpetradores ainda mais importantes podem se mostrar mais dispostos a entrevistas. Nesse sentido é pertinente o documentário de Philippe Sands, *A Nazi Legacy: What Our Fathers Did* (2015), que mostra extensas entrevistas com os filhos de dois importantes perpetradores, Niklas, filho de Hans Frank (*Gauleiter* [chefe provincial] do Generalgouvernement [a porção da Polônia ocupada pelos nazistas]), e Horst, filho de Otto von Wächter (*Gauleiter* da Galícia). Apesar de amigos desde a infância e com o fardo de passados aparentemente similares, Niklas e Horst têm reações bem divergentes (e, sem dúvida, sobredeterminadas). Niklas Frank critica duramente e repudia com veemência seu pai e os crimes que cometeu, enquanto Horst von Wächter se mantém como filho devotado e defende as ações do pai do jeito como as vê. Hans Frank foi julgado

---

[100] Para uma tradução desse trecho do discurso de Himmler, ver *A Holocaust Reader*, editado e traduzido por Lucy Dawidowicz (West Orange, NJ: Behrman House, 1976), p. 133.

e enforcado em Nuremberg como importante criminoso de guerra, enquanto Otto von Wächter foi indiciado, mas fugiu e nunca foi julgado. Quase no final do filme, em uma viagem a Lviv (Lemberg, sob os nazistas), onde eles visitam uma sinagoga incendiada e campos de extermínio próximos, Niklas, cada vez mais perturbado pela indisposição de Horst em aceitar os crimes do pai, conclui que não pode mais compartimentalizar sua amizade com Horst ou divorciar o homem de suas visões e apegos inaceitáveis.[101]

Há sinais de que Niklas Frank fosse assombrado de forma perturbadora por sua relação com o pai, que praticamente não demonstrava afeto por ele na infância e tinha fortes suspeitas (com toda probabilidade infundadas) de não ser o pai biológico de Niklas. Sands reporta as palavras de Niklas: "'Eu sou contra a pena de morte', disse ele sem emoção, 'exceto para o meu pai'". Niklas carrega na sua "carteira uma pequena foto em branco e preto. Uma imagem do corpo de seu pai, estendido numa cama de campanha, inerte, tirada poucos minutos após seu enforcamento, com uma etiqueta grudada no peito". Desse bizarro *memento mori*, Niklas diz: "Todo dia olho para isso [...] para relembrar a mim mesmo, para ter certeza de que ele está morto".[102]

Como talvez muitos outros filhos de perpetradores (mesmo o filho mais exemplar de Martin Bormann), Horst von Wächter tenta dissociar ou dividir o pai em uma persona boa e outra ruim, para se aferrar à e afirmar a boa, e, sem muita assertividade, rejeitar a má. O bom pai é tipicamente o homem de família, privado, que o filho ainda pode amar, enquanto o mau pai é o homem político envolvido e talvez comprometido com a ideologia nazista e mesmo com os crimes correlatos. Horst, no entanto, faz uma dissociação

---

[101] Ver também o livro mais abrangente de Sands, baseado em memória, testemunho oral e documentos de arquivo, *East West Street: On the Origins of Genocide and Crimes against Humanity*. Uma das epígrafes desse livro, que muitas vezes lembra no estilo um texto de W. G. Sebald, é do artigo de Nicolas Abraham "Notes on the Phantom" (1975): "O que assombra não são os mortos, mas as lacunas deixadas dentro de nós pelos segredos de outros".

[102] SANDS. *East West Street*, p. 350.

adicional ao separar o homem político que, como ele implausivelmente acredita, continuou bom e "liberal" em relação ao regime nazista, com o qual presumivelmente estaria implicado apenas como um dente de engrenagem não responsável pelo ímpeto quase autônomo do regime.[103] Mais assumida e talvez mais ideologicamente prejudicada do que Horst von Wächter em sua cega dedicação à memória de seu pai é a filha de Heinrich Himmler, a neonazista Gudrun Burwitz. Gudrun, nascida em 1929, a vida toda defendeu o pai (talvez identificada com ele), procurou, mesmo que de forma não convincente, redimir sua imagem e ajudou outros nazistas a fugirem ou a terem a melhor defesa jurídica possível diante das acusações. Ela culpa a propaganda aliada por manchar o bom nome de Himmler e tem sido intransigente em seu apoio à ideologia nazista no período pós-guerra. Muitas vezes é citada (e admirada por neonazistas) como "a princesa do nazismo".[104] Num enfoque mais positivo, pode-se em certos aspectos ver os escritos de W. G. Sebald (cujo pai serviu na Polônia, mas se recusou a comentar suas experiências de guerra) como uma tentativa de aceitar um passado manifestamente assombroso.[105]

---

[103] Não se deve atribuir consistência lógica ao esforço de Horst von Wächter para achar maneiras de justificar o pai. Sands observa que Horst "de algum modo construiu uma distinção entre o pai e o sistema, entre o indivíduo e o grupo do qual era líder". Mas também comenta que Horst, "incapaz de condenar", não obstante pensou que "era culpa do Governo Geral de Frank, da SS, de Himmler. Todos os demais no grupo eram responsáveis, mas não Otto. Por fim, disse ele, 'Concordo com você que ele estava completamente dentro do sistema'" (SANDS. *East West Street*, p. 245).

[104] Sobre Gudrun Burwitz (que recusou ser entrevistada) e alguns outros filhos de importantes perpetradores (incluindo Niklas Frank e Martin Bormann), ver LEBERT, Stephan; LEBERT, Norbert. *My Father's Keeper: Children of Nazi Leaders; An Intimate History of Damage and Denial* [2000]. Transl. Julian Evans. London: Little, Brown, 2002.

[105] Ver O'CONNELL, Mark. Why You Should Read W. G. Sebald. *New Yorker*, Dec. 14, 2011. Disponível em: http://www.newyorker.com/books/pageturner/why-you-should-read-w-g-sebald. Acesso em: 28 maio 2016. Ver também minha discussão sobre Sebald em *History, Literature, Critical Theory*, cap. 3.

Especialmente na geração mais recente, os testemunhos ganharam destaque especial, como gênero que perpassa o oral e o escrito.[106] A gravação em vídeo levanta a questão do digital e de seu estatuto como fonte em que o oral e o escrito têm interação sustentada, por exemplo, no artigo, vídeo ou blog on-line, que ativam numerosos comentários feitos mais ou menos de improviso, que muitas vezes têm o sabor de respostas orais. Ao lado de seu possível valor como evidência, dar testemunho pode, por si, ser crucial para perlaborar o trauma e seus sintomas, e às vezes uma das razões para sobreviver é o desejo (numa expressão bastante repetida) de contar a própria história. O testemunho também evidencia de forma aguda o papel da memória, pois é tipicamente ela que permite às testemunhas o acesso

---

[106]Ver, por exemplo, minha discussão em *Writing History, Writing Trauma*, cap. 3. O papel de Geoffrey Hartman no arquivo Fortunoff, de Yale, tem sido especialmente destacado, mas existem agora vários outros arquivos de vídeo. Ver, de Hartman, *The Longest Shadow* (Bloomington: Indiana University Press, 1996). Ver também WIEVIORKA, Annette. *The Era of the Witness* [1998]. Transl. Jared Stark. Ithaca, NY: Cornell University Press, 2006. Os legados traumáticos da escravidão e do tratamento dispensado a afro-americanos nos Estados Unidos compõem um vasto assunto sobre o qual muito se tem escrito. Menciono apenas dois textos bem conhecidos. *Beloved*, de Toni Morrison (New York: Alfred A. Knopf, 1987), tem sido lucidamente lido como uma exploração das consequências pós-traumáticas da escravidão e a tentativa de perlaborar seu desconcertante legado e seus "fantasmas" que nos assombram (ver, por exemplo, MOHANTY, Satya. *Literary Theory and the Claims of History*. Ithaca, NY: Cornell University Press, 1997, e BERGER, James. *After the End: Representations of Postapocalypse*. Minneapolis: University of Minnesota Press, 1999). No contexto do romance, Beloved não pode ser vista simplesmente como efeito ou sintoma pós-traumático. Como a própria Morisson coloca, "Para mim, a autora, Beloved, a garota, a que assombra, é o principal Outro. Clamando, para sempre clamando por um beijo". Ver MORRISON, Toni. *The Origin of Others*. Preface by Ta-Nehisi Coates. Cambridge, MA: Harvard University Press, 2017. p. 91. Na forma de uma carta-testemunho ao filho, Ta-Nehisi Coates, em *Between the World and Me* (New York: Penguin Random House, 2015), explora os às vezes traumáticos problemas de racismo com que se defrontam os afro-americanos contemporâneos, epitomizados pela morte a tiros, em grande parte não explicada, de seu jovem amigo, Prince Jones, para Coates uma manifestação de racismo e violência policial contra negros, mesmo no caso de um policial não punido que era, ele também, negro.

à sua experiência dos eventos, e é significativo que o testemunho tenha uma dimensão característica em relação à experiência, com sua importante, mas problemática, relação com os eventos. Uma testemunha presta testemunho ou relata de que modo experimentou os eventos, e é essa experiência, com sua "autenticidade" *prima facie*, que às vezes não pode ser acessada de outro modo. Testemunhos orais são, é claro, suplementados por relatos escritos, como diários e textos memorialísticos, e as possíveis discrepâncias entre eles constituem um objeto especial de análise crítica. O testemunho oral não tem papel significativo no trabalho de vários historiadores, em especial do Holocausto, em parte por um medo plausível de que os "truques" que a memória prega comprometam a credibilidade de outros relatos que podem estar sujeitos a dúvida ou negação, especialmente por negacionistas. De toda forma, junto à maneira como a memória pode complementar de forma precisa ou mesmo corrigir a história escrita e suas bases arquivísticas padrão, até mesmo os "truques" da memória e as razões de sua ocorrência são em si objetos válidos e valiosos do escrutínio histórico e crítico.

Tem ficado evidente que é preciso estar atento e às vezes ser crítico em relação às vozes das vítimas, e daqueles em outras posições de sujeito, como perpetrador, colaborador, espectador e comentador. Embora tenham surgido estudos importantes com testemunhos (como os de Christopher Browning e Jan Gross, que cito adiante), podemos nos perguntar se os historiadores têm feito uso suficiente dos muitos testemunhos agora disponíveis ou se ainda mostram acentuada preferência por documentos escritos em arquivos convencionais. Testemunhos orais e em vídeo e seus respectivos arquivos merecem, porém, atenção sustentada por uma variedade de razões: sua peculiar relação com a experiência ou a maneira como os eventos são vividos; seu papel na reconstrução de eventos e experiências, tanto quando isso é corroborado por outras fontes como na sua ausência ou relativa escassez; a maneira como permitem que ouçamos a textura de uma voz incorporada em relação às expressões faciais e aos gestos corporais, fazendo da "voz" mais que uma metáfora; e a maneira como trazem a questão dos "truques" que a memória prega, às vezes relacionados a efeitos pós-traumáticos e ao jogo entre forças conscientes e inconscientes envolvidas nos movimentos e caprichos da memória.[107]

A ainda controversa zona cinzenta é uma área na qual testemunhos podem permitir desenvolvimento e qualificação pela análise detalhada de Primo Levi.[108] Isto é, há nuances de cinza, que vão do envolvimento até vários graus de cumplicidade e culpabilidade, que exigem uma análise discriminadora, e os testemunhos com frequência podem permitir esse tipo de análise. Aqui, as avaliações dos próprios

---

[107] Saul Friedländer, em sua monumental obra em dois volumes *Nazi Germany and the Jews, 1939-1945* (1997; New York: HarperCollins, 2007), intencionalmente tenta pontuar ou mesmo causar rupturas na própria narrativa com as "vozes" de vítimas e sobreviventes (Victor Klemperer, por exemplo), pelo menos a respeito de seus relatos escritos em diários e textos memorialísticos, mas não de seus testemunhos orais ou vídeos. Um uso de testemunho baseado na memória que é digno de nota é o de Christopher Browning em seu estudo micro-histórico *Remembering Survival: Inside a Nazi Slave Labor Camp* (New York: W.W. Norton, 2010), dedicado à reconstrução da história de um pequeno complexo de campos nazistas de trabalho escravo na Polônia ocupada – Wierzbnik-Starachowice. Browning apoia-se primariamente em 292 testemunhos de sobreviventes judeus, coletados entre 1945 e 2008. Embora consciente da falibilidade da memória, ele sustenta que nesse caso os testemunhos orais, quando examinados criticamente, são em grande medida a evidência mais confiável disponível para reconstruir formas de vida e especialmente as maneiras como se sofreu e lutou para sobreviver nas difíceis condições de vida nesse campo de trabalho. Ver também GROSS, Jan T. *Neighbors: The Destruction of the Jewish Community in Jedwabne, Poland*. Princeton: Princeton University Press, 2001. Gross destaca o papel dos poloneses que atacavam judeus sem sofrerem restrição por parte dos poucos soldados ou oficiais alemães presentes. Num único dia (10 de julho de 1941), em uma aldeia de cerca de 2.500 pessoas, das quais dois terços dos residentes eram judeus, estes foram humilhados, espancados e massacrados, com cerca de 1.600 homens, mulheres e crianças judeus enfiados à força num celeiro e mortos no incêndio que vizinhos poloneses lhe atearam. Gross se apoia em relatos convergentes de outros comentadores, textos memorialísticos de parentes das vítimas e testemunhos dados no decorrer dos julgamentos de alguns dos perpetradores em 1949 e 1953, assim como em (*inter alia*) memórias e *memorabilia* (como fotos) de outros, incluindo um rabino e um sobrevivente escondido por uma família polonesa.

[108] A zona cinzenta sem dúvida coloca problemas de interesse comparativo com respeito a vietnamitas que cooperaram ou lutaram com norte-americanos, ou harkis que ajudaram franceses na Argélia.

sobreviventes têm particular importância, ainda mais porque o comentador pode hesitar em assumir uma posição de sujeito que autorize tais julgamentos. Cabe notar que, no capítulo 2 de *The Drowned and the Saved*,[109] em que trata do problema da zona cinzenta, Levi tece uma argumentação tensamente nuançada, indicando que a zona cinzenta de uma cumplicidade muitas vezes perturbada ou mesmo forçada das vítimas era mais significativa em grupos como os *Sonderkommandos* e com alguns membros dos conselhos judeus (sobre os quais ele, não obstante, suspende o julgamento [p. 60]).[110] Ele também sustenta que vítimas não devem ser confundidas com perpetradores (o que para ele seria "uma doença moral ou uma afetação estética ou um sinistro sinal de cumplicidade" [p. 48-49]) e que ele e a maioria dos demais sobreviventes poderiam não se orgulhar de tudo o que fizeram para sobreviver nem se prestar à sacralização como santos ou mártires. Levi, em uma hipérbole às vezes de apropriação dúbia, aceitável em alguém em sua posição, mas penso que não em outras (como a dos comentadores), propõe que, não os sobreviventes como ele, mas os "afogados" – os que foram mortos, os que foram silenciados, os totalmente abjetos como *Muselmänner* – é que foram as verdadeiras

---

[109] LEVI, Primo. *The Drowned and the Saved* [1986]. New York: Vintage Books, 1988.

[110] Christopher Browning, em *Collected Memories: Holocaust History and Postwar Testimony* (Madison: University of Wisconsin Press, 2003), narra o assassinato, em um trem de deportação para Auschwitz, de membros privilegiados do conselho judaico Starachowice por *Sonderkommandos* de Majdanek (p. 79-82). Em *Eichmann in Jerusalem: A Report on the Banality of Evil* (New York: Viking, 1963) [edição brasileira: *Eichmann em Jerusalém: um relato sobre a banalidade do mal*. São Paulo: Companhia das Letras, 1999], Hannah Arendt cita as reações de raiva, em húngaro e em iídiche, no julgamento de Eichmann, dirigidas a Pinchas Freudiger, testemunha membro do conselho judaico de Budapeste, acusado por sobreviventes de traí-los por autointeresse (p. 124). Ver ainda a crítica de Saul Friedländer da condenação "carta branca" de Arendt dos conselhos judaicos e o útil resumo que faz de seus diferentes papéis em *Nazi Germany and the Jews*, v. 2, *1939-1945: The Years of Extermination* (New York: HarperCollins, 2007), p. xxiii-xxiv. Ver ainda o clássico de Isaiah Trunk, *Judenrat: The Jewish Councils in Eastern Europe under Nazi Occupation* (Lincoln: University of Nebraska Press, 1972).

"testemunhas".[111] Quanto a prisioneiros "que ocuparam posições de comando", como os *Kapos*, Levi afirma que "o julgamento se torna mais provisório e variado". Alguns poderiam ser "membros de organizações secretas de defesa", mas "a maior parte [...] ia de medíocre a execrável", e "não era incomum que um prisioneiro fosse espancado até a morte por um *Kapo* sem que este último temesse quaisquer sanções", mesmo quando foram introduzidas restrições, depois de 1943, quando a necessidade de trabalho ficou aguda.[112] Estudos detalhados adicionais sobre testemunhos e comentários de sobreviventes podem muito bem revelar uma gama de julgamentos críticos ou ações diferenciais com respeito a diferentes nuances de cinza, desde graus de resistência até a colaboração e a cumplicidade e, da parte dos comentadores, desde assertividade a qualificações e mesmo incertezas irresolvíveis ou lacunas na compreensão.[113]

---

[111] Poder-se-ia lembrar também que Levi assumiu distância respeitosa, mas perplexa, de Paul Celan, que, para ele, deveria ser alguém mais para se "meditar a respeito e compadecer do que imitar" ("*piuttosto meditato e compianto che imitato*"), e se deveria tentar não ficar dentro de uma linguagem sufocada à beira do silêncio que "nos atrai como os abismos", mas dizer com humildade e da forma mais lúcida possível o que pode de fato ser dito, e tem de ser dito, a fim de resgatar o passado de falsificadores. Ver LEVI, Primo. *Other People's Trades*. New York: Summit, 1989. p. 173-174. (A tradução de "*compianto*" foi mudada de "lamentado" para "compadecido". Em italiano, ver LEVI, Primo. *L'altrui mestiere* [1985]. Torino: Einaudi, 1998. p. 53.) Outras vezes, Levi reconheceu as diferenças legítimas entre poesia e prosa expositiva e nunca resolveu de vez a tensão entre seu desejo de lucidez mesmo em literatura e seu senso de que só em maneiras limitadas podemos expressar lucidamente o papel da obscuridade e das regiões escuras da experiência às vezes proeminentes no Shoah. A respeito, ver MAGAVERN, Sam. *Primo Levi's Universe: A Writer's Journey*. New York: Palgrave Macmillan, 2009, esp. p. 148-152.

[112] LEVI. The *Drowned and the Saved*, p. 45-46. Ver também, de Levi, *Se questo è un uomo*, trad. Stuart Woolf, *Survival in Auschwitz* (1958; New York: Macmillan, 1961) [edição brasileira: *É isto um homem?*. Trad. Luigi del Re. Rio de Janeiro: Rocco, 2013]; e WOLF, René. Judgment in the Gray Zone: The Third Auschwitz (Kapo) Trial in Frankfurt (1968). *Journal of Genocide Research*, v. 9, n. 4, p. 617-635, 2007. Wolf foca nas dificuldades de processar por crimes patrocinados pelo Estado, mas sua avaliação geral dos *Kapos* é próxima da de Levi (ver esp. p. 619).

[113] Ver MOYN, Samuel. *A Holocaust Controversy: The Treblinka Affair in Postwar France*. Waltham: Brandeis University Press, 2005, para uma discussão das fortes reações de

Menção especial deve ser feita à história oral, ela própria em grande parte baseada em testemunhos. Especialmente em relação a certas culturas indígenas, a história oral é crucial para a reconstrução do passado, e a arqueologia é seu suplemento vital. Certos sítios, como os petróglifos, podem muito ser partes vivas, ou mesmo sagradas, de uma cultura, não apenas no passado, mas também no mundo contemporâneo. Sociedades indígenas, nas quais a religião não está centrada em uma crença em Deus ou em algum ser transcendente, "totalmente outro", tendem a ver o sagrado e seus espíritos em relação ao território ou à terra.[114] Esse é um fator que torna a soberania baseada no território tão importante e torna extremamente

---

sobreviventes e de outros (como intelectuais destacados) ao controverso livro de 1966 de Jean-François Steiner sobre o levante de internos de Treblinka (2 de agosto de 1943). Ver também o longo e cáustico comentário, em forma de carta-testemunho envidada em 1968 a Steiner, por Richard Glazer, sobrevivente do levante. (Glazer foi testemunha-chave entrevistada no *Shoah*, de Lanzmann.) Seu comentário sobre Steiner está em http://holocaustcontroversies.blogspot.com/2006/10/richard-glazar-on-jean-francois.html (acesso em: 15 dez. 2015). O pai de Steiner morreu num subcampo de Auschwitz. O próprio Steiner serviu por um ano (1959) como paraquedista no exército francês na Argélia e, ainda em seus 20 anos, escreveu seu relato ficcionalizado, de aparência histórica (o que ele chamou de "narração encenada"), ao que parece para compensar o que achou vergonhoso em judeus no Holocausto supostamente "indo como cordeiros para o abate". Para ele, tal imagem pode ser contestada por uma versão do levante de Treblinka – que, não obstante, parece apresentar certos heroicos resistentes como excepcionais, em contraste com a cumplicidade de muitos internos, entre eles os *Sonderkommandos*. Movido por um senso de solidariedade em relação a companheiros internos e pelo dever de memória de chegar à verdade o mais fielmente possível, Glazer ficou ultrajado com o livro de Steiner e relatou suas muitas distorções, como a glorificação autointeressada, não informada e estreita do levante. Sentiu incômodo particular com a representação distorcida do *Kapo* Kurland, que entre os prisioneiros era altamente respeitado e foi membro sênior do comitê revolucionário. Glazer conclui: "Você não deveria ter escrito essas elaborações cruéis e sensacionalistas sobre pessoas reais, com seus nomes reais, que existiram de fato há não muito tempo e são lembradas, de modo que seus mais próximos e queridos teriam o direito de fazê-lo vir a público testemunhar – se algum deles tivesse vivido ou tido dinheiro suficiente para isso". Sobre Glazer, ver também MOYN. *A Holocaust Controversy*, p. 137-140.

[114] Ver, por exemplo, DEER, John (Fire) Lame; ERDOES Richard. *Lame Deer Seeker of Visions: The Life of a Sioux Medicine Man*. New York: Simon & Schuster, 1972,

desorientador, até traumático, o deslocamento forçado de grupos para reservas tipicamente inóspitas, ao lado da extração de minérios, com frequência de maneiras exploratórias, por agentes extratribais e às vezes envolvendo a dessacralização ou mesmo o saque de locais sagrados. Um livro importante que discute o Museu Nacional do Indígena Americano, localizado no National Mall, em Washington, DC, ostenta o título *A terra tem memória*.[115] O modo como a terra tem memória pode estar mais imbuído do sagrado do que aquilo que Pierre Nora famosamente chamou de *lieux de mémoire*, embora este último possa também ser às vezes sacralizado, especialmente quando se trata igualmente de locais de trauma.

Tenho sugerido que se voltar para a experiência e o testemunho enseja necessariamente uma preocupação com a memória. Uma consideração importante é que em certos casos a história oral que se apoia em memórias, apesar de suas dimensões problemáticas, é especialmente importante, já que pode não haver documentos escritos, ou pelo menos haver poucos, se é que algum, deixados pelos menos poderosos e pelos oprimidos. Esse é bem o caso dos indígenas norte-americanos e seu tratamento por meio de desastroso assédio nas mãos do governo dos Estados Unidos e de seus cidadãos da "corrida para o Oeste". Note que a oposição binária entre história e memória obscurece as maneiras como a história escrita, e não apenas a memória, pode ser afetada por ideologia, emoção, autointeresse e manipulação, assim como por fontes arquivísticas problemáticas, logo, sujeitas a questionamentos quanto à sua condição de relato preciso do passado. É lugar-comum que a moderna historiografia, notadamente (mas não só) na Alemanha, com uma figura-chave como Leopold von Ranke, surgiu em simbiótica relação com um

---

e DELORIA, Barbara *et al.* (ed.). *Spirit & Reason: The Vine Deloria, Jr., Reader*. Preface by Wilma P. Mankiller. Golden, CO: Fulcrum Publishing, 1999.

[115] SPRUCE, Duane Blue; THRASHER, Tanya (ed.). *The Land Has Memory*. Washington, DC: Smithsonian Institution, 2008. Sobre indígenas, e especialmente sobre sociedades indígenas norte-americanas, ver CAJETE, Gregory. *Native Science: Natural Laws of Interdependence*. Preface by Leroy Little Bear, JD. Santa Fe, NM: Clear Light Publishers, 2000.

nacionalismo acentuado, carregado de emoção. E Frederick Jackson Turner postulou, de maneira influente, uma fronteira aberta no oeste dos Estados Unidos, chegando a apresentá-la como uma base da democracia norte-americana – uma fronteira que poderia ser percebida como aberta ou geradora de democracia apenas ao vaporizar os indígenas norte-americanos que habitavam o território e o país.[116] Os próprios arquivos, em vez de serem vistos como base sólida de certeza em história ou mesmo como a fonte invariavelmente mais confiável de evidência documental, podem talvez ser entendidos mais criticamente como um sistema de inscrição cujos conteúdos e processos podem, em extensão maior ou menor, ser retrabalhados por forças, entre elas forças afetivas e ideológicas, comparáveis àquelas em jogo na memória, com suas supressões, repressões e inclusões, exclusões e distorções seletivas.

Um livro recente dá uma visão do arquivo como "fonte" problemática: trata-se do muito elogiado *Along the Archival Grain: Epistemic Anxieties and Colonial Common Sense*, de Ann Laura Stoler.[117] Embora busque um relato do passado o mais preciso possível, Stoler trata o arquivo da Companhia Holandesa das Índias Orientais da década de 1830 à de 1930 não como mero repositório de fatos, mas como um processo moldado em boa parte por investimentos afetivos da administração de nível médio, encarregada de lidar com a população miscigenada das Índias Orientas Holandesas, notadamente no caso

---

[116] Com o ressurgimento político de asserções desvinculadas dos fatos e mesmo da técnica da grande mentira (conte uma grande mentira prejudicial e defenda sua opinião), tais visões estão longe de ser coisa do passado. Um autoproclamado membro cristão do Tea Party, William Strong, da Pensilvânia, apoiador de Donald Trump, declarou a um repórter, após uma visita ao Novo México: "Eles se autodenominam nativos norte-americanos, mas qualquer um com juízo perfeito sabe que a América era desabitada e que alguns indígenas vieram para cá e agora querem a terra, chamam a si de nativos, no sentido de primeiros no tempo [e] primeiros em direito e que, portanto, estão autorizados a ocupá-la". Reportado por CHACÓN, Daniel J. *Santa Fe New Mexican*, June 16, 2016, p. A-4.

[117] STOLER, Ann Laura. *Along the Archival Grain: Epistemic Anxieties and Colonial Common Sense*. Princeton: Princeton University Press, 2008.

do administrador do século XIX Frans Carl Valck. Nas palavras de Stoler, o arquivo abriga "tipos de documentação e sensibilidades incertos e hesitantes [...] Grades de inteligibilidade foram criadas a partir de conhecimento incerto; inquietações e ansiedades deram um incomum sentido a eventos e coisas; incertezas epistêmicas repetidamente perturbaram a presunção imperial de que tudo estava em ordem [...] Contra as fórmulas sóbrias do oficialês, tais arquivos registram movimentos febris de pessoas instáveis – pensamentos e sentimentos de estar no lugar certo ou deslocado. No tom e no ânimo, transmitem os meandros turbulentos da governança e rupturas na clareza enganosa de suas diretivas" (p. 1-2). Quanto à medida em que essa evocação do arquivo escrito como afetivamente carregado e às vezes problemático constitui uma dimensão significativa de sua natureza, isso no mínimo mostra tal dimensão de modo a torná-la tão confiável e não confiável quanto a memória, e dá pouco estímulo a uma oposição decisiva entre ambas.

Em seu aclamado *Allure of the Archive* [no Brasil, *O sabor do arquivo*], Arlette Farge, que trabalha com arquivos judiciais (inclusive relatórios policiais), defende argumento paralelo ao de Stoler.[118] O sugestivo título francês é *Le Goût de l'archive*, com "*goût*" (usualmente traduzido por "gosto") tendo uma gama de conotações mais sensualmente estética do que "*allure*" [apelo], dada em especial por sua proximidade com "*dégoût*" ("nojo"), não tanto seu oposto, como seu perigoso suplemento que às vezes ameaça emergir quando Farge evoca as esquisitices e exasperações de sua experiência com arquivos. Embora declare sua paixão por eles e sua busca de traduzi-los em narrativas convincentes, não distorcedoras, autoquestionadoras, Farge vê o arquivo como um "quebra-cabeça de eventos obscuros, cheio de lacunas", marcado por "rupturas e dispersão... titubeios e silêncios. Um caleidoscópio a girar diante dos olhos" (p. 94). Como Stoler, Farge faz frequentes referências a Michel Foucault, mas pode-se também apontar para a obra de Derrida *Mal de arquivo: uma impressão*

---

[118] FARGE, Arlette. *Allure of the Archive* [1989]. Preface by Natalie Zemon Davis. Transl. Thomas Scott-Railton. New Haven: Yale University Press, 2013. [Edição brasileira: *O sabor do arquivo*. São Paulo: Edusp, 2009.]

freudiana, em que ele relaciona o arquivístico a uma intrincada, até vertiginosa série de problemas, que inclui memória, messianidade, virtualidade, assombramento e o político.[119] Depois da alusão ao fantasma do pai de Hamlet, temos ainda uma referência enigmática, aparentemente nietzschiana, à "chegada de um *acadêmico do futuro*, um acadêmico que, no futuro e, portanto, apto a concebê-lo, ousaria conversar com o fantasma" (p. 39). Sem ousar conversar com o fantasma e restringindo meu relato a uma interpretação delimitada de aparições persistentes como efeitos pós-traumáticos, eu observaria que outra tradução do título francês *Mal d'archive*, por analogia com "*mal de mer*" ("enjoo de mar"), seria "enjoo de arquivo", do qual a febre seria apenas um sintoma possível, e o outro, talvez mais premente, seria a vertigem, mesmo ou quem sabe especialmente no historiador com paixão por arquivos. A vertigem pode ser induzida em arquivos quando se está assoberbado pelo excesso de informação ou perturbado por sua escassez, já que ambos podem, de maneira atordoante, tornar problemáticas ou contestáveis as asserções e narrativas fundamentadas no que está presente (ou às vezes ausente, interpolado ou presumido) em relação a um arquivo. O estatuto do arquivo é, claro, adicionalmente complicado pelo jogo de forças que acompanha a criação e composição ao longo do tempo daquilo que é (ou não é) colocado e preservado nele.[120]

---

[119] DERRIDA, Jacques. *Archive Fever: A Freudian Impression* [1995]. Transl. Eric Panowitz. Chicago: University of Chicago Press, 1996. [Edição brasileira: *Mal de arquivo: uma impressão freudiana*. Rio de Janeiro: Relume Dumará, 2001.]

[120] Ver, por exemplo, o relato em LINENTHAL, Edward T. *Preserving Memory: The Struggle to Create America's Holocaust Museum*. New York: Columbia University Press, 2001. Ver também BURTON, Antoinette (ed.). *Archive Stories: Facts, Fictions, and the Writing of History*. Durham: Duke University Press, 2005. Expandindo a noção de arquivo para incluir várias fontes não convencionais, notadamente relatos orais, Burton, na sua introdução, afirma que, "ao destacar uma variedade de histórias sobre arquivos", sua coletânea visa "começar a dispersar a aura que agora mais que nunca cerca a noção dos arquivos 'reais', especialmente aqueles com os quais os historiadores têm lidado" (p. 6). Também tenta contrapor-se ao "relativo silêncio dos historiadores sobre as pressões pessoais, estruturais e políticas que o arquivo coloca nas histórias que acabam escrevendo – assim como nas que não escrevem" (p. 90). Entre os vários

Em um sentido expandido, o arquivo pode ser visto como contendo textos publicados e artefatos disponíveis. Esse é o caso especialmente quando são lidos ou interpretados atentando-se às suas dimensões menos manifestas ou secretas, até ocultas ou crípticas, que podem estar conectadas às dimensões correlatas de sociedade e

---

ensaios significativos do livro, o de Ann Curthoys, "The History of Killing and the Killing of History", levanta a questão da confiabilidade dos arquivos e de seus usos e abusos políticos, ao examinar o debate sobre as alegações de Keith Windschuttle (notadamente em seu *Fabrication of Aboriginal History*, de 2002) de que certos historiadores fabricavam evidências para exagerar a existência e a prevalência de violência contra aborígenes na Tasmânia. O debate também levantou as questões do conflito entre as compreensões do direito pelo Ocidente e pelos indígenas, a rejeição da tradição oral indígena junto à validação exclusiva de documentação escrita, o apelo ao positivismo extremo como pretexto para o negacionismo (como no caso de Robert Faurisson, na França) e o papel da perniciosa ficção legal no sistema jurídico australiano (com frequência referida como a doutrina da *terra nullius*), que negou legitimidade jurídica a aborígenes sob o argumento de que a Austrália pré-conquista era desprovida de poder soberano e, portanto, era uma terra de ninguém na qual os aborígenes, que ali estavam há 50 mil anos, não eram pessoas com legitimidade processual para requerer direitos sobre a terra, uma doutrina rescindida apenas no caso Mabo, em 1992. Em sua contribuição, "The Colonial Archive on Trial", Adele Perry faz um relato similar concernente à deslegitimação pró-colonialista da história oral indígena, do direito à terra e da compreensão do direito no caso *Delgamuukw v. British Columbia*, de 1991, anulado pela Suprema Corte do Canadá, em 1997, com a conclusão de que a decisão anterior "não havia dado suficiente atenção ao arquivo oral" (p. 344). O aspecto geral tratado nas várias contribuições é que o arquivo colonial com frequência tem sido lido no passado, notadamente em casos jurídicos, como um bastião do colonialismo, e a leitura tem se apoiado tipicamente na validação do escrito e em depreciar ou rejeitar o oral, assim como a memória, uma orientação hostil que infelizmente é comum na historiografia convencional. Em *Dust: The Archive and Cultural History* (New Brunswick: Rutgers University Press, 2001), Carolyn Steedman coloca o que ela apresenta como uma crítica de Derrida em uma materialização do arquivo como fonte de poeira infecciosa que literalmente causa febre no historiador dedicado que tenha um *goût de l'archive*. Ela também trata das condições bastante repulsivas de suas viagens de pesquisa na Inglaterra, com estadas em hotéis nos quais a própria roupa de cama poderia reivindicar estatuto de arquivo e fazer a pele arrepiar mesmo na ausência de fantasmas.

cultura.¹²¹ Aqui merecem menção especial textos que são marginalizados, menos lidos, ou talvez até lidos com frequência, mas não bem entendidos ou não tomados como estimuladores do pensamento. Uma iniciativa importante de recentes movimentos em teoria crítica, como a desconstrução, notadamente em sua interação com a psicanálise, tem sido inquirir o que poderíamos chamar de dimensões mais arquivísticas, mesmo de textos aparentemente bem conhecidos que resistem a uma pronta compreensão. Um *insight* instigante na aporia do duplo vínculo é que ele assinala um trauma textual, talvez relacionado a um trauma existencial que não foi perlaborado e pode resistir a fechamento, bem como a equivocada confusão deste último com o processo de perlaboração. Para dar apenas um exemplo, o Holocausto e a Guerra da Argélia têm sido às vezes acoplados como fenômenos interatuantes ou ligados a dimensões traumáticas, notadamente na escrita e na vida sociopolítica francesas, como na obra de Charlotte Delbo.¹²² Aqui, uma série de eventos ou experiências traumáticos pode funcionar de modo variado, tanto para ocultar como para apontar um ao outro de maneiras intricadas e contestáveis, por exemplo, nos escritos de Camus, Foucault e Derrida. Qual é a posição e o papel do Holocausto em *A queda*, de Camus (1956), em comparação com o obscuro (quando muito) papel da Guerra da Argélia nesse texto, assim como o papel mais explícito da guerra em outros textos de Camus, incluindo seus escritos políticos e sociais da mesma época?¹²³ Será que a afirmação de Derrida de que, em sua compreensão, "brasas" ou "cinzas" podem ser a melhor maneira de expressar "traços" provê um reconhecimento tardio dos efeitos mais encobertos do Holocausto em seus escritos anteriores, que com frequência parecem, pelo menos em um nível, lembrar o discurso

---

¹²¹ Em "A carta roubada", de E. A. Poe, o objeto de interesse e desejo está ocultado em razão de, ou a despeito de, sua localização manifesta, de uma maneira reminiscente do segredo aberto.

¹²² Sobre esse e temas relacionados, ver ROTHBERG. *Multidirectional Memory*.

¹²³ Sobre minha visão, ver *History and Memory after Auschwitz*, cap. 3. Para uma interpretação oposta, ver SANYAL, Debarati. *Memory and Complicity: Migrations of Holocaust Remembrance*. New York: Fordham University Press, 2015.

de um sobrevivente aludindo a um transtorno ou catástrofe que não é ou não pode ser nomeada? Onde, se é que em algum lugar, estão o genocídio nazista e seus perpetradores e vítimas no livro de Foucault de 1961 sobre a loucura, publicado no ano do julgamento de Eichmann?[124] E por que Foucault é tão insistentemente crítico de Freud e inclinado (como Gilles Deleuze) a lê-lo de maneira tão restrita, mesmo quando Foucault lida com problemas, como o arqueológico, o genealógico e o papel relacionado dos deslocamentos (em vez de simples cortes epistemológicos) ao longo do tempo, de maneiras que talvez sejam paralelas ao pensamento de Freud sobre essas questões? Um ponto mais geral em relação a tais questões é que um interesse pelo arquivístico não precisa excluir e pode ao contrário acolher um interesse renovado pelo que é publicado, mesmo que sua pressão possa dar a esse último aspecto um viés distinto.

Merecendo bem mais que uma breve menção, temos o papel do testemunho, da memória e do trauma, assim como do estatuto dos arquivos, com respeito ao problema altamente sensível do abuso infantil, inclusive em instituições em que as crianças estão sob supervisão e controle de figuras de autoridade com frequência respeitadas ou mesmo reverenciadas. A atenção tem sido focada em "padres pedófilos" na Igreja Católica de uma maneira que deveria ser mais comparativa, mas não diversionista ou propensa a uma apropriação homofóbica.[125] O problema na Igreja Católica, não obstante, tem

---

[124] Ver FOUCAULT, Michel. *Folie et déraison: histoire de la folie à l'âge classique*. Paris: Librairie Plon, 1961, traduzido por Jonathan Murphy e Jean Kalpha como *History of Madness* (New York: Routledge, 2006), com prefácio de Ian Hacking e introdução de Jean Khalfa [edição brasileira: *História da loucura na Idade Clássica*. São Paulo: Perspectiva, 2005]. Ver também minha discussão do livro em *History and Reading: Tocqueville, Foucault, French Studies*, cap. 3.

[125] Por exemplo, o documentário de Amy Berg, *Prophet's Prey* (2015), destaca a extensão do abuso sexual e espiritual, com ênfase no de menores, na fundamentalista Igreja dos Santos dos Últimos Dias, cujo líder, Warren Steed Jeffs, recebeu pena perpétua. Talvez fosse também pertinente uma comparação com estupros nas forças armadas ou, com efeito, em instituições acadêmicas, e a reação defensiva, de autoproteção, da instituição, da sua hierarquia e de seus "fiéis".

sido sistêmico e mundial, e não uma simples questão de indivíduos aleatórios ou de algumas poucas "maçãs podres" no clero. Um pesquisador restrito aos documentos escritos disponíveis não teria ido muito longe na investigação desse problema. O que parece evidente é a proteção do clero ofensor não apenas pela polícia ou por juízes, mas também pela hierarquia da igreja até seus níveis mais altos, incluindo o episcopado e o Vaticano. Julgando a partir de sua postura de evitar ou suprimir a questão, assim como de muitas de suas declarações cautelosas, a preocupação da hierarquia parece ter sido mais com o status e a reputação da igreja do que com o destino das vítimas ou em chegar à verdade. Um fator-chave que dificulta determinar a extensão exata do problema é o status secreto e fechado dos arquivos centralizados no Vaticano, nos quais as informações sobre abuso presumivelmente têm sido guardadas há muito tempo. Marco Polito, o correspondente no Vaticano do *Fatto Quotidiano*, em uma declaração no filme de Alex Gibney, *Mea maxima culpa: silêncio na casa de Deus* (2012), afirma que essas informações têm sido arquivadas desde o século IV.

Em *Sex, Priests, and Secret Codes*, Thomas P. Doyle, A. W. Richard Sipe e Patrick J. Wall afirmam que o segredo a respeito dos mais graves crimes sexuais tem sido especialmente pronunciado na igreja desde a expedição à hierarquia de um documento papal pouco conhecido, de 1962: "O tribunal e outro pessoal da igreja que estiver envolvido em casos de processos ficam obrigados ao mais alto grau de confidencialidade da igreja – o Segredo do Santo Ofício –, a manter total e perpétuo segredo", sob pena de excomunhão automática. Embora a excomunhão automática não tenha sido imposta a acusadores e testemunhas, eles mesmo assim estavam obrigados a um voto de sigilo e podiam ser ameaçados de excomunhão por romper o silêncio.[126] Um

---

[126] DOYLE, Thomas P.; SIPE, A. W. Richard; WALL, Patrick J. *Sex, Priests, and Secret Codes: The Catholic Church's 2,000 Year Paper Trail of Sexual Abuse*. Los Angeles: Volt Press, 2006. p. 49. Entre muitas outras obras, ver também o relato relativamente pioneiro e extremamente criterioso de Philip Jenkins, em *Pedophilia and Priests: Anatomy of a Contemporary Crisis* (1996; New York: Oxford University Press, 2001).

documento papal posterior, de 2001, impôs restrições adicionais, entre elas a obrigação do bispo ou de outro superior de enviar resultados de uma investigação preliminar ao Vaticano, onde as autoridades iriam decidir se o caso seria processado no Vaticano ou devolvido à diocese local para acusação. Doyle, Sipe e Wall notam ainda: "Como os arquivos do Santo Ofício, agora conhecidos como CDF [Congregação para a Doutrina da Fé], estão vedados ao escrutínio externo, é impossível determinar o número de casos enviados a ele entre 1962 e o presente" (p. 51). Com base em entrevistas entre 1960 e 1985 com 1.500 padres ou com seus parceiros sexuais, Sipe estimou que 6 por cento dos padres estavam sexualmente envolvidos com menores, 20-25 por cento, com mulheres adultas, e 15 por cento, com homens adultos (p. 58) – dados amplamente confirmados por estudos posteriores (p. 68, 212). Quanto ao dano feito às vítimas, Sipe e seus coautores registram a incidência de trauma e sintomas pós-traumáticos e se referem a uma "ferida aberta", observando: "Há um desamparo incrível da parte das crianças abusadas – a maioria dos menores abusados sentem-se ou responsáveis pela ocorrência do abuso ou tão impotentes que sentem não poder revelar o abuso a seus pais ou, com frequência, a ninguém mais" (p. 79). O que parece claro é a importância, na revelação do abuso, do testemunho e da memória, tanto das vítimas quando de outros, como jornalistas investigativos e advogados.[127]

Em um registro diferente, o jornalista do *New York Times* e vencedor do prêmio Pulitzer Timothy Egan, em seu livro de 2012, *Short*

---

[127] Relatos em grande medida não sensacionalistas, mas de forte impacto, são apresentados no filme de Alex Gibney, *Mea maxima culpa: silêncio na casa de Deus* (2012), e no filme de Tom McCarthy, premiado pela Academia, *Spotlight: segredos revelados* (2015), centrado em Boston. Em *Mea maxima culpa*, uma razão particularmente desconcertante é oferecida pelo talvez maior ofensor da Escola St. John para Surdos em St. Francis, Wisconsin, o padre Lawrence Murphy – predatório, protegido, elogiado e impune ao longo da aposentadoria, apesar de ter abusado de cerca de 200 crianças. Uma das alegações de Murphy era que, ao vitimizar crianças indefesas, estava assumindo os pecados delas para si, ao que parece vendo seu comportamento como alguma perversa *imitatio Christi*. O trabalho anterior de A. W. Richard Sipe foi importante para os repórteres do *Spotlight*, e Thomas P. Doyle aparece em *Mea maxima culpa*.

Nights of the Shadow Catcher: The Epic Life and Immortal Photographs of Edward Curtis, oferece um bom exemplo da importância da memória e da história oral em checar, contestar e talvez mudar uma narrativa dominante.[128] (Aqui, apesar das dimensões traumatizantes do conflito entre colonizadores e indígenas norte-americanos, testemunhas-chave não parecem ter sido confrontadas com a dificuldade de perlaborar a experiência traumática imediata ou pós-traumática para serem capazes de lembrar e dar testemunho.) A famosa última resistência de Custer em Little Bighorn, em junho de 1876, logo se tornou ocasião para uma história nacional de trágico heroísmo e proeza militar, alcançando um status quase mítico, que recentemente passou por uma significativa desmistificação. Edward S. Curtis, o "Apanhador de Sombras" [*Shadow Catcher*] do título do livro de Egan, é, ou deveria ser, bem conhecido por seus 20 volumes com mais de 2.200 fotos de numerosos povos indígenas, assim como por seu conhecimento etnográfico e seu papel na preservação de línguas nativas. Sua visão foi não apenas justificadamente aguçada pela crescente sensibilidade à injustiça a que estavam sujeitos os indígenas norte-americanos, mas também moldada às vezes pela então disseminada ideia de que os indígenas eram uma raça em extinção (tema de uma de suas mais famosas fotos de navajos, que, é claro, não desapareceram e são o maior povo indígenas norte-americanos, com cerca de 300 mil

---

[128] EGAN, Timothy. *Short Nights of the Shadow Catcher*. New York: Houghton Mifflin Harcourt, 2012; ver esp. p. 164-175. Quase todo aspecto da carreira de Custer, e nada mais que a batalha de Little Bighorn [ocorrida em 1876, quando o Exército dos Estados Unidos foi derrotado por forças indígenas lideradas pelos míticos Sitting Bull (Touro Sentado) e Crazy Horse (Cavalo Louco); as montanhas de Black Hills, região onde se desenrolou a batalha, tida como sagrada pelas populações nativas, tornaram-se ainda mais centrais ao nacionalismo estadunidense quando se decidiu esculpir em uma delas, o Mount Rushmore, o rosto de quatro presidentes dos país], continua a ser vivamente contestado, e ao tratar de Custer fica-se em terreno instável. Para uma boa ideia dos problemas na historiografia sobre Custer, ver a resenha de Thomas Powers, "Custer's Trials: A Life on the Frontier of a New America, by T. J. Stiles" (*New York Review of Books*, Dec. 17, 2015, p. 78-80). Powers ressalta o investimento afetivo fortemente positivo de muitos historiadores (incluindo Stiles) em Custer e em sua representação.

membros). Curtis tornou-se um firme, até indignado defensor dos direitos dos povos indígenas, incluindo seu direito de continuar a praticar suas religiões e outros costumes, em uma época em que essas práticas eram não apenas desaprovadas por muitos, mas também na realidade tornadas ilegais, com processos por infrações que podiam ser aplicados até a estudantes de culturas nativas que participassem ou representassem suas cerimônias e seu modo de vida.[129] Curtis, sempre ameaçado de ser processado e às vezes encarcerado, entrevistou (com a assistência de seu amigo próximo e associado, o nativo crow Alexander Upshaw) três nativos crows (ou apsarokas) batedores (Goes Ahead [Vai à Frente], Hairy Moccasins [Mocassins Peludos] e White Man Runs Him [O Homem Branco o Comanda] – um nome que parece irônico). Os três haviam servido com Custer contra os sioux, os cheyennes e os arapahos, e observaram o comportamento de Custer em Little Bighorn. Suas memórias convergiram em uma contranarrativa de Custer como um covarde, se não um traidor, que permitiu que seu oficial, major Marcus Reno, objeto de extrema antipatia mútua, entrasse em luta contra os indígenas reunidos em Little Bighorn, sem o auxílio ou apoio de Custer. Custer esperou nas margens da batalha, até as forças militares norte-americanas sob Reno sofrerem perdas significativas e se retirarem. Então Custer, na expectativa de uma vitória gloriosa, entrou na batalha e liderou seus soldados para a sua destruição. Esse comportamento pareceu estranho aos indígenas crows que o observaram, um dos quais (White Man Runs Him) "disse que implorou a Custer para que intercedesse, repreendendo-o por deixar os soldados morrerem", mas sem

---

[129] Curtis não é incontroverso. Apesar de tentar aumentar o reconhecimento das condições adversas e dos maus tratos aos indígenas, e de se contrapor a estereótipos negativos a respeito deles, suas fotografias têm sido vistas como romantizando os indígenas e, apesar de seus próprios sacrifícios financeiros ao empreender seu vasto projeto, passaram a ter um preço cada vez mais alto, como prêmios icônicos buscados por colecionadores. Uma recente exposição de alguns de seus trabalhos e o de artistas indígenas no Museu de Arte de Portland tem por título "Fotógrafos Nativos Americanos Contemporâneos e o Legado de Edward Curtis" (ver http://portlandartmuseum.org/exhibitions/contemporary-native-photographers/. Acesso em: 12 maio 2016).

sucesso (p. 165). Curtis acreditava que, se "Custer tivesse atacado, numa hora em que os indígenas ainda não haviam se juntado totalmente, a batalha poderia ter terminado com vitória para os norte-americanos, ou empate" (p. 165).

A tentativa de Curtis de tornar pública essa versão baseada em história oral da Batalha de Little Bighorn sofreu oposição ou supressão de uma variedade de direções, incluindo a da dedicada e determinada esposa de Custer, Libby, e dos aliados dela em postos mais ou menos elevados. Até mesmo o amigo e apoiador de Curtis Teddy Roosevelt expressou o que sem dúvida era a visão nacionalista de muitos, voltada a salvar as aparências, ao insistir ou mesmo pedir que Curtis não chacoalhasse o navio do Estado ao revelar um relato presumivelmente danoso aos seus interesses – um relato, nas palavras de Roosevelt, que "representa Custer ao mesmo tempo como traidor e tolo" (p. 173). Curtis limitou-se a observar, no volume 3 de sua imensa obra, *The North American Indian*: "Custer não realizou nenhum ataque, o movimento todo foi uma retirada" (p. 175). Egan claramente acha crível o relato a que Curtis teve acesso por meio de história oral baseada no testemunho de indígenas sobreviventes da batalha que eram aliados de Custer. Seja como for, esse episódio ressalta a importância da história oral e como ela pode desafiar narrativas predominantes ou mesmo ser integrada à narrativa prevalente, se não dominante, especialmente quando há ausência ou escassez de relatos escritos críveis e relatos de testemunhas com outras perspectivas.

É amplamente reconhecido, mas mesmo assim vale a pena enfatizar, que a memória, incluindo a traumática, tem papel crucial na formação de identidades individuais e coletivas (uma das principais razões pelas quais o Alzheimer é uma doença tão temida). E a relação tensa entre memória e história é particularmente delicada no que diz respeito à formação da identidade. A natureza problemática tanto da memória quanto da representação histórica está ligada à natureza problemática da própria identidade. História, memória e identidade podem ser marcadas tanto pelo desejo de unificação ou integração como por processos de descentramento, pluralização e divisão. O trauma é paradigmático desses últimos processos. A experiência traumática tem dimensões que podem ameaçar ou até estilhaçar a identidade e não ser "capturadas" pela história, registradas em arquivos escritos ou contidas na rememoração consciente. Mas pode paradoxalmente se tornar o centro ou um buraco, como um vórtice, de formação de identidade, especialmente no trauma fundador ou fundacional, questão à qual devo retornar. Em termos mais gerais, há uma relação complexa entre identidade e processos como repressão, dissociação e negação, que resiste a uma rememoração consciente, em especial com respeito à busca da unidade de um self ou comunidade por meio da memória de formação da identidade. Repressão, dissociação e negação são tipicamente relacionadas a eventos ou experiências desconcertantes, que se resiste a reconhecer como aspectos perturbadores da identidade problemática de si ou do seu grupo. E a linha que separa processos às vezes interatuantes de supressão consciente e de repressão inconsciente ou negação pode não ser muito nítida. Além disso, num aparente paradoxo, o extremamente desconcertante ou traumático pode também ser afirmado ou aceito como a fundação da identidade.

Sem desconsiderar interesses manipulativos que podem muito bem ter um papel em moldar conceitos ou mobilizar memórias, deve-se sustentar que as repetições históricas podem ir além de um quadro de referência instrumental e ter uma dimensão compulsiva, mesmo pós-traumática, quando padrões ou modelos do passado são regenerados, às vezes de maneiras autodestrutivas, para prefigurar situações contemporâneas que podem na realidade diferir significativamente deles. A luta, na década de 1970, entre o governo alemão e o grupo Baader-Meinhof (ou Fração do Exército Vermelho) tendia a tomar como modelo, às vezes compulsivamente, a oposição entre nazistas e seus opositores, especialmente os envolvidos na resistência, ou então em sua relativa ausência ou suas limitações, que precisavam ser compensadas por ativistas contemporâneos, e tanto o governo quanto o Baader-Meinhof viam seu oponente como a ameaça nazista ressurgente.[130]

---

[130] Essa dinâmica é investigada cuidadosamente e com uso extensivo de história oral em VARON, Jeremy. *Bringing the War Home: The Weather Underground, the Red Army Faction, and Revolutionary Violence in the Sixties and Seventies*. Berkeley:

Em *The Seventh Million* (1993), Tom Segev tratou da natureza e dos efeitos do ressurgente cenário nazista na política israelense na geração pós-guerra.[131] Por exemplo, ele cita David Ben-Gurion, em 13 de dezembro de 1951, falando a membros de seu partido, com particular referência aos seus sobreviventes do Holocausto: "Não queremos chegar de novo à situação em que vocês estavam. Não queremos que nazistas árabes venham e nos massacrem" (p. 369). Para Ben-Gurion, assim como para o promotor Gideon Hausner, a relevância do julgamento de Eichmann, em 1961, transcendeu o indivíduo Adolf Eichmann. Notadamente por meio de testemunhas cujo depoimento podia ter apenas uma relação indireta e tangencial com Eichmann, o julgamento rompeu o silêncio na própria Israel a respeito do Holocausto e suas vítimas, e serviu também para unificar a nação. Além disso, Segev é citado como tendo dito que Ben-Gurion queria que todos reconhecessem que "seja o que for que o mundo deve às vítimas, elas agora devem a Israel".[132]

No próprio *The Seventh Million*, Segev apresenta Menachem Begin como pré-possuído pela memória do Holocausto, tentando torná-lo parte da cultura de todos os israelenses, quaisquer que fossem suas origens, e propenso a repetir seus cenários nas situações políticas atuais. Segev refere-se a uma carta ao presidente Ronald Reagan na qual Begin "escreveu que a destruição do quartel-general de Arafat, em Beirute, dera-lhe a sensação de ter enviado o exército israelense a Berlim para destruir Hitler em seu *bunker*" (p. 399-400). Com aparente concordância, Segev cita o destacado escritor Amos Oz, escrevendo em um jornal israelense (*Yediot Aharonot*), em 2 de

---

University of California Press, 2004. O livro de Varon é um ótimo exemplo de história comparada crítica, ao tratar conjuntamente, mesmo atento às diferenças entre ambos, do Baader-Meinhof alemão e do Weather Underground dos Estados Unidos.

[131] SEGEV, Tom. *The Seventh Million: The Israelis and the Holocaust*. New York: Hill & Wang, 1993.

[132] Ver ESLER, Gavin. How Nazi Adolf Eichmann's Holocaust Trial Unified Israel. *BBC World News*, Apr. 6, 2011. Disponível em: http://www.bbc.com/news/world-12912527. Acesso em: 1º jun. 2016.

julho de 1982: "Hitler já está morto, Sr. Primeiro-Ministro... Uma e outra vez, Sr. Begin, o senhor revela ao olhar público uma estranha necessidade de ressuscitar Hitler a fim de matá-lo todo dia de novo na forma de terroristas... Esse impulso de reviver e obliterar repetidas vezes é o resultado de uma melancolia que os poetas devem expressar, mas entre homens de Estado é um risco que pode levá-los por um caminho de perigo mortal" (p. 400).

Benjamin Netanyahu às vezes parece operar com uma combinação de racionalidade instrumental e *Realpolitik*. Mas, no seu discurso no Museu Yad Vashem de História do Holocausto em Jerusalém, em 27 de abril de 2014, no Dia de Memória do Holocausto, sua abordagem foi um pouco diferente. Para extrair possíveis lições do passado, Netanyahu apoiou-se em um tropo do tipo "hoje-assim-como-então", traçando um paralelo direto entre a ameaça que os nazistas constituíam aos judeus no período que levou ao Holocausto e a ameaça contemporânea que o Irã representava para Israel. Ele afirmou:

> Disse várias vezes aqui que devemos identificar a tempo uma ameaça à nossa existência e agir a tempo... O Irã pede nossa destruição... Hoje, assim como então, há aqueles que minimizam a retórica extremista do Irã como algo que atende a propósitos domésticos. Hoje, assim como então, há os que veem as ambições nucleares do Irã como fruto de uma vontade natural de uma nação orgulhosa – uma vontade que deveria ser aceita. E, assim como então, aqueles que fazem essas afirmações estão se iludindo. Cometem um erro histórico.[133]

Com a existência do Estado de Israel e seu poder militar (seus aliados, notadamente os Estados Unidos, não foram mencionados), havia, para Netanyahu, uma diferença decisiva entre antes e agora: "Diferentemente de nossa situação durante o Holocausto, quando éramos indefesos como folhas ao vento, agora temos grande poder

---

[133] Ver FULL Transcript of Netanyahu Speech for Holocaust Remembrance Day. Disponível em: http://www.timesofisrael.com/full-transcript-of-netanyahu-speech-for-holocaust-remembrance-day/. Acesso em: 4 dez. 2015.

para nos defender, e ele está pronto para qualquer missão". Na extensão em que essas declarações possam ser tomadas ao pé da letra ou talvez vistas como reconhecendo a força da memória traumática ao fazer uso ideológico e político dela, Netanyahu pareceria estar dentro do mesmo quadro de referência de seus predecessores, como Begin. Além do mais, em comentários imprecisos, incendiários, feitos no 37º Congresso Sionista, em 2015, Netanyahu de fato culpou os palestinos por iniciarem o genocídio durante o Holocausto, ao afirmar que "Hitler não queria exterminar os judeus naquela época, queria expulsá-los", e apontou para o grande mufti de Jerusalém, Haj Amin al-Husseini, como quem teria convencido Hitler a passar da expulsão ao genocídio.[134]

Para muitos israelenses, a guerra de 1948 é vista e celebrada em termos da conquista de um Estado independente. Para muitos palestinos e seus simpatizantes, ela é a *Nakba* ("catástrofe" ou "desastre"

---

[134] Ver, por exemplo, a reportagem de Greg Botelho para a CNN de 22 de outubro de 2015, disponível em: http://www.cnn.com/2015/10/21/middleeast/netanyahu-hitler-grand-mufti-holocaust/ (acesso em: 23 out. 2015). Diante das críticas disseminadas, incluindo a de historiadores israelenses, Netanyahu retratou-se dessa declaração 10 dias depois. Ver RUDOREN, Jodi. Netanyahu Retracts Assertion That Palestinians Inspired Holocaust. *New York Times*, Oct. 30, 2015. Disponível em: http://www.nytimes.com/2015/10/31/world/middleeast/netanyahu-retracts-assertion-that-palestinian-inspired-holocaust.html?_r=0. Acesso em: 8 dez. 2015. Não obstante, o fato de Netanyahu estar de início inclinado a fazer uma declaração tão extremada, até bizarra, é indicação significativa de seu estado mental. O assassinato político de Yitzhak Rabin, em 4 de novembro de 1995, foi empreendido por Yigal Amir, um judeu ortodoxo que se opunha à iniciativa de Rabin de uma paz sustentada, com base em que a retirada da Margem Ocidental iria negar aos judeus sua herança bíblica presumivelmente reclamada ao estabelecer assentamentos. O assassinato de Rabin teve efeito desastrosamente assustador para o processo de paz, incentivou a nomeação de primeiros-ministros de direita e instigou a construção de assentamentos nos territórios ocupados, com frequência ilegalmente financiados com fundos do Estado e abrigando cerca de 400 mil "colonos", cujo número continua a crescer. Ver o documentário de Shimon Dotan, *The Settlers*, lançado em janeiro de 2016 no Festival de Cinema Sundance, bem como a entrevista de Dotan no local, com Amy Goodman, em 28 de janeiro de 2016, disponível em: http://www.democracynow.org/2016/1/28/the_settlers_new_film_reveals_history (acesso em: 29 jan. 2016).

– o termo hebraico seria "*Shoah*"). No decorrer dela, quase 750 mil árabes palestinos fugiram ou foram expulsos de suas casas, o que criou um imenso problema de refugiados para eles, seus descendentes e para Israel e o Oriente Médio em geral. O lançamento previsto de um livro em hebraico (com o título, em tradução, de *O Holocausto e a Nakba: memória, identidade nacional e a parceria judaico-árabe*), no Instituto Van Leer, em Jerusalém, com foco em uma abordagem do Holocausto e da *Nakba* multidimensional e relacional, em vez de hostilmente comparativa ou competitiva, atraiu críticas daqueles que não obstante encaram o evento como envolvendo não uma mera memória competitiva, mas o que veem como uma inadmissível (ou mesmo sacrílega) comparação com o Holocausto. O diretor do Van Leer e professor emérito da Universidade Hebraica Gabriel Motzkin, que afirmou ser "um sionista de corpo e alma", defendeu o evento e é citado como tendo dito que o livro "tem várias visões diferentes", incluindo vários artigos de "direita", e que "a real questão a respeito da *Nakba* é que a sociedade israelense 'não se dispõe a compreender o trauma que constitui a identidade desse outro povo'".[135]

Seria equivocado ignorar as reais ameaças impostas a Israel por seus inimigos declarados, entre eles o Irã, ou deixar de mencionar o tratamento severo de refugiados palestinos em outros países.[136] Ainda

---

[135] Ver SOLOMON, Ariel Ben. Israel Unwilling to Understand Nakba, the Trauma That Constitutes Palestinian Identity. *Jerusalem Post*, Aug. 28, 2015. Disponível em: http://www.jpost.com/Arab-Israeli-Con flict/Israel-unwilling-to-understand-Nakba-the-trauma-that-constitutes-Palestinian-identity-413486. Acesso em: 3 dez. 2015. Claro que o próprio Motzkin e outros israelenses, como Dan Bar-On e Amos Goldberg, estão tentando fomentar uma ativa apreciação dos apuros e sofrimentos dos palestinos e, apesar dos problemas aparentemente insolúveis, fomentar o processo de paz. Para um esforço colaborativo entre um palestino e um israelense, ver BASHIR, Bashir; GOLDBERG, Amos. Deliberating the Holocaust and the Nakba: Disruptive Empathy and Binationalism in Israel and Palestine. *Journal of Genocide Research*, v. 16, n. 1, p. 77-99, 2004. Ver também o relato empático e informativo em ROBERTS, Jo. *Contested Land, Contested Memory: Israel's Jews and Arabs and the Ghosts of Catastrophe*. Toronto: Dundurn, 2013.

[136] Entre os muitos comentários sobre a questão, ver, por exemplo, KHAZAN, Olga. Refugee: Palestinians in Arab Countries Have It Bad, Too. *Washington*

assim, o governo israelense tem tratado os territórios ocupados de modos rudes e violentos, que enfrentam oposição de um segmento da população israelense, incluindo Refuseniks[137] no exército, que, embora devotados a Israel e às suas forças armadas, têm achado certas políticas inaceitáveis e se recusado a implementá-las. Mas o cenário pode ser invertido, com os judeus ou os israelenses sendo vistos como os neonazistas, e os árabes ou, mais especificamente, os palestinos, como vítimas. Sem ser capaz de fazer jus às complexidades da situação no Oriente Médio ou às reações norte-americanas a ela, incluindo o papel do extremismo e do terrorismo em segmentos do Islã que recentemente alcançaram ponto alto com o Estado Islâmico, eu simplesmente destacaria o que deveria ser evidente: sem atribuir excessivo peso causal ao trauma e a seus efeitos, deve-se não obstante insistir em que um aspecto lamentável, de repetição mais ou menos compulsiva, é obscurecer a importância de outros fatores e limitar severamente opções políticas e sociais no presente que iriam exigir, entre outras coisas, uma cuidadosa análise do papel às vezes manipulador das forças presentes, bem como uma tentativa de perlaborar o passado, em vez de deslocá-lo e repeti-lo sob a influência (ou fazendo uso) de memórias traumáticas, compulsivas.[138]

Post, Nov. 30, 2012. Disponível em: https://www.washingtonpost.com/news/worldviews/wp/2012/11/30/palestinians-israel-settlements-arab-countriesrefugees/. Acesso em: 2 dez. 2015.

[137] Termo forjado durante a Guerra Fria, originalmente empregado para designar pessoas a quem se negava o direito de emigrar da União Soviética e outros países do bloco socialista, sobretudo judeus que desejavam se instalar em Israel. Com o tempo, a expressão passou a ser utilizada em inglês para designar qualquer pessoa que se recuse a fazer algo, e vem sendo particularmente mobilizada em referência a soldados israelenses que rejeitam o desempenho de determinadas funções, sobretudo nos territórios ocupados da Palestina. Ver: REFUSENIK. *In*: Justvision. Disponível em: https://justvision.org/glossary/refusenik, e REFUSENIK. *In*: Wikipedia. Disponível em: https://en.wikipedia.org/wiki/Refusenik. Acesso em: 25 jan. 2023. (N.R.)

[138] Relevantes a esse respeito são discussões na revista *Tikkun*, assim como o livro de Avraham Burg, *The Holocaust Is Over, We Must Rise from Its Ashes* (New York: Palgrave Macmillan, 2008). Ver também a resenha des. em os duros efeitos da guerra, se livro em *Tikkun*, v. 26, n. 2, p. 37-39, 2011, de Jonathan

Já invocada é uma noção que assegura maior reflexão e pesquisa: o trauma fundador ou fundacional, o trauma que carrega uma carga afetiva poderosa e pode ser transformado ou transvalorado de maneiras ideológicas.[139] Aqui, uma crise ou catástrofe que desorienta e às vezes devasta uma coletividade ou um indivíduo pode estranhamente se tornar a base de uma origem ou um mito de origem renovado que autorize atos ou políticas que apelam a ele para justificação. Um trauma fundacional e um mito de origem correlato podem ser operacionais tanto em histórias escritas quando na memória coletiva (ou individual). (Por exemplo, o papel, até recentemente, da Revolução Francesa na história, na memória e nas políticas da França, um fenômeno ao qual foi dado sentido explicitamente religioso, de fato sacrificial, por Joseph de Maistre na extrema-direita e imbuído de religiosidade mais secular por Jules Michelet e outros na tradição republicana. Um ponto de certo modo análogo pode ser levantado em relação à Guerra Civil nos Estados Unidos e seu legado de lealdades divididas e fervorosos compromissos, quando não de um percebido "choque de civilizações". Tenho aludido ao papel do Holocausto como trauma fundacional controverso, experimentado por alguns como um *tremendum* religioso ou como base de uma religião civil formadora de identidade. Os exemplos poderiam ser multiplicados.) O trauma não perlaborado, especialmente quando é fundacional ou estrutural, pode se tornar detestável e autocentrado, prestando-se a alguns usos e abusos muito dúbios. Pode até assumir um status

---

Friedman. Friedman escreve que, para Burg (antigo membro e presidente da Knesset [assembleia legislativa unicameral de Israel]), "a memória do Holocausto, políticas identitárias e o conflito Israel-Palestina estão indelevelmente ligados por trauma, e a incapacidade de resolver os efeitos prolongados desse trauma tem prejudicado todos os esforços para a paz. Nos anos transcorridos desde a publicação do livro de Burg, em 2008, Israel tem se afastado ainda mais do lugar de cura e reconciliação para o qual ele apela, e em vez disso se move para um lugar de maior medo e raiva" (p. 37). Infelizmente, um segmento significativo da população dos Estados Unidos tem se mostrado recentemente muito próxima desse lugar assustador.

[139] Compare com minha discussão in *Writing History, Writing Trauma*, cap. 2, esp. p. xii-xiv e 80-85.

ambivalentemente sagrado ou sublime, de uma natureza ao mesmo tempo aterrorizadora e assombrosa.

As chamadas tradições e sociedades ocidentais que fazem apelo a ele tiveram traumas fundacionais como mitos de origem. A concepção das sociedades modernas como tendo excessiva memória ou excepcionais "culturas de trauma" pode ser míope e às vezes exagerada. A queda de Adão e Eva, como tratada em boa parte do cristianismo, desempenha o papel de um trauma fundacional, deixando um legado de exílio, distância da presença divina e "pecado original". Pode também ser interpretada como uma *felix culpa* ambivalente, ligada à redenção e à esperança de uma espiritualidade renascida, mais elevada. O pecado original tem tido um bom futuro sob o cristianismo, bem como em análogos seculares (como o crime primordial de Freud e a "herança arcaica" de culpa, o "real" lacaniano ou o sublime melancólico e/ou traumático). Quanto ao Novo Testamento, junto à Queda e ao pecado original, o novo trauma fundador é, claramente, a agônica crucificação de Cristo, que redime os fiéis da herança de culpa que deriva do pecado original. Junto a seu irredutível sentido religioso como signos de santidade, os *stigmata* têm, como uma de suas interpretações talvez óbvia, mas ainda assim pertinente, seu status como efeitos pós-traumáticos em alguém que se identifique com e incorpore a vida de Cristo a ponto de reviver psicossomática e psiquicamente o que, de fato, não viveu: o sofrimento e a crucificação de Cristo, levando à sua morte e ressurreição.[140]

Nos Estados Unidos, os devastadores ataques terroristas de 11 de setembro de 2001 foram imediatamente percebidos como um novo trauma fundador, suplementando e talvez deslocando mitos de origem anteriores. O 11 de Setembro, ou 9/11 [*nine-eleven*], também alcançou logo uma qualidade quase sacral, dando lugar a eventos comemorativos e tornando quase um tabu certos tipos de análise crítica, por exemplo, das causas de um evento como esse, ao mesmo tempo chocantemente inesperado e muito previsível,

---

[140] Já aludido no capítulo 1 é o livro de Alan Jacobs, *Original Sin: A Cultural History*, um relato episódico, mas de longo alcance, do pecado original, incluindo a importância de Paulo e Agostinho em sua elaboração.

considerando a animosidade em relação aos Estados Unidos e a algumas de suas políticas. Na esteira da Guerra Fria, o 9/11 criou um novo inimigo, que poderia unir o país em solidariedade contra os terroristas ou mesmo contra a noção mais abstrata do terror em si. A repetida invocação da guerra ao terror tem funcionado para bloquear ou para desviar a atenção de outros problemas, entre eles a natureza destrutiva e traumatizante dos bombardeios norte-americanos no Oriente Médio. Também tem servido para justificar a intensificação da vigilância e da coleta de dados e para legitimar a suspensão de direitos constitucionais para aqueles acusados de terrorismo, às vezes ensejando ou mesmo autorizando o uso de terror e traumatização ao lidar com esses suspeitos.[141] Algo que se tornou um dilema para os Estados Unidos é como seguir outras políticas que não as militaristas e repressivas após o 9/11, com seu efeito sobre a (auto)imagem nacional e o senso de identidade perturbado.[142]

Devo encerrar voltando brevemente a uma questão densa em termos éticos, políticos e afetivos, que é fundamental para o problema da identidade e da "formação de identidade" e em relação à qual ainda há muito a ser feito: a questão dos estudos críticos

---

[141] Sobre o uso ilegal da tortura na administração de George W. Bush, ver o relatório sumário do Senado divulgado em outubro de 2015 em http://www.nytimes.com/interactive/2014/12/09/world/cia-torture-report-document.html?_r=1 (Acesso em: 4 dez. 2015).

[142] Notável é o argumento de Judith Butler em favor de transformar o luto de si próprio nos Estados Unidos após o 9/11, que se prestou a violência e guerra, numa forma de pesar que reconheça e respeite o mútuo dano e vulnerabilidade com base na própria despossessão do self e na "marca inconsciente da minha sociabilidade primária" – visão que reverbera noções de transferência e alteridade (incluindo alteridade no interior do self, notadamente processos inconscientes). Ver BUTLER, Judith. *Precarious Life: The Powers of Mourning and Violence*. London: Verso, 2004. p. 28 [edição brasileira: *Vida precária: os poderes do luto e da violência*. Belo Horizonte: Autêntica, 2019]. Tenho sugerido que a transferência está relacionada com a própria "sociabilidade primária", ao envolver implicação com os outros, incluindo, penso eu, outros animais e "objetos" de estudo afetivamente carregados. Um problema-chave é como entender as possibilidades e os limites de ação, assim como a responsabilidade com respeito a vulnerabilidade, receptividade e implicação mútua do self e do outro.

sobre animais. Essa questão é muito pertinente a uma discussão da história, da memória e do trauma, e demanda atenção, embora restrições óbvias permitam levantar apenas certas questões, formular algumas afirmações mais ou menos controversas e tentar instigar discussões adicionais.

Como escreve Éric Baratay ao apresentar seu ambicioso estudo *Le Point de vue animal: une autre version de l'histoire*: "A história, construída por sociedades humanas, é sempre contada como uma aventura que diz respeito apenas aos humanos (*l'homme*). No entanto, os animais têm participado ou ainda participam abundantemente dos grandes eventos ou dos fenômenos lentos da civilização".[143] Pode-se reforçar a asserção de Baratay destacando que mesmo referências ao universal e ao global são geralmente restritas a humanos. (Como observado anteriormente, o genocídio, mesmo quando estendido a outros que não grupos nacionais ou étnicos, continua confinado a humanos, excluindo espécies animais, e a noção relacionada de crimes contra a humanidade não é de crimes contra a humanidade ou outros animais.) Envolver-se no problema levantado por Baratay exigiria estender a pesquisa além dos humanos e realçar a importância de descentrar e situar os humanos em uma rede de relações mais ampla. Envolveria um cuidadoso estudo comparativo de memória, trauma, afeto e identidade com respeito a outros animais, e uma comparação não injusta entre humanos e outros animais com ênfase em suas interações e coevolução. E destacaria a mútua dependência num contexto ecológico mais amplo, às vezes

---

[143] BARATAY, Éric. *Le Point de vue animal: une autre version de l'histoire*. Paris: Éditions du Seuil, 2012. p. 11. Tradução minha. No entanto, a obra de Baratay, junto à de outros, indica que estão ocorrendo mudanças. Ver também BARATAY, Éric; HARDOUIN-FUGIER, Elizabeth. *Zoo: A History of Zoological Gardens in the West*. Transl. Oliver Welsh. London: Reaktion Books, 2004. Um exemplo importante do maior interesse dos historiadores nessas questões é a edição especial de *History and Theory*, v. 52 (Dec. 2013), editada e com introdução de Gary David Shaw. Em seu lúcido ensaio introdutório, Shaw elucida o aumento do interesse histórico por outros animais e suas relações com humanos, assim como os problemas teóricos, conceituais e metodológicos que acompanham esse giro.

numa relação cooperativa, mas outras vezes sob o hegemônico e autointeressado controle dos humanos.[144]

Já apontei para a óbvia questão de se a multiplicidade de diferenças, especificidades e similaridades tanto *entre* humanos quanto entre estes e os animais pode ser totalizada em uma oposição binária que justifique a postulação de um hiato ou ruptura decisiva entre "o" humano e "o" animal – uma ruptura ela mesma às vezes vista como um trauma fundacional afastando o humano da animalidade e do instinto para levá-lo ao reino "mais elevado" da cultura.[145] Talvez, em termos mais básicos, seja possível questionar a própria motivação que induz repetidas vezes na história o desejo de situar os critérios decisivos (mas recorrentemente mutáveis, contestáveis e recalibrados) que presumivelmente separam ou criam um hiato entre humanos e outros animais. Num sentido importante, um reconhecimento transformador seria que o próprio sintoma a ser perlaborado – em termos psíquicos, éticos e políticos – fosse esse desejo repetitivo, aparentemente compulsivo, decorrente da fixação antropocêntrica, e o impulso de ter conhecimento seguro, essencial, a respeito do que significa exatamente ser humano. (Pode estar em jogo também uma busca mais ou menos deslocada de "redenção" da animalidade e incorporação.) Esse reconhecimento pode servir para fomentar uma orientação outra que não a antropocêntrica, que é voltada para demonstrar uma suposta autoidentidade e superioridade humanas, quando não o excepcionalismo, e com excessiva facilidade serve para justificar usos e abusos humanos de outros animais.

---

[144] Nesse relato, pela atenção dada ao trauma e a seus efeitos, concentro-me na última eventualidade, mas sem negar em nenhum sentido relações mais positivas e benéficas entre humanos e outros animais que ambos possam relembrar muito bem. Tais relações são cruciais para impedir ou se contrapor aos efeitos do trauma, como evidenciado no papel de certos animais em terapias para humanos, assim como no possível sucesso de cuidar de animais traumatizados.

[145] Essa chamada passagem da natureza à cultura foi abordada por muitos, como Sigmund Freud e Claude Lévi-Strauss. Pode-se defender que esteja em jogo na Queda e no pecado original, em que a serpente é colocada como fator de "peso", e os humanos se separam do restante da natureza.

Como observado no capítulo 2, Frans de Waal, em seu livro de espirituoso título *Are We Smart Enough to Know How Smart Animals Are?*, enfatiza os diversos tipos de inteligência e habilidade em diferentes animais, como notáveis feitos cognitivos e da memória.[146] Como Darwin, ele defende diferenças de grau, não de tipo, entre humanos e outros animais, e observa que "as alegações de singularidade tipicamente percorrem um ciclo de quatro estágios: são repetidas muitas vezes, são desafiadas por novos achados, vão claudicantes para a aposentadoria e então são descartadas num túmulo desonroso" (p. 126). Mesmo que se interprete a complexa configuração de similaridades e diferenças com o apoio de qualquer suposto critério de diferenciação, permanece a questão de se, e de que maneira, isso validaria os usos e abusos humanos de outros animais – uma questão que teria de ser tratada não em bases estritamente científicas, mas éticas e políticas. Uma consideração inicial é que, dado que os animais estão sob supervisão e controle humanos, uma condição ética mínima em seu tratamento é de que modo se permite que vivam, assim como morrem, notadamente quando são mortos para consumo humano. (Essa tem sido, é claro, uma importante preocupação na obra de Temple Grandin, que tratou de maneiras de impedir ou pelo menos mitigar a traumatização de animais em abatedouros.) Essa condição está longe de ser aceitavelmente atendida em muitas empresas do agronegócio e em fazendas industriais.[147]

Uma avaliação matizada das possibilidades e dos limites de reforma sob o capitalismo é oferecida por Peter Singer em "Open the Cages!", uma resenha do livro de Wayne Pacelle *The Humane Economy: How Innovators and Enlightened Consumers Are Transforming the*

---

[146] DE WAAL. *Are We Smart Enough to Know How Smart Animals Are?*. De Waal oferece uma visão geral da pesquisa recente e uma vasta bibliografia. Seu trabalho mostra também a possível extensão de vínculos, respeito e afeto entre os humanos e os animais com os quais interagem.

[147] Não é preciso apelar a distinções descabidas entre cães e outros animais ou a oposições enganosas entre o Ocidente e a cultura chinesa para achar inaceitável o "festival da carne de cachorro", em Yulin, que envolve práticas como mutilar, torturar e ferver cães vivos, ao que parece pela equivocada crença de que o trauma e o estresse realcem o sabor da carne.

Lives of Animals.[148] Singer argumenta que o capitalismo não causou o "especismo", que tem existido em muitas culturas e regimes políticos, e, eu acrescentaria, cuja própria história ao longo do tempo e do espaço oferece vasto campo para pesquisa comparativa. Mas, de maneira menos otimista que a de Pacelle quanto às possibilidades de mudança básica sob o capitalismo, Singer indica como a motivação de lucro não regulamentado pode impor barreiras a uma economia humana ou moral e agravar a exploração de outros animais (e, como deve ser óbvio, também de outros humanos). Sem vê-las como mudanças estruturais com respeito à relação entre humanos e outros animais, ele destaca com aprovação certas reformas, como a proibição, na Califórnia e na União Europeia, de engradados para vitelas e porcas grávidas e de gaiolas em bateria para galinhas poedeiras, recintos extremamente confinadores que impedem movimentos básicos como ficar em pé, deitar ou girar.[149] Mas Singer observa também o quanto é ainda permitido, notadamente nos Estados Unidos, com seus governos federais e estatais amigáveis aos negócios, mesmo diante do significativo ativismo público de defesa dos "direitos animais" que com frequência fracassa em fazer parte da ação governamental e da pauta dos grandes partidos políticos. Ele observa que "a esmagadora maioria de vitelas, porcos e galinhas poedeiras vai [...] ainda ser mantida enclausurada, em grandes galpões superlotados, e as reformas não fazem nada para mudar o modo como são transportados e abatidos. E nenhuma dessas reformas tampouco toca na produção industrial de frangos para alimento, o que John Webster, professor de criação animal na Escola de Ciência Veterinária da Universidade de Bristol, [...] descreve como 'em magnitude e severidade, o exemplo mais grave e sistemático da desumanidade do homem em relação a outro

---

[148] PACELLE, Wayne. *The Humane Economy: How Innovators and Enlightened Consumers Are Transforming the Lives of Animals*. New York: HarperCollins, 2016. A resenha de Singer está na *New York Review of Books*, de 12 de maio de 2016, p. 22-26. Pacelle tornou-se, em 1º de junho de 2004, presidente e CEO da Humane Society dos Estados Unidos.

[149] Essa restrição de movimentos era um aspecto-chave da câmara de tortura "*little ease*" [pouca folga], por exemplo, na Torre de Londres.

animal senciente'''.¹⁵⁰ Singer acrescenta: "Os problemas da produção de frango não se devem apenas ao fato de as aves serem criadas em vastos galpões superlotados, com um ar fedendo à amônia de seus dejetos acumulados. O problema mais fundamental é que os frangos de hoje são criados para crescer três vezes mais rapidamente que os criados na década de 1950. Agora eles estão prontos para o mercado quando têm apenas seis semanas, e suas pernas imaturas não aguentam o peso ganho" (p. 26). Como há 8 bilhões de frangos criados anualmente para abate nos Estados Unidos, 2,6 bilhões de aves vivem em dor crônica pelo último terço de sua curta vida. Em relação às deploráveis condições desses animais, o discurso do trauma pode parecer eufemístico.¹⁵¹

O que penso que emerja do questionamento de uma divisão radical entre humanos e outros animais não é uma orientação simples, dogmática, e talvez autoenaltecedora, por exemplo, de defender o vegetarianismo ou se opor a qualquer forma de experimentação, mesmo não invasiva. O vegetarianismo, ou mesmo o veganismo, é defensável em muitos aspectos. Mas, sem grandes mudanças nas

---

¹⁵⁰ WEBSTER, John. *Animal Welfare: A Cool Eye towards Eden*. Malden, MA: Blackwell Science, 1994. p. 156, citado na resenha de Singer sobre *The Humane Economy*, de Pacelle, na *New York Review of Books*, p. 26.

¹⁵¹ Apesar da disponibilidade de mais informação, certos modos de tratar animais ainda podem estar sujeitos à operação do segredo aberto, isto é, a pessoa conhece o suficiente para saber que, pelo menos em certo ponto e por razões variadas (incluindo apreensão quanto a efeitos perturbadores sobre si mesma), ela não quer saber mais. Deve-se, não obstante, notar que humanos que lidam com animais de maneiras talvez abusivas, às vezes por pressão de aceitar um trabalho mal pago ou que ninguém quer, podem sofrer efeitos pós-traumáticos. Sobre trabalhadores em abate, ver, por exemplo, STILL, Donald D.; BROADWAY, Michael J. *Slaughterhouse Blues: The Meat and Poultry Industry in North America*. Preface by Eric Schlosser. Belmont, CA: Wordsworth; Thompson Learning, 2004. Além disso, "caçar" com um rifle mal denominado "esportivo", como a arma de assalto AR-15 (fácil de converter em arma totalmente automática e também flagrante ameaça a humanos), não é esporte, mas uma forma de chacina, embora a caça convencional para obter comida, por pessoas versadas, possa ser menos danosa tanto para animais quanto para o ambiente do que certas formas de "criação" industrial.

estruturas e práticas vigentes, não podem ser opção viável para todos, especialmente os pobres. O ponto mais geral é que o tratamento de outros animais não é simples questão de livre escolha ou de gosto. É questão ética e política, cuja natureza problemática requer que se tente dar conta de uma complexa rede de similaridades e diferenças que ligam humanos e outros animais com diferentes modos de ser. Em certas áreas, as decisões parecem ser mais prontamente visíveis que em outras. Tenho sugerido que uma consideração básica é que o modo como outros animais são tratados ou obrigados a viver antes de morrer, quando isso está sob controle humano, é condição propiciatória crucial para decisões adicionais que tenham isso como pressuposto. Muitos, talvez a maioria, dos aspectos da criação industrial e importantes componentes da experimentação animal para o suposto benefício de humanos são injustificáveis e tendem a ser ditados pela mercantilização, à concepção de outros seres como "bens de humanos" e a sua redução a objetos de controle manipulativo subscrito pela falta de respeito às suas formas de vida. Pode-se argumentar que há obrigação de ser o mais informado possível quanto às condições sob as quais outros animais são criados, tratados e sujeitos a um regime visto de modo questionável como sob domínio soberano do humano, que brinca de Deus ou busca a autorização de uma divindade.

Uma questão crucial aqui é se uma orientação diferente envolveria ir além do quadro de referência em que "o" animal é o paradoxal "outro", mera vida ou comida e ao mesmo tempo objeto sacrificial a ser morto ou de outro modo tornado vítima para o benefício material ou espiritual de algum ser "superior" (incluindo seres humanos). Seja como for, o modo como humanos e animais se relacionam é parte integral de suas "identidades" complexas, longe de asseguradas, e um estudo comparativo das variações nessa relação ao longo do tempo e do espaço é preocupação crucial da história em sua interação com a memória.[152] Também indiquei que há um

---

[152] Para um estudo instigante, ver SAX, Boria. *Animals in the Third Reich: Pets, Scapegoats, and the Holocaust*. Preface by Klaus P. Fischer. New York: Continuum, 2000. Para uma discussão das relações com outros animais nas sociedades de nativos norte-americanos, ver CAJETE. *Native Science*, cap. 5.

sentido não trivial, metafórico – mas não "apenas" metafórico – no qual se pode dizer que o hábitat ou o território têm memória e talvez até que sejam feridos e dessacralizados por procedimentos invasivos, destrutivos, exploratórios, como a perfuração e o fraturamento hidráulico [*fracking*], para não falar do bombardeio, com seus efeitos desastrosos, muitas vezes não notados, em animais em zoológicos, nas casas, nas ruas e na natureza.[153]

Mudar o quadro de referência para incluir outros animais não precisa ser visto como panaceia ou inscrito em uma mitologia da era dourada. Nem tem de obliterar distinções, depreciar humanos ou rejeitar tudo que tem sido feito sob a rubrica do humanismo. Como tenho sugerido, deve ser visto como entretecido na rede inteira de problemas já levantados em relação a história, memória, trauma e identidade. Pode-se também criticar o antropocentrismo junto ao excepcionalismo humano e ainda assim reconhecer o papel às vezes benéfico ou até inevitável de um antropomorfismo criticamente testado, que envolve processos similares aos operantes na empatia.[154] Empatia ou compaixão, e não uma identificação não mediada (projetiva ou incorporativa), permite a escuta ativa (ou leitura, incluindo a da linguagem corporal de animais) e a compreensão reativa, embora possivelmente crítica e autocrítica. Pode-se entender a empatia como envolvendo um laço afetivo que em certo sentido inclua, embora também limite, a identificação,

---

[153] Mas ver KEAN, Hilda. *The Great Cat and Dog Massacre: The Real Story of World War Two's Unknown Tragedy*. Chicago: University of Chicago Press, 2017, sobre a história muito reprimida ou suprimida da matança de animais de companhia por londrinos em pânico nos primeiros quatro dias da Segunda Guerra Mundial. Mais de 400 mil animais foram mortos, número seis vezes maior que o de civis mortos por bombardeios ao longo de toda a guerra. Duas razões contrastantes dadas por Kean são a preocupação dos "donos" em "sacrificar" animais queridos para que não sofressem os duros efeitos da guerra e a ausência de provisões, pelo governo, para animais de companhia, vistos como bens de "luxo" inúteis que tiravam recursos já escassos dos humanos.

[154] Ver DASTON, Lorraine; MITMAN, Greg (ed.). *Thinking with Animals: New Perspectives on Anthropomorphism*. New York: Columbia University Press, 2005. Ver também DE WAAL. *Are We Smart Enough?*, esp. p. 24-26, e, sobre empatia, p. 132-133.

envolva a imaginação, problematize a identidade e permita reconhecer a alteridade com respeito tanto ao self quanto aos outros, incluindo possíveis limites à comunicação, ao autoconhecimento e a "sentir o jeito pessoal de contatar" outro ser. Além disso, deve ser evidente que a empatia ou compaixão não é suficiente para a compreensão ou ação, e a contextualização, a teorização e o julgamento crítico são contrapesos importantes à tendência a uma identificação não mediada (e possível traumatização secundária).[155]

Eu enfatizaria que o argumento geral da discussão anterior não tem sido reverter binários fixados e hierarquias relacionadas, seja entre humanos e outros animais, seja entre história baseada em arquivos-padrão e o papel do trabalho da memória, especialmente em seu reconhecimento de e tentativa de perlaborar legados traumáticos pervasivos. O argumento tem sido mais impulsionar um quadro de referência diferente, com complexidade e flexibilidade aumentadas. Nesse processo, tenho questionado a rejeição excessivamente geral

---

[155] Tentei explorar esses temas em outras obras, notadamente em *Writing History, Writing Trauma*. Para uma visão estreita e uma abordagem truncada da empatia, que, como previsível, rejeita sua pertinência para compreender e reagir a problemas importantes, ver BLOOM, Paul. *Against Empathy: The Case for Rational Compassion*. New York: HarperCollins, 2016. Bloom simplesmente funde empatia e identificação, separa emoção de razão e defende o que, num oximoro, chama de "compaixão racional". Na crescente literatura sobre relação humanos/animais, ver, por exemplo, WEIL, Kari. *Thinking Animals: Why Animal Studies Now?*. New York: Columbia University Press, 2012, e WOLFE, Cary. *Animal Rites: American Culture, the Discourse of Species, and Posthumanist Theory*. Chicago: University of Chicago Press, 2003, bem como WOLFE, Cary. *What Is Posthumanism?*. Minneapolis: University of Minnesota Press, 2010. Neste último, Wolfe afirma, sobre as relações com outros animais, que a base da justiça não são direitos ou mesmo capacidades, mas (citando Derrida) "a finitude que partilhamos com animais, a mortalidade que pertence à própria finitude da vida, a experiência da compaixão" (p. 81). Ver também DERRIDA, Jacques. *L'Animal que donc je suis*. Ed. Marie-Louis Mallet. Paris: Éditions Galilée, 2006, traduzido por David Wills como *The Animal That Therefore I Am* (New York: Fordham University Press, 2008), e DERRIDA, Jacques. *The Beast & the Sovereign*. Transl. Geoff Bennington. Chicago: University of Chicago Press, 2011. (The Seminars of Jacques Derrida, v. 2). Ver ainda meus *History and Its Limits: Human, Animal, Violence* e *History, Literature, Critical Theory*.

da memória e dos estudos da memória, rejeição baseada numa rígida orientação binária. Também tenho tentado promover maneiras como a historiografia e a memória criticamente testada, entendidas como tendo uma relação suplementar, podem convergir no interesse de uma representação do passado autoquestionadora, mas mais precisa, e com uma relevância mais desejável no presente e no futuro. A única historiografia que faz diferença no presente e no futuro pode muito bem ser uma que junte memória criticamente testada e conhecimento comparavelmente testado baseado em documentos e textos, para promover projetos coletivos buscando verdade, compaixão e justiça. É claro que os exemplos ou estudos de caso com os quais lido poderiam muito bem ser reorientados ou multiplicados para incluir muitos outros. E, ao perseguir as iniciativas globais da historiografia recente, os problemas se tornam mais, e não menos difíceis, e as chances de extravio (por exemplo, por meio de intervenções "humanitárias") aumentam de modo alarmante. Aqui a melhor diretiva pode ainda ser uma variante da injunção verdadeiramente memorável de Gramsci "Pessimismo do intelecto, otimismo da vontade" – uma vontade determinada, eu acrescentaria, não movida por desejo apocalíptico de algo desconhecido, de um estado de coisas "totalmente outro", mas uma vontade contrabalançada e moldada por julgamento crítico e conhecimento do passado.

CAPÍTULO 4

Frank Hamilton Cushing e suas "aventuras" em Zuni

Frank Hamilton Cushing, mais ainda do que Edward S. Curtis, permanece uma figura contestada, especialmente entre os indígenas norte-americanos. Essa condição contestada era evidente na estada de Cushing em Zuni e prosseguiu até hoje. Uma questão diz respeito ao papel da observação participante, que Cushing personifica e da qual pode muito bem ter sido o iniciador, pelo menos no âmbito da disciplina da antropologia. Uma questão que surge do modo como ele às vezes forçou os limites do "método" é se, ou em que medida, isso lhe permitiu ver e partilhar aspectos da vida zuni que de outro modo seriam inacessíveis a ele ou o induziriam a revelar de modo dúbio ou mesmo trair esse modo de vida e seus aspectos mais secretos, até mesmo sagrados.[156]

Cushing viveu de 1857 a 1900 e ficou em Zuni de 1879 a 1884. Portanto, chegou como um jovem de 22 anos, em grande medida autodidata, e saiu ainda bem jovem. (Sua educação formal, se é que podemos assim chamá-la, limitou-se a um mês na Universidade Cornell, onde visitou um professor de Antropologia que o

---

[156] O livro de 1994, com 43 cartuns ou esboços do artista zuni Phil Hughte (que tinha 39 anos de idade à época em que o livro foi publicado), pode ser lido como uma crítica não totalmente antipática a Cushing na forma de um comentário intencionalmente bem-humorado, mas com frequência voltado para percepções ou percepções equivocadas mútuas do "outro", tanto da parte de Cushing como de seus variados interlocutores em Zuni, às vezes fortemente divididos. Ver HUGHTE, Phil. *A Zuni Artist Looks at Frank Hamilton Cushing: Cartoons by Phil Hughte*. Captions by Phil Hughte. Preface by Triloki Nath Pandey. Zuni, NM: Pueblo of Zuni Arts & Crafts, 1994.

alertou de que seu desejo de encontrar artefatos na região em volta de Ithaca, Nova York, não produziria resultados. Cushing voltou uma hora depois com um grande saco cheio de artefatos, e talvez com a impressão de que seguir trabalhando em uma universidade ou faculdade não era bem o que queria.) A vida e o trabalho de Cushing em Zuni, bem como sua atividade em outras partes (por exemplo, em Key Marco, na Flórida), levantam questões desafiadoras, para antropólogos e zunis, e também para outros povos indígenas. Coloca igualmente questões a todos que tenham interesse pelo problema das relações entre grupos com diferenciais muito significativos de poder e modos de vida. Tais questões, é claro, também surgem no próprio grupo, especialmente à medida que tenha uma forma colonial ou neocolonial de poder sobre outros significativamente diferentes. Esse poder às vezes equivale a uma dominação decorrente de conquista ou de imposição unilateral, que em maior ou menor grau explora ou abusa de outros, cujos status, voz e subjetividade podem ser negados, sistematicamente mal interpretados ou manipulados de modos instrumentais autointeressados. Esse era estruturalmente o caso de Cushing em Zuni e em medida maior ou menor mostra-se assim ainda para antropólogos e a disciplina da antropologia (e para o clero, seu acompanhamento religioso frequente), qualquer que possa ser a atitude subjetiva de certos indivíduos. A própria relação de Cushing com os zunis foi, como veremos, ao mesmo tempo extremamente empática e às vezes dominadora de uma maneira invasiva.[157]

Um desequilíbrio estrutural só pode ser desafiado efetivamente por mudanças estruturais, incluindo as institucionais, na natureza do relacionamento. Os próprios antropólogos raramente têm o poder de efetuar tais mudanças. Em geral, são (como os membros do clero) agentes diretos ou indiretos de poderes dominantes – políticos, sociais e religiosos. Têm sido às vezes cúmplices desses poderes como agentes voluntários de controle, até compartilhando uma visão preconceituosa

---

[157] Apesar de importantes diferenças contextuais, talvez seja possível ver uma similaridade limitada entre Cushing e Claude Lanzmann, no fato de a identificação às vezes ter ido além da compaixão e permitido uma atitude invasiva que ultrapassou uma consideração respeitosa pelo outro.

das populações "nativas" ou pelo menos participando da ideologia objetificadora, cientificista, que vê outros como meros objetos de investigação. Talvez agora seja lugar-comum, mas é ainda importante notar que os resultados de tal investigação podem ser usados por poderes políticos, sociais ou religiosos para exercer ou reforçar processos de dominação e exploração. Mas, mesmo quando não veem o povo com o qual trabalham apenas como "informantes nativos", os próprios antropólogos são, quer queiram, quer não, informantes dos poderes a que servem. Mesmo um mapa, elaborado da forma mais objetiva possível, pode ser um recurso para exercer controle, e a cartografia não é apenas uma forma "inocente" de investigação puramente científica. Talvez seja ainda mais sujeita a manipulação a revelação de costumes tradicionais, como crenças e práticas religiosas, não só tidas como privadas ou secretas por membros da aldeia, mas também guardadas como partes de um patrimônio que corre risco de ser apropriado, quando não saqueado, transformado em mercadoria ou voltado contra seus legítimos herdeiros. Mesmo os antropólogos mais bem intencionados têm sido "decifradores de códigos", cujas interpretação e explicação de outros modos de vida são usadas com fins de que os próprios antropólogos podem discordar ou se arrepender. Estruturalmente, antropólogos são o que Jean-Paul Sartre chamou, em expressão reveladora, de funcionários subalternos da superestrutura – categoria que ele aplicaria também a historiadores, críticos literários ou filósofos como ele próprio, por mais que tentem subverter esse papel e suas funções.

Na época de Cushing, que viveu e trabalhou em Zuni sob os auspícios de John Wesley Powell, da Smithsonian Institution, tais consequências, pretendidas ou não, da investigação antropológica para conhecer o outro geralmente não eram explícita e tematicamente tornadas parte da prática e da autoconsciência do antropólogo. O chavão "Conhecimento é poder", mesmo sendo constitutivo da ciência em geral, raramente recebia um enfoque autorreflexivo. Assim, a ideologia científica, ou melhor, cientificista, foi dominante e mais ou menos constitutiva da antropologia em seus momentos de formação. Foi expressamente endossada por figuras como Matilda Coxe Stevenson, a constante *bête noire* de Cushing e formidável "esposa acompanhante" de James Stevenson, o chefe da "expedição" de Cushing a Zuni. De maneiras importantes, uma compreensão mais ou menos insistentemente objetificadora da antropologia como ciência foi igualmente proeminente em figuras do porte de A. L. Kroeber e Franz Boas, que tendiam a partilhar uma avaliação em grande parte negativa de Cushing, e também no próprio cunhado, hostil a Cushing, Frederick Webb Hodge. Deve ser observado que Kroeber e Boas tinham uma opinião comparável de Edgar Lee Hewett (1865-1946), importante figura para a antropologia, assim como para o próprio ato de definir as instituições e práticas de Santa Fe, como o seu hoje famoso (ou mal afamado) "estilo", o departamento e museu de Antropologia da Universidade do Novo México, e o que são agora a Escola de Pesquisa Avançada e o Mercado Indígena.[158] Assim como Cushing, Hewett acreditava que o "nativo" não era um simples "informante", mas um sujeito com conhecimento, embora Hewett tivesse um viés empreendedor e de tipo empresarial que diferia da maneira de Cushing conhecer, ao fazer mimeticamente o que o outro havia feito, visão que às vezes trouxe problemas a Cushing quando ele refez e embelezou um artefato de maneiras que abriram margem a acusações de falsificação ou de fazer passar seu próprio trabalho artesanal como o original.

Jesse Green, professor de Inglês (não de Antropologia), compilou uma excelente edição das cartas de Cushing e coeditou uma coletânea de seus escritos. Green observa que, para Hodge, Cushing "era uma *prima donna* que nunca fazia anotações de campo e confiava apenas em sua memória e intuição". No entanto, como Green acrescenta, "é agora claro que Cushing tinha sim o hábito de registrar todo dia, escrupulosamente, suas atividades e observações".[159] Ainda assim, uma

---

[158] Sobre essa e questões relacionadas, ver, por exemplo, WILSON, Chris. *The Myth of Santa Fe: Creating a Modern Regional Tradition*. Albuquerque: University of New Mexico Press, 1997.

[159] GREEN, Jesse (ed.). *Cushing at Zuni: The Correspondence and Journals of Frank Hamilton Cushing, 1879-1884*. Albuquerque: University of New Mexico Press, 1990. p. 348, n. 1. Green também editou, com uma introdução (e prefácio de Fred Eggan), um ótimo volume, *Selected Writings of Frank Hamilton Cushing*

visão negativa de Cushing tem persistido em maior ou menor grau entre comentadores posteriores, que se afastaram da reação crítica do próprio Cushing a uma antropologia objetificadora, ou pelo menos dos extremos a que ela às vezes leva. Nota-se uma coloração fortemente negativa na abordagem de, digamos, Curtis Hinsley Jr. em seu importante livro, *Savages and Scientists*. Hinsley, por exemplo, escreve:

(Lincoln: University of Nebraska Press, 1979), que contém o *tour de force* de Cushing, "My Adventures in Zuni" (p. 46-144). A obra acadêmica mais destacada de Cushing talvez seja *Zuni Breadstuff* (New York: Museum of the American Indian Heye Foundation, 1920), que parece presciente em seu foco na comida como crucial para a natureza e a compreensão de cultura e sociedade. Já me referi ao que talvez seja seu texto mais conhecido, sobre a relação entre humanos, animais e deuses na cultura zuni, *Zuni Fetishes*, intro. Tom Bahti (1883; Las Vegas: KC Publications, 1990). Fetiches de animais, considerados originalmente calcificações ou concreções de animais, são ajudantes e protetores de humanos. Nessa introdução, Bahti nota que "os propósitos para os quais os fetiches podem ser usados variam: caçar, diagnosticar e curar doenças, iniciações, guerra, jogo, propagação, feitiços e detecção e proteção contra feitiços" (s.p.). Na cultura zuni, como em várias culturas indígenas, animais são situados em nível mais elevado de ser do que humanos, e julgados mais misteriosos e difíceis de entender. Em *Zuni Fetishes*, Cushing escreve: "Nesse sistema de vida, o ponto de partida é o homem, o organismo mais acabado, mas o mais baixo; pelo menos, o mais baixo porque o mais dependente e o menos misterioso. Na medida em que um organismo, real ou imaginário, se parece com ele, acredita-se que seja relacionado a ele e correspondentemente mortal; por ser misterioso, é considerado afastado dele, mais avançado, poderoso e imortal. Ocorre então que os animais, por serem também mortais e providos de funções físicas e órgãos similares, são considerados mais de perto relacionados com o homem do que os deuses; e relacionados mais de perto com deuses do que com o homem, por serem mais misteriosos, e caracterizados por instintos e poderes específicos que o homem por si não possui" (p. 9). Ver também CAJETE. *Native Science: Natural Laws of Interdependence*, esp. cap. 5. Cajete escreve: "Participar de cerimônias em sua homenagem criou empatia por um animal ou animais, assim como um contexto para relacionamento. As várias danças animais de culturas nativas fornecem uma compreensão das relações com animais. A psicologia relacional (ecologia) deve ser 'trabalhada' ou sempre renovada. Outro modo de trabalhar essa psicologia relacional era criar um totem do clã, um símbolo para celebrar os vínculos de um povo com um animal. Cada totem tinha uma história e emergia como um modo de chamar espíritos animais para sua proteção e intercessão com outros mundos" (p. 165). É desnecessário acrescentar que a compreensão da relação entre os vários povos indígenas e animais está ainda sujeita a variação e debate.

[Cushing] vivia para os grandes momentos de descoberta; eram uma necessidade para ele. Cushing não tinha tempo para as tarefas maçantes do refinamento e da prova científicos. Uma centelha de brilho, *insight* promissor, teoria abrangente – e então Cushing avançava, deixando os detritos de sua pesquisa espalhados pelo Sudoeste e outras partes, para que outros colhessem, se fossem capazes. Nisso havia uma genialidade, mas suas credenciais foram cada vez mais questionadas. A intuição brilhante sozinha ia só até acerto ponto.[160]

Joan Mark, em seu *Four Anthropologists: An American Science in Its Early Years*,[161] faz eco a esses comentários (p. 119) e prossegue para reforçar a análise de Hinsley da mudança geracional, de Cushing a Boas e outros:

> Cushing via a si mesmo do mesmo modo que Alice Fletcher, como intérprete da vida indígena para os de fora. Uma radical mudança no tom e no método teve lugar entre o seu tipo de etnografia e o realizado por Franz Boas e seus alunos. Cushing exaltava o engenho do povo zuni, e implicitamente o próprio engenho em ser capaz de acompanhar e traçar as interconexões da cultura deles. Era alguém de dentro, contando ao resto do mundo algo que este não sabia. Para antropólogos posteriores, a abordagem passou a ser com maior frequência a de cientistas contando uns aos outros coisas sobre um grupo de pessoas que tais pessoas não sabiam a seu próprio respeito (p. 121).

Deve-se, porém, lembrar (como faz a própria Mark, nas p. 122-123) que Claude Lévi-Strauss, alguém com um toque virtuoso ou até inspirado, que descreve a si mesmo (notadamente em sua obra-prima *Tristes trópicos*) como tendo uma impaciente abordagem pioneira e ininterrupta dos problemas, elogiou Cushing, não por

---

[160] HINSLEY JR., Curtis. *Savages and Scientists: The Smithsonian Institution and the Development of American Anthropology, 1846-1910.* Washington, DC: Smithsonian Institution Press, 1981. p. 205.

[161] MARK, Joan. *Four Anthropologists: An American Science in Its Early Years.* New York: Science History Publications, 1980.

sua etnografia presumivelmente de *"insider"*, mas pela sua aptidão de elaborar modelos da cultura zuni que não eram empíricos, mas de natureza analiticamente estrutural. E uma geração mais recente de antropólogos tem se distanciado de uma ideia talvez presunçosa da antropologia como ciência que transcende a autocompreensão de um povo em sua própria perspectiva objetiva sobre si, encontrando mais valor na abordagem empática de Cushing e até no autoquestionamento ao qual Cushing chegou, estimulado pelas dificuldades e pelos vínculos. De uma perspectiva um pouco distinta, também tenho dúvidas em relação a uma abordagem unidimensionalmente objetificadora, estreitamente profissionalizada do estudo de outros, mas não obstante devo indicar pontos nos quais penso que Cushing tenha ido longe demais em sua combinação de um *ethos* científico (que ele não rejeitou) e uma tendência de se relacionar com seus objetos e sujeitos a ponto de se identificar com eles e, digamos, "se tornar nativo" (*going native*).

Cushing foi talvez o primeiro antropólogo "residente", que assumiu viver com o outro a ponto de quase se tornar esse outro. Mas quero também frisar que essa última tendência é inevitável pelo menos como tentação para alguém com uma orientação que resista à objetificação plena e em vez disso tenha uma acentuada distância crítica (quando não uma forte dose de alienação) *vis-à-vis* sua própria sociedade e profissão. De fato, alguém que reconhece o outro como um sujeito que tem não apenas voz, mas também uma posição dialógica, encontra um outro que deveria ter (mas raramente tem de fato) poder comparável ao de seus observadores, com coisas a dizer que incluem conhecimento sobre seu modo de vida e possivelmente a respeito do modo desejável em que a vida em geral deve ser vivida. A objetificação, nesse sentido, é ela mesma uma versão dúbia, extrema e abusiva da tentativa de saber mantendo certa distância crítica tanto dos outros quanto de si mesmo. Da perspectiva que estou sugerindo, a objetificação unilateral pode ser vista como uma rejeição da transferência e da observação participante, que, no entanto, pode ser contraproducente ao induzir a autocerteza, até uma identificação projetiva não mediada, e julgamentos, avaliações ou reações afetivas não reconhecidos, às vezes descontrolados. Além disso, como a transferência é um modo de coimplicação inevitável, mas possivelmente negado ou obstruído, e a observação participante é uma de suas formas, esta última não é uma simples escolha de uma metodologia entre outras. É tão difícil de compreender e controlar quanto a transferência em geral. E é uma propensão ou condição que precisa ser confrontada de alguma maneira viável. Seu descarte ou descrédito é um modo de negá-la ou evitá-la, o que deve ser diferenciado de criticar a maneira como é usada ou se abusa dela.

Como já sugerido, Cushing costuma ser visto como pioneiro em propor a observação participante – e como alguém que tomou liberdades questionáveis em relação tanto à observação quanto à participação. Seu abuso mais notório da observação, que às vezes quase o levou a ser agredido e chegou a ameaçar sua vida, foi fazer esboços e anotações durante cerimônias religiosas zunis, para manifesto desagrado ou mesmo ultraje de seus anfitriões zunis. Seu senso de participação foi ao extremo da identificação, induzindo-o a se tornar membro do povo zuni, sacerdote do Arco na mais importante sociedade religiosa dos zunis e guerreiro – na verdade, como indicava no encerramento de algumas cartas, "1º Chefe Guerreiro", que passou por uma iniciação, o que incluiu tirar o escalpo de um membro de outro povo (apache). A observação participante se tornou uma "metodologia" na qual os dois extremos de superobjetificação e superidentificação podem ser explicitamente reconhecidos, a tensão e a ansiedade que causam, confrontadas, e em que se faz um autoconsciente esforço disciplinar intersubjetivo ou dialógico para controlar reações de modo que engendrem conhecimento compassivo ou empático, que em certos aspectos seja objetivo sem ser unidimensionalmente objetificador.

Gostaria de fazer mais alguns comentários a respeito da observação participante e depois tratar das observações frequentemente críticas do "anglo" Jim Ostler, cujo "discurso" (como é rotulado) está contido no livro *A Zuni Artist Looks at Frank Hamilton Cushing: Cartoons by Phil Hughte*. Ao lado dos esboços de Hughte, o livro contém também observações mais breves de outro comentador, a curadora de coleções do Museu Maxwell de Antropologia da Universidade do Novo México, Krisztina Kosse. Vou citar apenas uma das observações de Kosse, que é particularmente memorável: "O que iríamos odiar acima de tudo é um ser humano perfeito. O Cushing de Phil Hughte – curioso, insensível, brilhante, corajoso, ambicioso e vão – escapa a esse destino indesejável" (p. 122). (Quem poderia desejar um epitáfio melhor?) Devo também mencionar um ponto sobre os esboços, que serve como seu *leitmotif* e talvez resuma bem a apreciação de Hughte sobre a natureza das relações entre Cushing e os zunis: anglos, incluindo Cushing, são retratados sem olhos, e os zunis ou compartilham esse destino ou têm suas tiaras cobrindo-lhes os olhos. A implicação aparentemente óbvia é que, para Hughte, as relações em questão tiveram lugar em cegueira mútua.

Hortense Powdermaker escreve: "Sabemos menos a respeito da observação participante do que sobre quase qualquer outro método nas ciências sociais".[162] Tenho defendido que uma maneira frutífera de ver a observação participante é como uma forma daquilo que em psicanálise é tratado em relação à transferência. Acrescentaria imediatamente que essa sugestão não deve obscurecer as relações assimétricas estruturais e de poder que emolduram a transferência. Essas relações assimétricas também emolduram e restringem de diferentes maneiras a própria relação psicanalítica. O paciente vem ao analista em uma posição de menor poder, que às vezes envolve extrema vulnerabilidade, sofrimento e insegurança, enquanto o analista, mesmo que não assuma a posição que Jacques Lacan criticamente denominou a do "sujeito suposto saber", está ainda em posição de maior poder e autoridade. Esse poder assume uma forma institucional quando o analista está em posição de reportar ao Estado ou a outras agências, até com autorização de hospitalizar ou encarcerar, aquilo que o analista assume ser a competência mental e psicológica do paciente e sua capacidade de funcionar em sociedade. A própria distinção entre transferência e contratransferência sublinha a suposição contestável de que o analista está inicialmente no controle do self e da situação e que a transferência nele ou nela pelo analisando ou paciente pode ajudar a engendrar uma contratransferência na qual a suposta

---

[162] POWDERMAKER, Hortense. *Stranger and Friend: The Way of an Anthropologist*. New York: W. W. Norton, 1966. p. 9.

"neutralidade" do analista fique comprometida. Em razão do que vejo como a dubiedade dessa suposição, prefiro me referir a analista e analisando como implicados em uma relação transferencial que coloca problemas, alguns similares, outros diferentes, para ambos – problemas que podem ser encenados e elaborados e perlaborados em vários graus. Também defenderia argumento similar no caso de antropólogos e povos indígenas (assim como de historiadores e seus povos do passado), embora aqui os diferenciais de poder possam às vezes ser mais marcados e até mais sujeitos a abuso do que na relação clínica individual ou num grupo pequeno.

A transferência em psicanálise aplica-se primariamente à transferência da relação pai-filho para a situação psicanalítica de modos que destaquem o poder do analista, mas que podem também induzir a encenação inadequada pelo analisando de cenas da infância na própria situação analítica. Segundo J. Laplanche e J.-B. Pontalis, "A transferência é classicamente reconhecida como o terreno em que se dá a problemática de um tratamento psicanalítico, pois são a sua instalação, as suas modalidades, a sua interpretação e a sua resolução que caracterizam este".[163] Nem todos os problemas básicos de uma relação antropológica (ou histórica) são postos em jogo na transferência, embora a forma que assumem possa muito bem ser afetada por ela. E quanto à "cura", que penso que seja mal aplicada em estudos culturais e talvez seja uma meta enganosa em geral, eu a substituiria pela "tentativa de elaborar e possivelmente perlaborar problemas". Freud acreditava que a transferência afetasse todas as relações humanas (eu acrescentaria até mesmo relações com seres outros-além-dos-humanos). A psicanálise enfatizou e colocou em primeiro plano a transferência, que era tanto a mais forte ajuda em uma análise como podia também ser um obstáculo poderoso – o que Derrida chamou de um *pharmakon* cujo antídoto, a depender da dosagem, é ao mesmo tempo veneno e cura. Em termos simples, a transferência é um modo básico de investimento afetivo ou de

---

[163] LAPLANCHE, J.; PONTALIS, J-B. *The Language of Psychoanalysis* [1967]. New York: W. W. Norton, 1973. p. 455. [Edição brasileira: *Vocabulário da psicanálise*. São Paulo: Martins Fontes, 2001. p. 514.]

envolvimento com o outro, que pode ir ao ponto do amor ou do ódio (ou de ambos).

Tenho sustentado que a transferência é uma forma de autoimplicação no outro com a tendência de repetir, assim como reprocessar ou incorporar projetivamente, os processos ativos no outro ou no objeto de investigação. A objetividade pode ela própria ser redefinida de uma maneira não cientificista como a tentativa de elaborar e perlaborar em vez de simplesmente encenar ou repetir compulsivamente formas afetivamente carregadas de implicação no outro ou no objeto de investigação. No entanto, os tipos de transferência mais forçosos e que mais consomem podem ser encontrados na obsessão, na compulsão, nos sintomas traumáticos e pós-traumáticos, e em fenômenos como possessão, assombração e preocupação com espectros e fantasmas. Um sintoma pós-traumático, como se identificar com um ente querido perdido e até mesmo reviver o que ambos tenham vivido (incluindo estados de extrema abjeção e sofrimento), pode ser experimentado por um ente próximo não como sintoma, mas como um vínculo com o falecido do qual a pessoa abomine abrir mão ou sequer perlaborar. Eu sugeriria que a feitiçaria é uma maneira como um grupo pode tentar controlar a transferência e localizar ansiedade ao resistir à possibilidade de possessão por forças opacas, infamiliares, e projetar a fonte possivelmente indecidível ou talvez incontrolável dessa ansiedade em um outro definido, com frequência um bode expiatório, membro vulnerável (embora possivelmente temido como excessivamente poderoso e ameaçador) do próprio grupo ou de outro.

Os zunis acreditavam em feitiçaria e puniam feiticeiros duramente, possivelmente com tortura e morte. Esse é um aspecto de sua vida que Cushing abordou apenas às vezes. Um aparte divertido aqui é que, quando Cushing, na primavera de 1882, levou um grupo de cinco zunis e um hopi à Costa Leste, um dos zunis, falando a um público em Salem, Massachusetts, parabenizou as pessoas de Salem por também levarem aparentemente a feitiçaria muito a sério e fazerem esforços para eliminá-la. O próprio Cushing tinha uma forma de transferência muito preconcebida, quando não possessiva, em relação aos zunis, e foi encarado ao mesmo tempo como um membro do povo e alguém às vezes próximo de um grande transgressor, senão um bruxo no meio deles. Os zunis estavam, é claro, divididos em relação a Cushing, com uma facção francamente hostil a ele, notadamente a importante figura Luna, e outra fortemente devotada a ele, da qual talvez o mais importante fosse o "governador" Palowahtiwa. Este último de início ficou incomodado pela ousada intrusividade do jovem (Cushing simplesmente mudou-se para a casa dele sem ser convidado e se beneficiou do código de hospitalidade), mas com o tempo passou a considerá-lo um irmão mais novo. (Ao que parece, também, certos indivíduos, tanto na época de Cushing quanto depois, ficaram interiormente divididos em relação a como compreender e reagir a Cushing e ao seu papel em Zuni.) Uma indicação da importância de Cushing em Zuni é que, além de seu status como um dos sacerdotes do Arco, deram-lhe também o nome excepcional de Tenatsali (Flor Medicinal), atribuído a apenas um membro do povo em um dado momento.

A transferência envolvendo autoimplicação em relação ao outro ou ao objeto de investigação pode induzir identificação. Empatia costuma ser confundida com identificação. Penso que seja uma identificação indevida. É preferível conceber a empatia como uma forma de compaixão que envolve tanto proximidade quanto distância do outro. Ou seja, requer reconhecer a diferença em relação ao outro, bem como a mútua intimidade ou proximidade (com o viés, desnecessário dizer, das diferenças de poder, status e riqueza, além de ser moderada ou modificada por julgamento – positivo, negativo e misto). Mas reconhecer a diferença ou "alteridade" do outro ajuda a se contrapor à identificação, com suas tendências a projetar ou simplesmente incorporar o outro de maneiras que permitam obliterar diferenças ou pelo menos ignorar completamente resistências (às vezes justificadas) aos próprios desejos, iniciativas, interpretações e explicações, incluindo o desejo de fazer do outro objeto de um conhecimento "científico" o mais total possível. Eu relacionaria a empatia ou compaixão a uma tentativa de perlaborar a transferência e ao mesmo tempo contrapor-se a, mas nunca simplesmente transcender, tendências a encenar, repetir de modo compulsivo, incorporar ou reprocessar projetivamente aquilo em que se está afetivamente investido ou implicado.

Como muitos, se não a maioria de nós, Cushing ficou suspenso entre encenar e perlaborar, com acentuada propensão a se identificar com os zunis e levar a empatia ao ponto extremo da identificação, tornando-se um deles, apesar de não abrir mão, de fato, de sua identidade de "ocidental", cidadão dos Estados Unidos e antropólogo da Smithsonian Institution. Adotou os costumes zunis, comia sua comida (apesar de detestá-la no início), passou por iniciação, assumiu os oponentes dos zunis como seus oponentes e os amigos como seus amigos, e de muitas maneiras parece simplesmente ter ido o mais longe que seria possível. Também se vestia de maneira ostensiva e notória como um zuni (se bem que, pelo excesso de adereços, talvez menos como um zuni do que como um expoente quase paródico e *avant la lettre* do estilo Santa Fe), apesar das zombarias de alguns de seus associados (notadamente Matilda Stevenson). Mas uma linha que nunca se permitiria cruzar, mesmo estimulado por seus amigos zunis e apoiadores mais próximos, foi a linha sexual e a do casamento. Foi mais que incentivado a desposar uma zuni, mas voltou para o Leste para se casar com uma mulher branca (Emily Magill) e levá-la a Zuni. Ele nunca comenta esse capítulo ostensivamente importante de sua vida, e não achei nenhum comentário significativo a respeito, menos ainda uma interpretação, mesmo que especulativa, sobre a razão disso. Poder-se-ia pensar que uma pessoa tão identificada com o outro veria o casamento como componente crucial do que significa estar vinculado, até mesmo em uma equivalência, com o outro. Talvez em algum nível Cushing tenha resistido a uma total identificação, pelo menos na sensível área da sexualidade e do casamento. Mas aqui, como na questão da sexualidade de Cushing em geral, só cabe especular em termos que levariam a uma análise questionavelmente insensata, ainda mais na ausência de qualquer evidência sobre a qual se pudesse basear a especulação. Cushing era muito magro, de constituição frágil e adoecia com frequência. Mas suportava adversidades, como o frio extremo e longas viagens a cavalo, que poderiam derrubar mesmo homens mais robustos.

O "discurso" de Jim Ostler está no final de *A Zuni Artist Looks at Frank Hamilton Cushing: Cartoons by Phil Hughte*.[164] Quando o livro

---

[164] Com Marian Rodee, Ostler é coautor de um livro que mencionei antes sobre um tema também tratado por Cushing (frequentemente citado por eles com aprovação), intitulado *The Fetish Carvers of Zuni*.

foi publicado, Ostler trabalhava havia 10 anos como intermediário financeiro para os zunis. Ele via seu papel em termos cuidadosamente delimitados, como baseado no autointeresse mútuo. Segundo ele, "Meu papel tem sido menos de negociante e mais de empreendedor que trabalha para a aldeia e cuida de ganhar o máximo de dinheiro possível de uma maneira que seja aceitável para o conselho da aldeia e todos os seus mais de 7 mil componentes" (p. 107). Ele tinha ali muitos amigos, mas via a amizade com os zunis como "quase um relacionamento de negócios em uma sociedade anglo-americana em que cada parte finge uma real profundidade de relacionamento, mas sabe que se o 'negócio' não andar ou surgir melhor oferta de uma firma concorrente o relacionamento pode terminar quase sem um murmúrio" (p. 114). Apesar dessa ideia de amizade estreitamente instrumental, de "homem econômico", Ostler, ao que parece, era um bom amigo de Hughte e teve papel crucial em incentivar seu trabalho como artista e em compilar os esboços incluídos no livro.

Ostler critica ou trata com desdém a observação participante, e faz marcada diferenciação entre participar de uma comunidade e fazer uma observação "externa" dela, em especial enquanto cientista social: "A meu ver, a observação participante é uma concepção puramente teórica: tenta instalar uma estrutura para obter informações 'privilegiadas', mas falha em reconhecer que o ato de registrar, e depois divulgar o registrado, pode sabotar a sociedade que é investigada. Envolve a questão (certamente para os zunis) de divulgar 'segredos' de participantes em sociedades religiosas por alguém que era participante; é também a revelação de 'segredos' a pessoas de fora por alguém que é zuni. Tais atos são desleais em sua natureza" (p. 110). Ostler decerto levanta questões muito significativas. A presença e a atividade de antropólogos de fato criam problemas, mas o mesmo se dá com o papel de qualquer um em uma sociedade quando não está totalmente incorporado ao seu *habitus* ou modo de vida, mas levanta às vezes questões difíceis ou embaraçosas que podem perturbar, ou no mínimo apontar modos como a perturbação já ocorreu em uma sociedade. Penso que se a pessoa não está bem ciente disso, dessas tensões e possíveis contradições, e não tenta o melhor possível enfrentá-las e evitar consequências adversas, não está fazendo observação participante, mas praticando uma espionagem ou deslealdade bem explícita. Ostler tem pouca tolerância com a ambiguidade ou a apreciação de complexidades tensas, especialmente em papéis hibridizados. Para ele, é melhor ter uma coisa ou outra, e os escaninhos categóricos contendo coisas devem ser mantidos separados. Cushing de fato vai às vezes longe demais, mas será que é uma alternativa viável recusar percorrer qualquer distância significativa, permanecer dentro de uma lógica binária do tipo "ou você está dentro ou está fora", como observador externo (ou talvez um sócio de negócios) ou um membro da aldeia para quem o estrito sigilo seja uma marca da lealdade e da segurança da aldeia (ou nacional)?

Ostler às vezes tem uma mentalidade puramente instrumental, orientada aos negócios, mesmo quando se trata de Cushing em Zuni, e vê tanto ele quanto os zunis como movidos por autointeresse. Por exemplo, diz que o governador Palowahtiwa, que obviamente tinha um vínculo afetivo muito forte com Cushing, "tinha familiaridade com norte-americanos, e pode muito bem ter achado que Cushing seria um norte-americano que os zunis poderiam usar, e o próprio governador também, de algum modo ainda não definido, para trabalhar em favor dos interesses de sua própria facção política" (p. 114).

É interessante que Ostler especule que "a maior ameaça ao sistema zuni são os anarquistas indígenas – isto é, os bruxos. Grandes esforços são feitos para remover os anarquistas. Na realidade, um papel importante dos bruxos é contrastar a desordem da vida não zuni com a ordem da vida zuni" (p. 116). Da maneira como Ostler o entende, Cushing, pelo menos em seu papel disruptivo em Zuni, parece próximo de ser um bruxo. A própria reação de Ostler, afetiva e crítica, em relação a Cushing, a quem ele antes se refere como "O Homem Branco em Zuni" (p. 107), é às vezes muito negativa, aproximando-se da hostilidade dos zunis mais "tradicionais" (como Luna). Evocando ecos de algumas de nossas próprias e mais recentes "caças às bruxas", Ostler chega a escrever que "talvez [Cushing] fosse um espião cultural no sentido de buscar levar o que era secretamente guardado pelos zunis para gente de fora e o que era sigilosamente guardado por uma sociedade religiosa de Zuni para torná-lo público. Esse sentido de espionar tem menos a ver com sabotar o que é espionado do que com indiferença pela sabotagem... como no caso dos *paparazzi* fotografando furtivamente a Família Real Britânica ou de um repórter publicando a vida privada de seu personagem político". No caso de Cushing e outros antropólogos, o análogo do que é o jornal para os *paparazzi* é a instituição antropológica ou etnográfica em busca de informação e artefatos, e as "lealdades de Cushing eram preeminentemente voltadas à Smithsonian Institution e à 'ciência' da etnologia". Mas, já na frase seguinte, Ostler qualifica essa conclusão, que parece não levar em conta tensões entre Cushing e suas filiações institucionais e a profundidade de seu envolvimento na vida zuni. Ele observa que, "como com qualquer pessoa em processo de amadurecimento, Cushing parece ter experimentado uma mudança de lealdades – fortaleceu sua lealdade para com o povo zuni (e suas instituições), fortaleceu sua lealdade em relação à sua ambição pessoal e enfraqueceu sua lealdade para com a Smithsonian e o Bureau de Etnologia". Além disso, observa:

> Como evidência de sua crescente lealdade às instituições sociais dos zunis eu citaria a entrevista que Cushing deu ao jornal *Washington Evening News* em 1892 [...] na qual descreve as ocorrências de bruxos em Zuni, a extração de confissões e as punições. Embora um jornal tivesse noticiado que duas mulheres zunis haviam sido executadas por prática de feitiçaria, ele defendeu que "não há verdade nessa reportagem", que o governo dos Estados Unidos cometeu grave erro ao mandar soldados a Zuni e que os soldados deveriam ser chamados de volta imediatamente. Prosseguiu declarando que "a feitiçaria em Zuni não se assenta toda ela em crenças supersticiosas" e que conhecera vários feiticeiros que seriam mais bem caracterizados como "anarquistas da vida primitiva". Ele acrescentou: "estão empenhados em vencer as assembleias sagradas [e ao fazerem isso] recorrem à violência e com muita frequência ao envenenamento de fato" (p. 112).

Aqui Ostler cita Cushing referindo-se a bruxos como anarquistas em termos que ele próprio adota, embora às vezes retrate Cushing como tumultuando a vida zuni, isso quando não o equipara a um bruxo. Apesar de seu gosto por binários nítidos, Ostler parece deixar o leitor com um Cushing que permanece um enigma composto por uma multiplicidade de forças conflitantes que resistem a se desemaranhar, como aquela espécie de "umbigo" impenetrável do sonho, que, para Freud, marca o limite entre compreensão e interpretação.[165] Por volta do final de seu relato, Ostler passa para os zunis e declara enfaticamente que, quando perguntou a um zuni idoso que ele conhecia há anos o que achava de Cushing, o zuni disse:

> Era um bom homem. Disseram que, apesar de ser um Homem Branco, comportava-se como um zuni. Disseram que viveu com outros homens piedosos [líderes religiosos zunis], e, quando isso acontece, a pessoa começa a acreditar em coisas como a religião zuni. Disseram que foi o que aconteceu com ele. Soube que, quando havia ataques de navajos no Oeste, eles roubavam gado e às vezes matavam pastores de carneiros. Soube que Cushing foi com um grupo de zunis e matou um dos agressores. Acho que foi por essa razão que se tornou sacerdote do Arco... porque, quando você faz algo *assim* ou mata um urso, então o clã na mesma hora dá passos – não espera um dia – para iniciá-lo (p. 117-118).

Mas então Ostler imediatamente acrescenta: "Por outro lado, para muitos zunis, a iniciação de Cushing foi um ato anômalo, e ainda é possível encontrar zunis mais velhos que, quando sofrem ataque de seus parentes, dizem: 'Bem, seja lá o que digam que fizemos, pelo menos não iniciamos alguém de fora'" (p. 118).

---

[165] "Mesmo no sonho interpretado de forma mais minuciosa, é frequente haver um trecho que tem de permanecer obscuro; é que, durante o trabalho de interpretação, percebemos que há nesse ponto um emaranhado de pensamentos oníricos que não se deixa desenredar e que, além disso, nada acrescenta a nosso conhecimento do conteúdo do sonho. Esse é o umbigo do sonho, o ponto onde ele mergulha no desconhecido" (FREUD, Sigmund. *The Interpretation of Dreams* [1900]. Ed. and Transl. James Strachey with Anna Freud. London: Hogarth Press, 1981. p. 525 [edição brasileira: *A interpretação dos sonhos*. Rio de Janeiro: Nova Fronteira, 2018]).

Talvez haja ainda ambivalência, tanto em zunis individualmente como na aldeia, quanto ao papel de Cushing em sua vida e história, uma ambivalência que pode atestar uma perturbação persistente que não tenha sido efetivamente resolvida. Um aspecto-chave de tal resolução poderia muito bem ser a percepção de que não é má coisa iniciar alguém de fora em uma aldeia ou sociedade, mesmo que ele ou ela criem problemas para você, como Cushing criou, até mesmo para o governador zuni e outros que passaram a aceitá-lo. É claro que o problema difícil é como exatamente um antropólogo (ou qualquer um ligado a um grupo) lida com aspectos da prática ou crença do grupo sem ir a extremos, seja, por um lado, de uma objetificação que impeça coimplicação, interpretação compassiva e mesmo reconstrução cuidadosa, seja, por outro lado, de revelação intromissiva que se mostre invasiva e desrespeitosa. Não há fórmula ou algoritmo que "resolva" esse problema, que envolve coimplicação transferencial em geral e é constitutivo da escrita ou representação da "cultura", problema particularmente espinhoso quando o grupo em questão mantém, por razões que podem muito bem ser legítimas, um código de sigilo sobre certos modos de vida, o que não deve ser equiparado a paranoia com respeito à segurança nacional.

CAPÍTULO 5

O que é história?
O que é literatura?

A natureza da história e da literatura, assim como as relações entre ambas, tem sido uma questão abordada e debatida há séculos, tornando-se mais controversa com a profissionalização da história, no século XIX. Com frequência, cada uma dessas áreas ou campos tem sido discutida nos próprios termos, com restritas comparações a outros, e o *vis-à-vis* de história e literatura com frequência não tem sido entre uma e outra, mas, por exemplo, entre as ciências sociais, para a história, e as artes, para a literatura. Num passado recente, historiadores em geral ocuparam-se mais da interação da história com a ciência social ou a economia do que com a literatura. Para alguns historiadores inclinados às ciências sociais, a literatura e, mais decididamente, a ficção têm sido o outro *tout court*. E críticos acadêmicos de literatura têm demonstrado graus variados de interesse por história, e um dos exemplos mais proeminentes de uma guinada decisiva para a história é, claro, o Novo Historicismo.[166] A recente

---

[166] Vêm surgindo, porém, muitos balanços críticos sobre a compreensão e o uso da história no Novo Historicismo. Para um balanço extenso, com foco na obra de Stephen Greenblatt, ver MAZA, Sara. Stephen Greenblatt, the New Historicism, and Cultural History, or, What We Talk about When We Talk about Interdisciplinarity. *Modern Intellectual History*, n. 1, p. 249-265, 2004. Sobre a prática corrente do novo-histórico de justapor episódios extraídos de eventos históricos e de textos literários, Maza observa, de maneira talvez excessivamente binária e generalizadora: "O anedótico em história cultural é sempre uma abertura a um padrão cultural mais amplo, não, como Greenblatt o consideraria, um objeto de 'fascínio' ou meio para um 'efeito' ou 'toque' do real" (p. 263). E, com respeito ao talismânico "toque do real", ela defende ainda que, "espreitando as margens do manifesto de Catherine Gallagher

guinada ou (re)tomada de interesse dos historiadores pela narrativa tem propiciado alguma atenção renovada pela literatura e pelas similaridades ou diferenças entre o papel da narrativa na história e na literatura (ou na ficção), junto a alguma familiarização com a teoria literária. Mas essa guinada tem sido limitada, e não constitutiva da chamada guinada linguística ou cultural em termos mais gerais. Para a maioria dos historiadores, um forte interesse em literatura tem sido mais a exceção do que a regra. Por isso, é significativa a publicação de um livro focado nas relações não só entre história e literatura, mas também entre história e ciência social.

Em seu intelectualmente ambicioso e de leitura agradável *A história é uma literatura contemporânea: manifesto pelas ciências sociais*,[167] Ivan Jablonka procura algo diferente da mera combinação de história, ciências sociais e literatura. Ele gostaria que a história, ela mesma entendida como ciência social, fosse uma literatura do mundo real. Interessa-se, também, por uma literatura informada não apenas pelos resultados, mas, mais importante, pelas formas de raciocínio e de investigação da história e das ciências sociais correlatas (notadamente antropologia e sociologia). Explora algumas questões muito significativas concernentes às complexas relações entre história e literatura, e o sucesso de seu livro decorre do grau em que explica, defende e realiza sua ambiciosa meta.

---

e Greenblatt [*Practicing the New Historicism*, de 2000. Edição brasileira: *A prática do Novo Historicismo*. Bauru: EDUSC, 2005], há a sugestão de que o texto literário é, afinal, o grande beneficiário, com 'o real' como o meio de encantamento: 'Nós queríamos o toque do real da maneira como tempos atrás as pessoas queriam o toque do transcendente'" (p. 256). Pode-se inferir que, em sua construção do "toque do real" como deslocamento de um desejo pela transcendência, o Novo Historicismo não é tanto um historicismo quanto uma variante da guinada pós-secular predominante, assim como um deslocamento da hipotaxe e de certas formas de argumento em direção a parataxe, epifania, justaposição, montagem, bricolagem e transições suaves. Dessa constelação, há um passo curto para o apreço por Walter Benjamin e para um intenso interesse em W. G. Sebald.

[167] JABLONKA. *L'Histoire est une littérature contemporaine: manifeste pour les sciences sociales*; as traduções do francês são minhas.

Para Jablonka, a história é ao mesmo tempo ciência social e empreendimento literário, e a história não está confinada a seu status como disciplina acadêmica. O foco do autor são o pensamento e a escrita históricos, que, para ele, são tentativas inter-relacionadas de dizer o verdadeiro (*dire le vrai* – uma expressão bastante problemática e difícil de traduzir) a respeito da realidade (ou do real – *le réel*). Daí que um foco central seja o que se costuma chamar de alegações de verdade. Ele se estende sobre essa visão, apresentando o pensamento histórico como forma de cognição, maneira de raciocinar, conjunto de métodos, modo de colocar e perseguir respostas a questões e maneira de formular e testar hipóteses, mesmo quando a escrita da história está aberta a uma multiplicidade de estilos e assume uma forma narrativa, esta última sendo a ênfase que ele mesmo privilegia.

Uma distinção crucial para Jablonka é entre literatura e ficção, pois história é literatura que trata do real, e ela faz uso de ficções apenas de maneiras controladas e restritas – o que ele denomina "ficções de método" e que outros têm tratado em termos de ficções heurísticas. A esse respeito, são especialmente interessantes suas discussões (e seu endosso) da história contrafactual e de textos hibridizados (ele se refere de passagem àqueles de W. G. Sebald). Mas também trata, pelo menos brevemente, de várias espécies de "literatura do real": objetivismo (*Neue Sachlichkeit*), testemunho, o novo jornalismo, o romance não ficcional, a não ficção criativa e "memórias, ensaios, autobiografias comentários, diários" (p. 244), assim como colagens reunidas da internet, cuja importância enfatiza (p. 273-274).

Retomo adiante a questão de como podemos estender a linha de pensamento de Jablonka sobre história e ficção. Por ora, vou só observar que a ficção por si pode não ser puramente fictícia, mas oferecer uma perspectiva imaginativa ou mesmo uma leitura sobre eventos e processos históricos, que pode ser comparada com e oferecer sugestões ou mesmo hipóteses para a pesquisa histórica. Uma instância à qual já aludimos é o papel do trauma e dos efeitos pós-traumáticos ao longo de gerações, explorado, por exemplo, nos romances de Toni Morrison ou William Faulkner, notadamente em relação à escravidão e suas consequências. O Holocausto e o colonialismo, junto a seus desdobramentos, apresentam outra poderosa série de exemplos aos quais o próprio Jablonka é sensível. A lista poderia, é claro, ser estendida e não se restringe ao caso do romance histórico.[168]

Acho que o ensaio merece mais que uma mera menção como uma forma de pensamento histórico, pois seu ímpeto experimental e crítico é muito significativo de um modo que não precisa ser narrativa e vai além de um estatuto estreito e subordinado como "texto de opinião" [*think piece*]. Muito do pensamento histórico e das ciências sociais, especialmente em debates e discussões entre acadêmicos sobre questões controversas, assume a forma do ensaio, e é significativo que um aspecto não considerado do trabalho daqueles que enfatizam o papel da narrativa, incluindo Jablonka (além de figuras como Arthur Danto, Fredric Jameson, Paul Ricœur e Hayden White), venha em forma de ensaio, e não em narrativas. Mais insistentemente ensaístico é o trabalho de figuras tão importantes quanto Theodor Adorno, Jacques Derrida, Georg Lukács e Michel de Montaigne, e mesmo o de certos romancistas, como Robert Musil, que incorporam o ensaio em suas narrativas hibridizadas. O próprio *L'Histoire est une littérature contemporaine*, de Jablonka, assume a forma de um ensaio estendido e tem a intenção de ser uma espécie de acompanhamento teórico ou discurso sobre o método com respeito a seu livro anterior, sobre seus avós e o mundo deles.[169] É discutível se esse estatuto é responsável (como Jablonka sustenta) pela natureza relativa e assumidamente não experimental do livro mais teórico e metodológico em análise.

---

[168] Sobre essas questões, ver também o ponderado livro de Jeffrey Andrew Barash, *Collective Memory & the Historical Past* (Chicago: University of Chicago Press, 2016). Barash não trata do papel dos deslocamentos ao longo do tempo ou do trauma e dos efeitos pós-traumáticos com respeito à memória. Esse último aspecto viria suplementar utilmente seu esclarecedor relato sobre memória coletiva e a maneira como a que ele conclui ser sua forma caracteristicamente moderna é moldada pelo papel da mídia e pelo senso de imediatez ou de comunidade imaginada que estes às vezes tentam engendrar. Uma referência ainda muito útil, que o livro de Jablonka pode ser visto como atualizando de certas maneiras, é o livro de Philippe Carrard, *Poetics of the New History: French Historical Discourse from Braudel to Chartier* (Baltimore: Johns Hopkins University Press, 1992).

[169] JABLONKA, Ivan. *Histoire des grands-parents que je n'ai pas eus: une enquete*. Paris: Éditions du Seuil, 2012.

É curioso que se preste tão pouca atenção ao papel do testemunho oral, da história oral e das relações entre história e memória na rememoração da experiência dos eventos. Essa questão estava muito em jogo no livro mais antigo sobre os avós que Jablonka "nunca teve" e em sua busca de encontrar testemunhas e documentos que pudessem informá-lo a respeito de um passado que tentava resgatar. Também surpreende um pouco que não haja no texto notas de rodapé extensas, substanciais, que possam elas mesmas ser vistas como ensaios suplementares, que abram linhas de pensamento, sugiram alternativas ao argumento dominante e funcionem de maneira crítica. Parte da surpresa vem do fato de Jablonka prover uma excelente discussão das possibilidades e limitações de vários tipos de notas de rodapé, incluindo um *éloge* de seu possível valor literário e científico: "Se alguém quer dar de novo toda a dignidade a uma nota, é possível fazer dela um objeto literário ao disseminar o relato (*le récit*) com vários níveis de notas ligadas ao texto: referências, comentários reflexivos, estados da questão, discussões eruditas" (p. 269).[170] Além disso, é bastante instigante a sugestão de que se desloque o centro de gravidade da narração e se consagre uma parte do relato à pesquisa e ao próprio processo de pensamento, produzindo não apenas um relato histórico, mas também um (metar)relato do raciocínio histórico como atividade intelectual (p. 296-297). Eu observaria que é possível ver essa iniciativa não como "olhar o próprio umbigo" (como seria para muitos historiadores convencionais), mas como tentativa de autocompreensão cognitivamente responsável e mesmo como uma elaboração da nota de rodapé substancial em um ensaio exploratório condensado, inserido em uma narrativa ou outro relato histórico.

---

[170] No aspecto intelectual, estilístico e afetivo, uma nota de rodapé substancial pode indicar que, naquele ponto do texto, deve-se parar, pensar criticamente e muito possivelmente discordar. Pode indicar também o papel do que M. M. Bakhtin chama de "dialogização interna" de um texto, envolvendo discussão com outros ou consigo de maneira que impeça conclusões precipitadas e evite fechamento. Jacques Derrida insistiu na importância da nota de rodapé como suplemento crucial ao texto principal, que pode tanto elaborá-lo como desafiá-lo ou até funcionar misteriosamente como seu inconsciente.

Uma objeção mais óbvia à insistência de Jablonka na centralidade da narrativa, assim como às teorias que tentam reduzir todas as outras formas de história a uma narrativa encoberta (evidente às vezes em Paul Ricœur), é o estatuto de um modelo social-científico no qual o ponto crucial da história seja a explícita formulação e teste de hipóteses. Essa abordagem não precisa assumir a forma do paradigma largamente desacreditado de "cobertura por leis" [*covering-law*], que Carl Hempel e outros derivaram de uma ideia restrita de ciências da natureza e projetaram normativamente na história. Pode assumir uma articulação mais abrangente, mas ainda assim diversa da narrativa, que seja ao menos um modelo importante de história legítima. Tal visão foi recentemente defendida por William Sewell em uma importante linha de pensamento de seu *Logics of History: Social Theory and Social Transformation*.[171] Pelo menos em certos aspectos, os livros de Sewell e de Jablonka suplementam e ajudam a compensar as limitações um do outro.

Apesar das críticas que lhe possam ser feitas, a abordagem de Sewell, ao contrário da de Jablonka, tem o mérito de tentar preservar o que ele vê como avanços genuínos da "guinada cultural" e da importância da linguagem, destacadas por vários teóricos, como Clifford Geertz e Ludwig Wittgenstein. Mas adverte que "a falta de interesse pela – ou melhor, a efetiva negação da – determinação socioeconômica, por parte da história cultural, parece-me potencialmente incapacitante, numa era em que tais determinações estão tão evidentemente em ação no mundo, inclusive, ao que parece, em nossas próprias conceitualizações do processo histórico" (p. 347-348). É discutível em que grau um foco nas determinações socioeconômicas, digamos, na França do século XIX, esclareceria problemas na

---

[171] SEWELL, William. *Logics of History: Social Theory and Social Transformation*. Chicago: University of Chicago Press, 2005. O livro de Sewell assume a forma de uma coleção de ensaios interativos, que às vezes tomam direções diferentes, até divergentes. Ver também BONNELL, Victoria E.; HUNT, Lynn Avery (ed.). *Beyond the Cultural Turn: New Directions in the Study of Society and Culture*. Berkeley: University of California Press, 1999, e SPIEGEL, Gabrielle (ed.). *Practicing History: New Directions in Historical Writing after the Linguistic Turn*. New York: Routledge, 2005.

era atual de comoditização desenfreada, "globalização", privatização, desregulamentação, terceirização, fundos multimercado [*hedge funds*], fusões de bancos comerciais e de investimento, hipotecas *subprime*, *swaps* de créditos inadimplentes, bancos *off-shore* e lavagem de dinheiro, como causas específicas da vasta discrepância entre pobres, ou mesmo a grande maioria, e os muito ricos (o "1%" ou mesmo o "1/10 de 1%" nos Estados Unidos) etc. Mesmo assim, em aparente paradoxo, Sewell vê as próprias determinações socioeconômicas (assim como o papel do poder) em termos semióticos ou por meio de jogos de linguagem. "O Estado, em sua feição tanto militar quanto civil, é uma rede de práticas semióticas [...] Nesse sentido, parece a coleção de jogos de linguagem que chamamos de capitalismo" (p. 344). Em vez disso, pode-se argumentar que práticas semióticas e "jogos de linguagem" (relacionados ao que Wittgenstein chamou de "formas de vida") são dimensões cruciais de várias práticas significantes e desempenham um papel em múltiplos níveis na complexa operação do poder, bem como de processos socioeconômicos em geral. Há, é claro, um perigo em confiar em oposições binárias não examinadas, como aquela entre cultura e materialidade (reminiscente de superestrutura e infraestrutura) – oposições que podem ser questionadas no interesse de elaborar distinções não dicotômicas. E não é preciso negar o papel da estatística em relação a certas alegações de verdade e simplesmente fundir ou mesmo postular um vínculo necessário entre números e estruturas, como Sewell tende a fazer.

O tratamento que Sewell faz da metodologia não chega a uma forma mais básica de investigação teórica que examine as suposições e os modos como elas sustentam asserções mais ou menos questionáveis – algo que Jablonka busca e às vezes não oferece. As próprias relações entre determinações socioeconômicas e práticas culturais ou significantes podem por si ser mais bem conceitualizadas em termos do problema de articulações e disjunções, incluindo relações suplementares mais que dialéticas num sentido totalizante que implique ganhos cumulativos, sem perda de processos intelectuais, existenciais ou históricos. Forças socioeconômicas ajudam a moldar e impor limites a práticas e eventos culturais (como a escrita de um romance), mas não os determinam, exceto que se esteja disposto a reverter a uma ideia não problemática da relação de uma infraestrutura econômica ou socioeconômica com uma superestrutura cultural ou com o modo mais durkheimiano de Pierre Bourdieu de reducionismo sociológico extremo.[172]

Nem tudo na sociedade ou nas relações entre humanos e outros animais ou com o ambiente é explicável em estritos termos socioeconômicos ou de poder político. Como quer que sejam interpretadas, um aspecto crucial das "guinadas" cultural e linguística é atentar a outras forças e fatores, como sentido, ideologia, desejo, fantasia, fanatismo, racismo, terrorismo, traumatização e forças quase religiosas ou pós-seculares, em especial a sacrificial e quase sacrificial. A tentativa nazista de se livrar dos judeus não pode ser explicada em termos estritamente socioeconômicos ou de poder político, e às vezes é possível ver a matança e o abuso de judeus como "contraproducente" em relação tanto à economia quanto à guerra contra os Aliados. Uma questão é se aquilo que Saul Friedländer trata em termos de "antissemitismo redentor" tem aplicabilidade mais ampla a outros modos de preconceito e animosidade, por exemplo, em várias iniciativas genocidas que envolvam "limpeza étnica". Preconceito e racismo em geral não são questões puramente socioeconômicas ou de poder político, embora dimensões muito importantes desses dois aspectos possam muito bem estar envolvidas e ter consequências socioeconômicas e de poder político. E o papel facilmente manipulável da ansiedade e da privação econômica tampouco deve obscurecer a força do preconceito, do racismo e da nostalgia de um passado supostamente melhor ou mesmo "grande" e glorioso (que, para alguns, inclui até um passado confederado e de propriedade de escravos – ou pelo menos um tempo em que ter um presidente afro-americano era impensável), como na eleição de Donald Trump.

Tenho sugerido que nem todos os aspectos da atividade cultural, como a "criação" de arte ou a escrita de romances, podem ser explicados em termos socioeconômicos ou políticos. Na verdade, boa parte da arte e da escrita no período moderno teve relação explicitamente

---

[172] Ver, de Pierre Bourdieu, *Rules of Art: Genesis and Structure of the Literary Field*, trad. Susan Emanuel (1992; Stanford: Stanford University Press, 1996).

contestatória com as forças econômicas e políticas centrais, da comoditização ao racismo, à exploração, à guerra e à militarização. Além disso, a discussão precedente deve ter deixado evidente que um foco ou ênfase na cultura não precisa implicar uma "ausência de interesse, na verdade uma efetiva negação da determinação socioeconômica". Pode envolver a tentativa de prover uma compreensão embasada e instigante de certos problemas – ou mesmo compensar um existente desequilíbrio de atenção e pesquisa –, mas de modo que se possa reconhecer a importância de outros problemas, ainda que sejam discutidos em termos limitados, reconhecidamente inadequados. Daí que eu ache viável criticar um pesquisador da história intelectual ou mesmo um historiador da cultura por não oferecer tratamentos estendidos de textos ou artefatos a respeito dos quais às vezes são feitas afirmações depreciativas, mas não por expor uma análise inadequada do capitalismo e seu desenvolvimento ao longo do tempo. Inversamente, seria implausível e injusto criticar Marx por uma análise de Balzac, na melhor das hipóteses muito restrita, ou Keynes, por não oferecer uma compreensão penetrante das obras de sua colega do grupo "Bloomsbury", Virginia Woolf.[173]

Uma coisa que Jablonka destaca e exemplifica é o prevalente desejo pelo "real", talvez indicativo de ansiedade a respeito da crescente virtualização e digitalização, assim como do papel de estruturas e processos socioeconômicos aparentemente abstratos aos quais costuma ser difícil atribuir responsabilidade em determinar agentes. Esse desejo é acentuado na busca de origens, "raízes", presença

---

[173] Pode-se notar que o argumento de Sewell se move em várias direções. Uma das mais desafiadoras é formulada por Judith Surkis: "Sewell defende uma visão da cultura não como total, mas como exibindo 'tênue coerência'. A dialética entre sistema e prática na sua visão de 'tênue coerência' coincide com uma perspectiva 'desconstrucionista' do sentido. 'Desconstrução', escreve ele, 'não nega a possibilidade de coerência. Em vez disso, supõe que a coerência inerente num sistema de símbolos seja tênue, no sentido que tenho descrito: mostra seguidamente que o que se toma por certeza ou verdade em textos ou discursos é com efeito discutível e instável. Isso parece plenamente compatível com uma perspectiva prática da cultura'". Ver SURKIS. Of Scandals and Supplements, p. 102-103.

e identidade, e levou recentemente a uma "televisão *reality*", que costuma ilustrar (mesmo além de figuras como Jerry Springer e Donald Trump) a lacuna entre desejo e realização ou conquista. O próprio livro anterior de Jablonka sobre os avós que nunca teve é, a seu modo meticuloso, erudito, uma busca de conhecer suas raízes emocionalmente carregadas "no real", por mais elusivo que este último às vezes se mostre.

Jablonka enumera sua própria lista de características da literatura ou do "literário" (cujo estatuto teria sido mais bem apresentado de modo explícito como inevitavelmente contestável): literatura é *forma* (como beleza estética – mas será que isso exclui técnicas explícitas de desarticulação, desfiguração e distorção?), *imaginação* (incluindo ficções, mas não fantasia descontrolada), *polissemia* (de que modo isso se relaciona com ambivalência, equívoco, ambiguidade e disseminação mais radical?), *singularidade* (enquanto "erupção de um self" – *un moi* – mais desenvolvido depois no texto do que outras características, em termos do permissível uso da primeira pessoa do singular, bem como enquanto uma "socioanálise autobiográfica", rejeitando a onisciente "visão a partir de nenhum lugar" e situando o self e seus pontos de vista, em especial como pesquisador, testemunha e crítico de si [*contre-moi*]; p. 288-289). Por fim (em formulação expressamente tautológica), o literário é o que é reconhecido e mesmo consagrado por leitores e instituições como *literatura* (talvez um movimento rápido demais em direção à recepção) (p. 245-247). Tais características são condensadas numa definição reconhecida como aberta a crítica, mas que tem os presumíveis méritos de simplicidade (permite fácil aplicabilidade) e plasticidade (torna-se compatível com as ciências sociais): "*Literatura é um texto considerado como tal e que, por meio de uma forma, produz uma emoção*" (p. 247). Curiosamente, "emoção" aparece na definição reduzida, mas não na lista de características. Ao final do livro, temos outra variação da natureza da "história-literatura" como um esforço neociceroniano de testar, satisfazer e comover o leitor (p. 311).

Jablonka também se interessa pelas relações entre pensamento histórico e literatura ficcional, como nos romances, que ele compreende de uma certa maneira que, penso eu, é às vezes questionável, assim como merecedora de questionamento. Ao ver a história ou o pensamento histórico como ciência social e como literatura, Jablonka tem a meta óbvia de colocar em questão e ir além da oposição entre arte literária e história como ciência, oposição que era e ainda é importante para um grupo significativo de historiadores e também para um grupo de escritores e críticos literários. Ele enfatiza a importância da história enquanto escrita, isto é, a tentativa de escrever um texto em um sentido forte, embora um pouco vago, especificado em alguma medida pela lista de características elaborada por Jablonka, mencionada no parágrafo anterior. (Ele não trata do problema do ensino, mas pode-se supor que ficaria sujeito aos mesmos critérios da escrita, acrescentando uma habilidade de se dirigir a um público variado.) Seja como for, a história é mais que uma mera representação ou mimese na qual alguém "anota" os resultados de pesquisa, muitas vezes de modo "cientificista", antisséptico. E Jablonka rejeita duas teorias complementares de ficção: uma ideia autotélica ou autorreferente, como nos críticos pós-saussurianos Roland Barthes e Michael Riffaterre, e uma ideia reflexiva ou mimética, na qual a ficção espelha a realidade, que é a que vemos, por exemplo, em certos marxistas, sociólogos e historiadores.

De qualquer modo, surgem dificuldades em relação ao que Jablonka quer dizer exatamente com seus termos-chave e o que oferece como alternativa àquilo que rejeita. "Verdade", "realidade" (ou "o real"), "escrita" e "texto" são explorados apenas de maneiras restritas, embora "verdade" seja vista a certa altura em termos da ideia de Karl Popper de hipóteses que resistem a testes de falseabilidade, o que torna asserções ou alegações mais amplas aceitáveis como as melhores abordagens disponíveis da verdade. E a verdade parece claramente envolver precisão e revelação e desmascaramento de falsidades. No entanto, "verdade" e "o real" preservam uma nebulosidade, assim como a própria "ciência". Embora as noções de escrita e texto possam evocar o trabalho de Derrida, permanecem no nível do senso comum, o que as torna, como outras dimensões do relato, prontamente "legíveis" e abertas ao público leigo, mas às vezes à custa da inquirição crítica de seu sentido e suas implicações, embora tal inquirição pareça ser o que Jablonka está pedindo.

O próprio termo *"enquete"*, que aparece com frequência como a definir a natureza do pensamento histórico, é ambíguo, por significar "inquirição", "inquérito" e "investigação". "Inquirição" (um sentido crucial da palavra grega para "história") é talvez o sentido mais importante, mas os dois últimos apontam para procedimento judicial e trabalho de detetive na determinação da verdade, e também têm papel na argumentação. Ambiguidade comparável (polissemia?) surge na definição de literatura, assim como na de história, em termos de *recherche* – pesquisar, assim como procurar, sugerindo pelo menos a possibilidade de busca (como em Proust, por exemplo, ou na própria aparente busca de Jablonka de conhecer, e ter contato com, seus avós, vítimas do Holocausto). Jablonka também enfatiza a compreensão (*compréhension*) e a explicação como aspectos do raciocínio ou pensamento histórico, mas fala pouco de interpretação e de sua relação com problemas de leitura. Será que a falseabilidade popperiana se aplicaria a interpretações ou mesmo a formas reativas de compreensão, ou sua avaliação é mais complicada, talvez mesmo essencialmente contestável? Também é pouco claro de que modo a questão dos valores e da normatividade se relaciona com a "ciência", assim como com a literatura. Será que Jablonka concorda com a fórmula resumida de Max Weber, segundo a qual valores na ciência social moldam as perguntas que fazemos ao passado ou ao objeto de estudo, mas não têm papel significativo nas respostas que damos? Será essa uma visão simplista e, se for, como conceitualizar o problema? Claro que há uma longa tradição de reflexão sobre essas questões, pelo menos a partir de Dilthey e Gadamer, e de Durkheim, até a desconstrução. Jablonka fala delas de passagem, mas não as formula e explora como problemas específicos.

A única referência de Jablonka a Derrida é com respeito ao que ele vê como a rejeição que John Searle faz de Derrida, pela obscuridade deste último (p. 258). (Isso é como reportar um combate de boxe da perspectiva de apenas um dos lutadores, que para o outro teria uma visão confusa. O texto de Derrida sobre Searle pode, ao contrário, ser lido como um experimento ensaístico e uma piada séria, na qual os problemas da intencionalidade e do *copyright* estão em jogo, com Derrida citando todo o ensaio de Searle em seu próprio artigo, mas de uma maneira que faria com que um processo por infringir direito autoral parecesse ridículo.)[174] Colocado nos termos mais breves, em Derrida o texto é reconceitualizado como uma rede de traços instituídos, que abrange não só textos no sentido comum, mas também todos os modos de inscrição, desde marcas e tatuagens nas chamadas culturas pré-letradas a séries estatísticas e ao código genético. Um benefício dessa visão é que permite conexões e articulações (explicitamente buscadas na "teoria da complexidade"), enquanto obviamente pede especificação no nível de distinções não dicotômicas, mas, variadamente, de fortes a fracas, que devem ser defendidas na argumentação. A seu tempo, essa visão se torna vinculada a uma abordagem pós-humanista que não rejeita tudo o que foi feito sob a rubrica do humanismo, mas visa ao antropocentrismo e à postulação de qualquer divisão ou separação decisiva entre humanos e outros animais, junto à redução de todos os demais animais à categoria homogeneizadora de "o" animal (aqui Derrida usa o genial neologismo "*animot*"[175]). O problema passa a ser explorar de modo não hostil as redes complexas, emaranhadas, entre humanos e vários animais sem negar suas proximidades e relações empáticas. (Eu sugeriria que a teoria evolucionária não se fixasse na infindável repetição dos critérios mutáveis, elusivos e contestáveis que separam o ser humano mesmo de seus parentes mais próximos – com frequência servindo para justificar usos e abusos humanos de outros animais, o que inclui fazendas industriais, caça, aprisionamento, experimentação com animais, além de matá-los e comê-los. A teoria evolucionária poderia, em vez disso, enfatizar formas de coevolução, que às vezes criam vínculos simbióticos entre humanos e outros animais, como cães, cavalos e elefantes.) Derrida também interpreta linguagem ou outros modos de inscrição como algo diverso de invenções humanas

---

[174] O ensaio de Derrida que cita o de Searle é "Limited Inc. abc", em *Glyph 2* (Baltimore: Johns Hopkins University Press, 1977), p. 162-254; reimpresso em *Limited Inc.*, ed. Gerald Graff, trad. Jeffrey Mehlman e Samuel Weber (Evanston: Northwestern University Press, 1988).

[175] Fusão das palavras francesas para dizer "animal" e "palavra" (*mot*). O neologismo é homófono à forma plural "*animaux*" (animais). (N.R.)

ou índices de excepcionalidade humana. Em contraste, o que é proeminente em Jablonka são um humanismo não questionado e uma ideia do humano ou das ciências sociais que talvez tenha caracterizado a Escola dos Annales desde sua criação, apesar da admirável gama de seus interesses e de seu desejo de situar humanos em redes ecológicas mais amplas. Pode-se argumentar que essa última tendência pode levar a repensar o frequentemente professado humanismo daqueles afiliados à Annales. Derrida pode não oferecer um manual para o *métier de l'historien*, e seu livro não resolve todos os problemas de repensar a história. Mas não é preciso ser um discípulo não crítico para argumentar que isso pode no mínimo ajudar a criar o cenário para uma autocompreensão mais crítica, envolvendo distinções problemáticas, mas importantes, por exemplo, entre história ou literatura histórica e ficção. E não há razão para excluir *a priori* textos (incluindo alguns de Derrida) que encenam uma hibridização de compreensão histórica e escrita desconstrutiva.

Jablonka parece ser um jovem astro em ascensão na constelação dos Annales. E sua própria posição dentro dos Annales parece óbvia, notadamente em sua ênfase em cognição, na pesquisa orientada por problemas e no status da história como ciência social. Mas a atenção e a pesquisa dedicadas no trabalho de acadêmicos dos Annales, e em torno deles, às relações entre história, literatura e ficção não têm sido acentuadas, exceto em certas áreas, como a sociologia do conhecimento e o papel dos escritores na sociedade e na política (por exemplo, em Gisèle Sapiro ou Christophe Charle) e a história do livro (como em Roger Chartier e Robert Darnton). Há também algumas figuras notáveis, mas relativamente excepcionais, com amplo interesse pelas interações de história e literatura, como Christophe Prochasson, Philippe Carrard, Michel de Certeau e Jacques Rancière (os últimos três são referidos por Jablonka). Felizmente, Jablonka vai ajudar a dar maior importância dentro dos Annales e mais amplamente às questões que o preocupam.[176] No entanto, também tende

---

[176] A natureza controversa de um interesse assertivo pelas relações entre história e literatura, num número significativo de historiadores associados à Escola dos Annales, talvez esteja indicada nos termos e no teor de uma nota que recebi em

a minimizar, marginalizar ou excluir certas questões, que menciono adiante, à maneira prevalente na historiografia dos Annales, mesmo em avatares recentes de mente um pouco mais aberta, como os mais velhos Chartier ou Jacques Revel, e o mais jovem Antoine Lilti. Pode-se ver sua iniciativa como uma inflexão importante nas abordagens prevalentes nos Annales ao tentar suplementar, expandir ou pelo menos tornar mais explícitas as tendências na historiografia dos Annales que, com efeito, combinam ciência social e literatura (ou o literário), mesmo que de maneiras restritas. Jablonka menciona vários textos que se qualificariam, como os de Fernand Braudel e Georges Duby. Ele também, de modo bastante surpreendente, cita Carlo Ginzburg e Arnaldo Momigliano não só como modelos importantes e influentes de historiografia erudita, mas também como teóricos relevantes, o que é ousado, embora não de todo convincente. Mas o que os últimos compartilham com Jablonka é uma rejeição sumária do que é compreendido bem inadequadamente como a chamada guinada linguística, assim como pós-modernista, que são de modo simplista fundidas por Jablonka (e outros), com base numa marcada ausência de análise crítica sustentada e de referências específicas. Em geral, a ênfase na interação e na implicação mútua de história

---

24 de abril de 2017 da Société d'Histoire Moderne & Contemporaine a respeito de uma mesa-redonda proposta sobre o tema "L'écriture de l'histoire: sciences sociales et récit", realizada em Paris, em 16 de junho de 2017: "A escrita da história e suas relações com a literatura são hoje objeto de numerosas publicações, seja para afirmar a presença de formas de conhecimento na literatura ('*savoirs de la littératures*' [sic]), de exaltar (*prôner*) uma história que seria 'literatura' ou afirmar que a literatura seria mais adequada para explicar a história. Essas proposições, largamente oferecidas para plebiscito (*plébiscités*) pela mídia, também evocam acaloradas críticas entre historiadores. A mesa-redonda será ocasião para debater a questão da narrativa (*le récit*) e as possíveis tensões na inscrição da disciplina dentro das ciências sociais a esse respeito (*à ce titre*), uma inscrição fundada em um aparato crítico e em uma abordagem interpretativa (*démarche*). As práticas profissionais de historiadores, o papel de trabalhos empíricos e teóricos na escrita, mas também o peso das restrições editoriais, estão no cerne da reflexão. Os interesses são vastos: eles se relacionam com o futuro da pesquisa em história, a possível recepção de seu discurso específico e a relação dos historiadores com a esfera pública (*la Cité*)" (tradução minha).

e literatura pode ajudar a estimular os Annales (assim como historiadores de outras partes) em certas direções, e o pleito de Jablonka não só por uma "história como uma literatura contemporânea", mas também por textos pós-disciplinares e hibridizados, talvez toque em cordas reverberantes, mesmo tendo, por razões óbvias, pouca chance de transformar a academia. Ainda assim, a natureza e o nível de sua argumentação, junto a seus silêncios e suas omissões significativos, podem ser acomodados como um acréscimo amigável, sem de fato ameaçarem contestar ou mudar orientações já evidentes em historiadores associados aos Annales, por mais que estes últimos tenham se tornado vagamente definidos ou sejam vistos como "dissidentes".[177]

Com efeito, a guinada linguística-pós-modernista é uma instância na qual a tolerância de Jablonka, sua curiosidade intelectual, generosidade e abertura a estilos e orientações alternativos parecem colapsar.[178] E, em uma rara referência específica a receber algum comentário, Hayden White é estranhamente tomado como exemplar do monstro compósito PoMo [pós-modernista] da guinada linguística. A essência da besta é a redução da história a ficção e retórica, uma rejeição ou radical menosprezo da dimensão cognitiva (essência?) da história e um pantextualismo puramente linguístico, no qual não há nada fora do texto (no sentido comum da palavra). Mas há pouco motivo de preocupação, pois "hoje a guinada linguística está morta"

---

[177] Vale notar que Jablonka não se apoia no conceito de *mentalité*, que já foi emblemático em historiadores dos Annales com um forte interesse por história cultural. Uma razão de seu declínio pode muito bem ser que o conceito era amplo e homogeneizante demais para permitir uma leitura próxima, diferencial de textos ou contextos específicos. E não foi suficientemente desenvolvida uma compreensão mais interativa da relação de *mentalité* com textos (tanto no sentido comum como no de Derrida). "*Mentality*" [mentalidade] não alcançou muita acolhida no mundo anglófono, e o trio formado por texto (ou prática de significação), contexto e cultura, prometendo menos, mas talvez oferecendo mais, continuou predominante entre historiadores da cultura e pesquisadores da história intelectual.

[178] Aqui sua abordagem é reminiscente daquela de APPLEBY, Joyce; HUNT, Lynn; JACOB, Margaret. *Telling the Truth about History*. New York: W. W. Norton, 1994; NOIRIEL, Gérard. *Sur la "crise" de l'histoire*. Paris: Belin, 1996; e EVANS, Richard. *In Defense of History*. New York: W. W. Norton, 1997.

(p. 109), embora Jablonka pareça temer sua ressurreição, já que gasta tanto esforço em espancar o ser morto. Da forma como Jablonka a apresenta, a guinada linguística é sempre quando muito um zumbi assustador, mesmo que espectral. Na medida em que a guinada linguística envolve uma preocupação sustentada com a linguagem em seu uso histórico como uma importante prática de significação, interagindo com outras práticas (*langage* em contradistinção ao binário de Saussure entre a abstrata *langue* e a instanciadora *parole*), ela segue sendo um problema vital, com muito ainda a ser feito, por exemplo, no estudo da natureza e das relações entre as várias formas e institucionalizações do uso da linguagem, como o histórico, o religioso, o filosófico, o literário, e assim por diante. E pode-se colocar não redutoramente o importante problema da relação da historiografia com a retórica e a ficção. O próprio livro de Jablonka tem uma discussão pertinente da retórica e é em boa medida uma inquirição dos usos históricos, social-científicos, literários e ficcionais da linguagem, que teria se beneficiado de uma percepção sustentada dos problemas no uso da linguagem que aborda. Se alguém quer prover uma crítica cogente da guinada linguística, segundo as próprias regras de método de Jablonka, acho que precisa de uma análise mais cuidadosa e discriminadora de pensadores específicos, grupos e textos – e não de uma categorização carta-branca e um indiciamento clichê que, infelizmente, pode equivaler a eleger bodes expiatórios, procedimento nada novo ou experimental.

Como ocorre com qualquer pensador significativo, controverso, podemos encontrar em Hayden White coisas a criticar (e muitas que já tenham sido criticadas), como seu radical construtivismo (reminiscente da compreensão de Kant do poder formativo da mente via categorias), sua afirmação de uma liberdade existencial, de feição sartreana, do historiador em empregar o próprio conjunto de White de categorias mais ou menos associadas na "prefiguração" do passado, e suas mudanças não totalmente explicadas ao longo do tempo, por exemplo, em discutir as limitações em enfoques, em especial do Holocausto, por aquilo que pode ser convincentemente estabelecido a respeito do passado. Mas, em um sentido, White nunca encarou a linguagem como um problema sério, e sua abordagem era predominantemente de natureza formalista e conceitual. Não obstante, ele deu de fato uma grande contribuição a uma historiografia decididamente interdisciplinar e suas relações com a literatura. Na realidade, teve vários pontos de vista próximos dos de Jablonka sobre o estado da disciplina histórica e as relações entre história e literatura, como o de ser desejável para a história competir experimentalmente com inovações no romance, retomando assim de maneira diferente as interações prevalentes no século XIX. E mais tarde em sua carreira de fato distinguiu literatura de ficção. Seu conhecimento da história da retórica, como o de Jablonka, era mais amplo que sua teoria dos quatro tropos, que, a propósito, ele não restringiu ao século XIX em sua aplicabilidade à escrita da história. Eu acrescentaria que uma das análises mais interessantes sobre White é a de seu íntimo associado Hans Kellner, que apresentou e elogiou o trabalho de White como "um alicerce de ordem" e um "humanismo linguístico".[179] Acrescentaria que há discussões da guinada linguística que teriam tornado o tratamento de Jablonka mais matizado e embasado, embora pense que em boa parte tanto o "pós-modernismo" quanto a "guinada linguística" tenham sido usados menos como autodesignações do que como categorias empregadas por críticos, com frequência de maneira redutora, para classificar e às vezes castigar aquilo a que se opõem, talvez como se fosse um fantasma hostil. Derrida de fato aceitou e defendeu a "desconstrução" depois que ela se havia tornado um termo usado por outros, mas não assumiu a bandeira nem do pós-modernismo nem da guinada linguística, embora isso não tenha impedido a desconstrução de se tornar talvez o principal demônio, quase fantasmal e carregado de fantasia, esconjurado por críticos que talvez a vissem até como o fim da historiografia ou mesmo da civilização.[180]

---

[179] KELLNER, Hans. A Bedrock of Order: Hayden White's Linguistic Humanism. *History and Theory*, n. 19, p. 1-29, Dec. 1980.

[180] Entre os relatos consistentes, estão o de Elizabeth A. Clark, *History, Theory, Text: Historians and the Linguistic Turn* (Cambridge, MA: Harvard University Press, 2004); François Dosse, *La Marche des idées: histoire des intellectuels – histoire intellectuelle* (Paris: Éditions La Découverte, 2003); Ethan Kleinberg, "Haunting History: Deconstruction and the Spirit of Revision"; e dois lúcidos ensaios de Judith Surkis, "When Was the Linguistic Turn? A Genealogy" (*American Historical Review*, v. 117, n. 3, p. 700-722, 2012) e "Of Scandals

O que também merece menção é que, apesar da variedade de suas referências, Jablonka se limita, com raras exceções, a textos escritos ou traduzidos para o francês. Tal tendência, que pode ser vista como provinciana, não é incomum na esfera acadêmica francesa, mesmo nos Annales, mas pode estar mudando de um modo que vale a pena incentivar. É de lamentar que Jablonka não se envolva diretamente ou pelo menos indique a existência de textos em inglês, assim como em alemão (incluir outras línguas, embora desejável, poderia ser pedir demais). Fazer isso teria sido útil não só para historiadores profissionais, mas também para o público leigo. Com efeito, a extensão em que aqueles que escrevem em francês são referidos, e traduzidos por quem escreve em inglês, é totalmente desproporcional ao trânsito limitado que flui na direção oposta.[181]

---

and Supplements" (*In*: McMAHON; MOYN. *Rethinking Modern European Intellectual History*, p. 94-111). No último volume, ver ainda as análises também lúcidas de Peter E. Gordon, "Contextualism and Criticism in the History of Ideas", p. 32-55; Tracie Matysik, "Decentering Sex: Reflections on Freud, Foucault, and Subjectivity in Intellectual History", p. 173-192; e Warren Breckman, "Intellectual History and the Interdisciplinary Ideal", p. 275-293. Em ótimas análises, Kleinberg provê vários exemplos de historiadores, quase sempre com base em compreensão limitada, quando não de segunda mão, que veem a desconstrução como simplesmente incompatível com, ou mesmo como a aniquilação da historiografia. Para uma análise bem embasada e instigante das fases da história intelectual nas últimas gerações, ver MEGILL, Allan; ZHANG, Xpeng. Questions on the History of Ideas and Its Neighbors. *Rethinking History*, n. 17, p. 333-353, 2013. A variada literatura sobre pós-modernismo é enorme, mas um dos textos mais úteis ainda é o de Jean-François Lyotard, *The Postmodern Condition: A Report on Knowledge*, trad. Geoffrey Bennington e Brian Massumi (Minneapolis: University of Minnesota Press, 1979). Também cabe mencionar como embasado e crítico o livro de Steven Connor, *Postmodernist Culture: An Introduction to Theories of the Contemporary* (Oxford: Blackwell, 1989). É interessante que o livro de Connor, publicado relativamente perto da emergência e crescente prevalência de controvérsias sobre o pós-modernismo, não faça referência a Hayden White. Connor nota que "cada vez mais, obras pós-modernistas foram representadas, e elas mesmas vieram a se representar, como atividades autoconscientes, quase críticas" (p. 7) – uma visão que pode inclinar a ver o livro de Jablonka como "pós-modernista".

[181] Cabe deixar registrado que nenhum dos meus livros é mencionado por Jablonka. Nem o trabalho de outros que têm escrito sobre tópicos pertinentes ao livro de

Jablonka percebe as maneiras como textos classificados como ficção não são inteiramente ficcionais e podem tratar de problemas reais a seu modo, problemas que também interessam a historiadores e cientistas sociais. Mas, talvez como efeito de seu alegre entusiasmo, presta relativamente pouca atenção a problemas como violência, trauma e efeitos pós-traumáticos, incluindo aparições "assombrosas", problemas que, como ele às vezes nota, têm sido muito importantes na escrita moderna.[182] Será que a escrita histórica sobre tais problemas visa apenas "provar, satisfazer e comover o leitor", ou atende a outras demandas? Tal escrita pode muito bem ser comovedora, mas também tenta evitar um sentimentalismo *kitsch* e outros procedimentos intrusivos ou manipulativos. Pode envolver tentativas de provar ou pelo menos substanciar alegações, mas também ser perturbadora e mesmo desagradável. Seja como for, ela pode se esforçar para não eliminar ou ofuscar os efeitos de eventos às vezes traumáticos que exigiram sua existência e com os quais ela tenta lidar o melhor que pode. Seria mesmo lisonjeiro referir-se a um livro sobre genocídio como "agradável"? Será que a tentativa de provar, satisfazer e comover o leitor não é uma razão principal pela qual um estilo homogeneizador, que se esforce para alcançar ideais clássicos como os de beleza e até equilíbrio, talvez não se mostre adequado a todos os problemas?

A alternativa que Jablonka propõe às teorias autotélicas e reflexivas da relação entre história e ficção apoia-se de modo crucial nas chamadas ficções de método. Isso, com efeito, equivale não tanto a uma mútua interrogação ou interação desafiadora, mas a uma tentativa de dominar a ficção pelo pensamento histórico, como visto por Jablonka. A história faz uso da ficção de modo controlado e talvez instrumental, mas não parece questionada por obras de ficção. A ficção só é aceitável enquanto promove a cognição e seus modos

---

Jablonka, como Perry Anderson, Frank Ankersmit, Warren Breckman, Mark Bevir, Carolyn Dean, Peter Gordon, Lynn Hunt, Martin Jay, Ethan Kleinberg, Allan Megill, Samuel Moyn, J. G. A. Pocock, Anson Rabinbach, Michael Roth, Quentin Skinner, Joan Scott, Gabrielle Spiegel, Judith Surkis e John Toews. A lista poderia continuar.

[182] Ver, por exemplo, o meu *Writing History, Writing Trauma*.

e meios de dizer a verdade sobre o real. O que é obscurecido ou omitido aqui é como a ficção, assim como a história ou a ciência social, pode entender a "realidade" criticamente e testar interpretações ideológicas de si que sejam vistas enganosamente como conhecimento. A ficção pode empregar também linguagem performativa e até apresentar variações mais ou menos surrealistas do que é encarado como real, de modo a expressar de fato a alienação ou os efeitos de estranhamento que Jablonka vê como importantes na história. Apesar de seu suposto apoio na reflexão ou na teoria mimética, o chamado realismo crítico às vezes tocou essas questões. (O termo foi aplicado por Georg Lukács a romances tanto de Honoré de Balzac quanto de Thomas Mann.) E a interação ficção/história foi tratada diversamente da maneira saussuriana (que põe o referente entre colchetes e se concentra em significante e significado) por M. M. Bakhtin, cuja obra é crítica em relação a Saussure e foi importante para historiadores como Natalie Zemon Davis, que Jablonka menciona, e para teóricos críticos como Julia Kristeva e Tzvetan Todorov, que ele não cita. Bakhtin via o romance como um "monstro alargado" que interagia com outras formas, da poesia ao que Jablonka chama de "literatura do real", como memórias e o jornalismo. Bakhtin também enfatiza o papel da dialogização e da compreensão reativa, não identificada com diálogos literais, mas tipicamente associada a orientações exploratórias, mutuamente questionadoras, internamente autoquestionadoras, e não só objetificadoras. Enquanto Jablonka tende a excluir o lúdico do pensamento histórico, em Bakhtin temos o jogo entre o sério e o lúdico, em formas de abuso do elogio, operantes na literatura como na sátira menipeia, e em certos romances (os de Rabelais e Dostoiévski em particular), e talvez também na história ou ciência social. (Seguindo Goethe, e com ecos de Nietzsche, Mann referiu-se à arte como "gracejando a sério" ou como uma brincadeira séria.) Um dos *insights* geniais de Bakhtin foi a maneira como o carnaval social, que em alguma extensão significativa ficou menos proeminente ao longo do tempo (mas não tanto quanto Bakhtin parecia pensar), foi deslocado como o carnavalesco na literatura na forma reduzida de risada e ironia. Essa forma de ironia não era apenas suspensiva, sobranceira ou evasiva, mas também podia ter fortes efeitos críticos tanto na ficção quanto na ciência social, por exemplo, no *Dezoito Brumário*, de Marx. Não há menção a Bakhtin e há apenas três referências não muito cruciais a Marx em Jablonka. Será que hoje o trabalho deles também está "morto"?[183]

Também ausente em Jablonka, ou no mínimo não destacada, é uma atenção mais próxima, sustentada, àquilo que impõe ameaças à tentativa de dizer a verdade sobre o real. Aqui temos o problema não só da operação da ideologia no pensamento e na escrita da história, mas também o papel da psicanálise em inquirir criticamente o modo como ideologia, fantasia e formas de criação de bodes expiatórios e violência podem apoiar-se na supressão, repressão, dissociação, projeção, condensação, deslocamento, revisão secundária e processos relacionados. Estes deveriam pelo menos ser tomados como "hipóteses" capazes de prejudicar ou desconfirmar asserções ou argumentos. Com efeito, a psicanálise é crucial para investigar afeto e emoção, e o desafio é repensá-la como, em grande parte, uma ciência social crítico-teórica historicamente pertinente, com base numa noção da natureza inerentemente social, "implicada", do self ou *moi*, nunca de todo autônomo (mas não obstante reativo e responsável; *vide* o conceito-chave de transferência). Jablonka chega a mencionar os problemas das posições do sujeito e da implicação do observador no observado, mas eles poderiam ter sido mais desenvolvidos e embasados por modos psicanalíticos de inquirição. Além disso, a importante dimensão psicanalítica do trabalho de Michel de Certeau e Saul Friedländer, entre outros, nem sequer é indicada.[184]

---

[183] Sobre essas questões, ver meu *Rethinking Intellectual History: Texts, Contexts, Language*, esp. caps. 8, 9 e 10.

[184] No início de 2017, dimensões da primeira administração Trump trouxeram de volta o *1984*, de George Orwell (publicado em 1949). O romance vinha sendo lido como uma presciente "literatura do real" – mas um real no qual a fantasia, a falsificação e a grande mentira eram aspectos proeminentes. O *1984*, de Orwell, tornou-se, em seu renascimento póstumo, um *best-seller* na Amazon. As descrições de Orwell do talvez não existente, televisivo "Big Brother", seu regime de mendacidade, manipulação e vigilância, e a emergência da "Novilíngua", especializada em falsificação e *fake news*, reverberavam na persona *reality-TV* de Donald Trump; e também no obscuro papel dos principais conselheiros da

Também observaria que o exemplo que Jablonka usa de "ficções de método" curiosamente parece ser o *Shoah*, de Claude Lanzmann, no qual, nas palavras de Lanzmann, há "o obstinado esforço ('obstinação') de não entender" e no qual "a cegueira é a própria 'clarividência'" (p. 214). Para Jablonka, no entanto, "uma ficção do real" (p. 215) presumivelmente é um caminho para o conhecimento, assim como para uma compreensão ao menos limitada, e se apoia no raciocínio (e, eu suporia, no julgamento crítico). A análise de Lanzmann é breve, quando muito. Mas o que não é observado é que a meta declarada por Lanzmann, na realidade o objeto de sua busca, é fazer com que as vítimas "encarnem" ou revivam "a verdade" em

---

Casa Branca, como Stephen Bannon, Stephen Miller e o general Michael Flynn, que compartilhavam a propensão a teorias da conspiração, à criação de bodes expiatórios e a uma visão do Islã como o inimigo terrorista, apocalíptica, de "choque de civilizações", assim como uma afinidade com as visões extremistas ou "*alt-right*" propagadas pela Breitbart Media. Em um artigo de 27 de janeiro de 2017 na *New Yorker* (www.newyorker.com/news/daily-comment/orwells-1984-and-trumps-america [acesso em: 30 jan. 2017]), Adam Gopnick escreveu que "a coisa mais impressionante a respeito da inigualavelmente estranha primeira semana [de Trump como presidente – DLC] é o quanto está se tornando primitivo, atávico e descomplicadamente brutal o estilo autoritário de Trump. Precisamos recuar até o '1984' porque, na realidade, temos de voltar a 1948 para sentir o sabor. Não há nada de sutil no comportamento de Trump [...] Ele mente, ele repete a mentira, e seus ouvintes ou se acovardam com medo, balbuciam sua incredulidade, ou tentam ver como podem fazer a mentira operar em benefício próprio. As mentiras de Trump, e sua insistência em contá-las, são Big Brother nu e cru, por patética que seja sua articulação. Não são armadilhas e tentações pós-modernas; são toscas provocações e ameaças de pátio de escola. O ressentimento vem antes da racionalidade. Intelectuais conservadores, como revela uma leitura diária do *Times*, compartilham tais ressentimentos de modo bem mais profundo do que valorizam as práticas racionais". No entanto, Trump (junto com muitos de seus apoiadores no Partido Republicano) tem na verdade seus críticos conservadores. Ver, por exemplo, FRUM, David. How to Build an Autocracy. *The Atlantic*, Mar. 2017. Disponível em: https://www.theatlantic.com/magazine/archive/2017/03/how-to-build-an-autocracy/513872/. Acesso em: 5 fev. 2017. Ver também *inter alia* os escritos e as aparições públicas de Jennifer Rubin, que escreve artigos de opinião no *Washington Post*, do antigo presidente do Comitê Republicano Nacional, Michael Steele, e de Richard Painter, ex-advogado-chefe de ética da Casa Branca sob George W. Bush.

relação à sua experiência traumática passada. E sua própria relação com as vítimas, como o barbeiro Abraham Bomba, é, a meu ver, a de uma identificação não mediada, que, na suposta busca pela "verdade" por parte de Lanzmann, indu-lo a perseguir questões intrusivas e a perseverar em estimular a vítima a se tornar retraumatizada ao reviver o passado insuportável – um passado que pode ser incorporado por Lanzmann e comunicado como um presente encarnado ao espectador de seu filme. O que não é revelado ao espectador é que a cena com Bomba tem lugar numa barbearia alugada, com figurantes que não conhecem a língua em que o diálogo é travado (inglês). A barbearia tem paredes cobertas por espelhos que ocultam a presença de uma câmera, o que pareceria funcionar como um recurso participativo ilusionista mais do que como efeito alienador autoconsciente. Sob a direção de Lanzmann, Bomba encena gestos de cortar cabelo, similares ao que fazia nas mulheres em Treblinka. Tudo parece montado para induzir a revivência traumatizadora do passado e facilitar a identificação no cineasta e no espectador.

A identificação projetiva ou incorporativa não mediada não é compaixão ou empatia, que exige um laço emocional envolvendo perturbação empática, mas também certa distância e um respeito pelo outro enquanto outro em sua diferença. A abordagem de Lanzmann é mais próxima daquilo que em psicanálise é entendido como *acting out* (*passage à l'acte*). Lanzmann (como ele próprio reconhece no documentário de 2015, *Espectros do Shoah*) não tem interesse em sobreviventes e suas histórias ou tentativas de acertar as contas com o passado, e ele propositalmente exclui certas testemunhas (como Wladyslaw Bartoszewski) que não reviveram ou reencarnaram o passado, mas em vez disso o recontaram e o analisaram (e, no caso de Bartoszewski, sem negar o disseminado antissemitismo polonês, deu evidência de pelo menos um auxílio limitado a judeus pelos poloneses, apesar da ameaça de punição draconiana pelos nazistas – algo que, como as dimensões mais cúmplices ou no mínimo problemáticas da "zona cinzenta" de Primo Levi, está ausente em *Shoah*). Seria pertinente também analisar as relações entre *Shoah* e o filme anterior, *Pourquoi Israel*, e o posterior, *Tsahal*, assim como a recente autobiografia de Lanzmann (*The Patagonian Hare*, 2012) e documentários que às vezes contêm trechos de filme excluídos de *Shoah*. Poder-se-ia também plausivelmente argumentar que, especialmente em *Shoah*, combinados com seus influentes, bastante apodíticos comentários a respeito dele, Lanzmann fez muito para sacralizar o Holocausto e que sua noção de "arte" como algo que envolve encarnação envolveu um deslocamento secularizado do sagrado. Pode-se muito bem reconhecer a importante realização de Lanzmann em *Shoah*, o poder de suas evocações desconcertantemente assombrosas e sua capacidade de evocar os gritos alucinatórios de vítimas por meio de uma abordagem não representacional. Mas, se algum ou todos os meus comentários críticos são cogentes, pergunto: como é possível que o filme seja considerado o epítome da compreensão histórica secular por meio de uma "ficção de método"?[185] Há uma boa distância entre

---

[185] Sobre Lanzmann, ver meu *History and Memory after Auschwitz*, cap. 4, "Lanzmann's Shoah: Here There Is No Why". Ver também o documentário *Spectres of the Shoah* (2015), em que Lanzmann tenta justificar seu interrogatório de Bomba apelando à sua busca da "verdade" e a seu sentimento de que Bomba era seu "irmão", o que levanta as questões de como se deve empreender uma busca pela verdade ou tratar seu irmão. Acho que a questão não é se Lanzmann é sadomasoquista – acusação que ele rejeita –, mas se abre caminho para uma identificação projetiva e incorporativa não mediada que permite um questionamento intrusivo que às vezes parece tomar a forma de uma técnica inquisitorial. Note-se também que há várias maneiras de ver e de tentar compreender ou interpretar o *Shoah*, de Lanzmann. À época em que publiquei minha discussão sobre ele, achava que a abordagem mais proeminente na literatura era (e às vezes talvez ainda seja) baseada numa aceitação mais ou menos acrítica da autocompreensão de Lanzmann e, como essa autocompreensão, pode às vezes ter notado os aspectos documentais e testemunhais do filme, mas enfatizado, às vezes exclusivamente, seu estatuto como obra cinematográfica de arte a ser analisada e avaliada em termos estéticos. (Uma instância impactante da abordagem que eu tentava questionar apareceu, fortuitamente, na revista em que a versão do meu artigo foi publicada pela primeira vez. Ver GELLEY, Ora. A Response to Dominick LaCapra's "Lanzmann's *Shoah*". *Critical Inquiry*, n. 24, p. 830-832, 1999. Ver também minha réplica no mesmo volume, "Equivocations of Autonomous Art", p. 833-836.) Sem negar a relevância de critérios cinematográficos ou estéticos, defendo que uma concepção estética restrita ou autônoma do filme pode muito bem encriptar e ocultar uma reação mais religiosa que poderia funcionar para promover a sacralização do Holocausto, da qual têm sido feitos às vezes usos e abusos políticos contestáveis. Observaria

Lanzmann e Primo Levi, como químico e escritor que resistiu à identificação e cuja prosa analítica combinou razão e emoção, ou Claude Lévi-Strauss, como analista, comentador e às vezes ironicamente observador participante autocrítico em *Tristes trópicos* (p. 293-294), ambos admirados por Jablonka e por ele explicados brevemente, mas bem. Lanzmann pareceria distante também de Georges Perec, que em feição brechtiana insistiu no papel explícito dos efeitos alienantes que se contrapunham a tendências a uma identificação não mediada.

Em geral, uma insuficiência do livro de Jablonka é a escassez de análises críticas extensas de textos e outros artefatos como filmes, que na verdade poderiam colocar problemas para o estilo do livro, de ritmo rápido, fluente, e para seus argumentos ou "hipóteses". (Uma razão que Samuel Beckett deu para passar a escrever em francês foi seu desejo de desacelerar sua prática intelectual e composicional.) Um escritor ao qual Jablonka faz referências perspicazes intermitentes é Georges Perec, considerado exemplar em escrever romances que, apesar de empregarem a ficção, não obstante contam como "literatura do real", por exemplo, a respeito da infância de Perec e sua relação com o Holocausto. Além disso, Perec impôs a si mesmo regras de método que indicavam como a liberdade artística interagia com a disciplina e as restrições formais:

> Os procedimentos que ele elabora, o rigoroso livro de exercícios de fardos (*cahier des charges*) que ele impõe a si mesmo, os sistemas de restrições nos quais se insere, desde o lipograma em E de *O sumiço* à poligrafia do cavaleiro (*chevalier*) em *A vida modo de usar*, estimulam a narrativa e a imaginação verbal à maneira de uma bomba de ficção (*pompe à fiction*): dar regras a si mesmo a fim de ser "totalmente livre" (p. 255).

Além disso,

---

ainda que uma maneira distinta (pós-secular?) de ver o filme é em termos de um ritual de luto e um memorial às vítimas do genocídio nazista. Essa visão pode talvez servir a uma sacralização politizada do Holocausto, mas pode também se contrapor a uma politização compreendida como distorção e degradação instrumental do processo de luto.

no início da década de 1960, Perec ainda não havia escrito sobre o desaparecimento de seus pais; mas já era influenciado pela literatura-verdade (*littérature-vérité*) de Robert Antelme, "esse homem que narra e que questiona, [...] que erradica seus segredos dos eventos, que recusa os segredos deles" – bela definição do raciocínio histórico. O pós-realismo de Perec vai além do realismo do século XIX ao fazer da literatura uma operação que coloca o mundo em ordem, uma exaustão obstinadamente lúcida (*épuisement*). Seu primeiro livro seria *As coisas*, que numerosos críticos iriam ler como um ensaio sociológico disfarçado de romance (p. 229).

Jablonka evidentemente sente uma afinidade com Perec em nível pessoal e intelectual.

Jablonka nota que Perec declarou, em 1969, ano em que *O sumiço* foi publicado, que havia sido "um aluno na escola de Brecht: Sou a favor da frieza, do passo atrás (*le recul*)" (p. 303). Jablonka fornece, em uma de suas poucas análises estendidas, uma concepção de Brecht e do efeito alienante, o que oferece um de seus mais claros *insights* daquilo que defende na história, na ciência social e na literatura do real:

> O único efeito que o pesquisador (*le chercheur*) pode reivindicar é o efeito de distanciamento (ou "alienação"), o *Verfremdungseffekt* de Brecht, procedimento feito de humor, ironia, advertência, de se livrar das ilusões, e da cumplicidade. No teatro, o *V-Effekt* motiva o espectador a ver a cena com "olhar investigativo e crítico": iluminação intensa, visibilidade das fontes de luz, o jogo dos atores fora de cena, a colocação do público como participante (*prise à partie du public*). A sala, despojada de toda magia, não cria nenhum "campo hipnótico". Brecht traça um paralelo explícito entre o efeito de distanciamento e a visão científica. Um e outro constituem uma "técnica de suspeita sistemática" em relação a tudo o que pareça óbvio: o ator deve colocar entre ele e o presente "essa distância que o historiador assume diante de eventos e comportamentos do passado". O fato de rejeitar toda mistificação (*mystique*) não impede de viver totalmente o teatro; simplesmente, as emoções ganham outra natureza (p. 303).

Perec e Brecht como lidos por Jablonka funcionam como instâncias reveladoras do que este último valoriza não só na história e nas ciências sociais, mas também na literatura do real, que pode ter aspectos ficcionais. Mas será que essa leitura permite abranger a variedade de aberturas da literatura ou da ficção modernas? Apesar de certas afinidades com Brecht, será que Flaubert, por exemplo, faz mais para desorientar do que para ilustrar a compreensão que Jablonka tem do raciocínio histórico e das "ficções de método"? As descrições aparentemente precisas de Flaubert e suas explorações de eventos tendem a vagar em direções desconcertantes, desestabilizar expectativas, apontar para a desordem no mundo ou desafiar a imaginação (por exemplo, a bizarra descrição do chapéu de Charles Bovary, o mundo opaco do sagrado em *Salammbô*, o colapso das "esferas" privada e pública em *A educação sentimental*, e, mais ainda, as heteróclitas "tentações" de Santo Antônio, ou a autoimplosiva busca de conhecimento de Bouvard e Pécuchet).[186] De que modo essas iniciativas têm, não obstante, uma relação de tipo experimental com uma tentativa de contar a verdade a respeito do real, desafiam o leitor a considerar a própria posição com respeito aos problemas e dilemas desestabilizadores explorados no texto e podem ser vistas como provendo uma leitura crítica dos tempos? Poder-se-ia também levantar a questão dos numerosos autores que Jablonka não discute ou apenas menciona, como Beckett, Blanchot e Celan (cujos escritos podem ser comoventes de maneira infamiliar e desconcertante, mas não provam ou agradam). Adorno é mencionado apenas uma vez (p. 258), no mesmo trecho que Derrida, e tratado de modo similar, aqui com respeito à defesa de Karl Popper de uma linguagem "simples e clara" em contraste com "palavrório intimidante (*galimatias*), 'opacidade brilhante' como refúgio da trivialidade, se não do erro". Sem ser um obscurantista ou defensor do palavrório ou da opacidade, Adorno não teme afirmar a validade de certos usos difíceis da linguagem em sua resistência a uma compreensão fácil ou comoditização, não rejeita Hegel ou Marx como expoentes "totalitários" de

---

[186] Sobre Flaubert, ver CULLER, Jonathan. *Flaubert: The Uses of Uncertainty*. Ithaca, NY: Cornell University Press, 1974. Ver também os meus *Madame Bovary on Trial* e *History, Politics, and the Novel*, cap. 2 (sobre *A educação sentimental*).

uma sociedade "fechada", valoriza Beckett com seus deslocamentos da "realidade" e suas enigmáticas asperezas sobre Sartre e a literatura transparentemente comprometida, e faz uma aguda crítica a Brecht.[187]

Uma corrente importante da literatura moderna, às vezes nos mesmos textos em que problemas "reais" são tratados, é a busca não simplesmente de criação *ex nihilo* (como Jablonka alega), mas também de um mundo radicalmente transformado ou mesmo de transcendência, assim como da experiência de, ou encontro com, seu fracasso ou colapso. Aqui, por mais que se reaja a isso de maneira crítica ou cética, tem-se *inter alia* um desejo de superação situacional do que é correntemente tido como "o real". Às vezes, pode-se ter a ânsia de ir além ou sair da história e despertar de seu "pesadelo", como Joyce fez Stephen Dedalus declarar no *Ulisses*. Pode-se também encontrar o que poderia ser chamado de escrita traumática do desastre, junto a uma exploração do abjeto, e pelo menos indícios de uma negativa e sublime ascensão das cinzas. O sublime pode até deslocar o sagrado, dando à literatura uma dimensão pós-secular que vem na esteira, na ausência ou na indisponibilidade da religião tradicional, e pode acenar a um além não representável ou *à-venir* (no termo de Derrida). A busca de uma utopia totalmente outra, embora vazia, pode até emergir como um contestável contraponto à história secular, "imanente". A respeito desses aspectos, não fica claro o que Jablonka faz de *As benevolentes*, de Jonathan Littell (mencionado na p. 235), enquanto literatura ficcional extensivamente referente à história e incorporando-a, mas tendo outras dimensões problemáticas, incluindo um suposto "rigor" que Littell, embora questionavelmente, associou a Bataille, Blanchot e Beckett.[188] Em termos mais gerais, há todas as

---

[187] Ver, por exemplo, o ensaio de 1962 de Adorno, "Commitment", em ARATO, Andrew; GEBHARDT, Eike (ed.). *The Essential Frankfurt School Reader*. New York: Continuum, 1985. p. 300-318. Ver também a defesa de Gene Ray do "realismo dialético" de Brecht contra a crítica de Adorno: "Dialectical Realism and Radical Commitments: Brecht and Adorno on Representing Capitalism" (*Historical Materialism* v. 18, n. 3, p. 3-24, 2010).

[188] Sobre minha tentativa de analisar esse romance junto ao livro de Saul Friedländer, *Nazi Germany and the Jews*, ver "Historical and Literary Approaches to the 'Final Solution': Saul Friedländer and Jonathan Littell" (*History and Theory*,

razões, em uma forma crítica e autocrítica de pensamento histórico, para tratar textos como eventos significativos e como "hipóteses" que exigem cuidadosa inquirição, e não simplesmente uma menção de passagem ou um uso como alusões ilustrativas. Uma interrupção do fluxo de uma narrativa de movimentação rápida pode ela mesma ser vista como uma alienação valiosa ou um efeito de distanciamento que instiga a reflexão crítica.

Não quero terminar deixando a impressão de que o livro de Jablonka não deva ser levado a sério e admirado. O livro oferece abundante alimento para o pensamento a leitores que serão por ele informados, impressionados e, talvez, em seu próprio evidente e admirável entusiasmo por história e literatura, inspirados a pensar mais sobre as questões que levanta. Outros leitores podem discordar de meus comentários ou críticas e encontrar outras linhas de pensamento ou possibilidades em Jablonka. O livro dele é escrito com brio, no que pode ser visto como uma combinação estilística do ardor (*fougue*) de Lucien Febvre em *Combates pela história* e da fluência *roman-fleuve* da prosa de Fernand Braudel em seu clássico sobre o Mediterrâneo na era de Filipe II. Suas metas são totalmente elogiáveis, e, apesar das possíveis discordâncias que alguns possam ter a respeito de questões específicas, ele levanta questões muito importantes, abre muitas linhas de investigação significativas e busca uma desejável interação entre as abordagens históricas e literárias.

---

n. 50, p. 71-97, Feb. 2011), uma versão do qual está reimpressa como o cap. 4 de *History, Literature, Critical Theory*. Para uma crítica de minha abordagem, que se baseia no que vejo como uma noção bastante indiscriminada do papel da ironia no romance, ver SANYAL. *Memory and Complicity: Migrations of Holocaust Remembrance*, cap. 5.

CAPÍTULO 6

Para que servem as ciências humanas?

Devo concluir com um tema interdisciplinar concernente à esfera pública e aberto à compreensão e ao debate por um público diversificado. A importância pública do tema é indicada pela insistente ênfase nas chamadas áreas STEM (Ciência [*Science*], Tecnologia, Engenharia e Matemática), ao lado da depreciação das ciências humanas. O governador republicano do Kentucky, Matt Bevin, argumentou que graduandos em Literatura Francesa não deveriam receber verba estatal para continuar sua educação universitária. O governador republicano da Carolina do Norte, Patrick McCrory (derrotado em 2016), ao que parece sem atentar para a insinuação erótica, propôs que as verbas para a educação superior não fossem "baseadas nas bundas em assentos, mas em quantas dessas bundas podem arrumar empregos". O senador Marco Rubio, republicano da Flórida, tem pedido mais soldadores e menos filósofos, embora, segundo o que me consta, o próprio Rubio não demonstre competência aparente como nenhum dos dois.[189] As áreas STEM têm importância óbvia.[190] Mas o caule [*stem*] não tem muito valor sem o resto da planta. O que é crucial é a capacidade de validar fatos, analisar criticamente argumentos falhos e compreender

---

[189] Ver "Love for the Humanities Dwindles" (*The New Mexican*, 29 fev. 2016, p. A-6).

[190] Igualmente importantes são o apoio e o respeito por uma variedade de postos na economia, incluindo os de soldadores, assim como a provisão de treinamento e retreinamento para trabalhadores que estejam ingressando na economia ou perdendo empregos em outras áreas, como a mineração de carvão – empregos que não podem ser recriados por mágica ou por promessas que são enganosas expressões de preocupação. Seria claramente desejável oferecer treinamento, educação e colocação para o maior número possível de pessoas em postos de sua escolha, o que obviamente exigiria uma reestruturação muito significativa da atual situação econômica e social.

a natureza da responsabilidade cívica em uma sociedade democrática diversa – capacidades que, ao que parece, certos membros do Congresso nos últimos tempos não têm demonstrado ter.

A aparente crise nas ciências humanas foi apontada por um relatório *blue-ribbon* [de grupo de especialistas] em 2013, intitulado *The Heart of the Matter: The Humanities and Social Sciences for a Vibrant, Competitive, and Secure Nation* [O coração da questão: as ciências humanas e as ciências sociais para uma nação vibrante, competitiva e segura]. O relatório tinha 52 importantes signatários e dois codiretores, o reitor da Universidade Duke e o ex-CEO da Exelon (grande fornecedor da Defesa), e foi encomendado por uma comissão bipartidária de quatro membros – dois senadores e dois deputados federais. Penso que a questão básica, implícita, do relatório seja como pessoas com educação humanística podem competir com disciplinas STEM, ter sucesso na sociedade atual e ser úteis em contribuir para o poderio e a competitividade do país. Não vou me concentrar aqui nessa preocupação premente, prevalente ou até dominante na ideologia contemporânea, tanto nos Estados Unidos quanto no exterior. Mas estimulo os leitores a examinarem o relatório, publicado pela Academia Americana de Artes e Ciências. Minha visão é que um relatório como esse pode muito bem promover alguns dos aspectos menos desejáveis da moderna educação e da cultura geral, que premia a racionalidade tática ou instrumental voltada para chegar na frente e vencer, em detrimento de formas de educação que desenvolvam julgamento embasado, crítico, que não se confunda com uma mera opinião subjetiva ou mesmo enviesamento.

Eu observaria que os cientistas da natureza costumam ter dois discursos bem distintos. Um é altamente especializado e se apoia em sua pesquisa. O outro aponta usualmente para os resultados ou as compensações dessa pesquisa, digamos, foguetes na ciência de foguetes ou aumento da produtividade das colheitas na agricultura. Os cientistas das ciências humanas muitas vezes buscam maior integração e comunicação entre seus discursos. E, pelo menos para o público em geral, a questão da utilidade com toda probabilidade raramente é levantada em relação às ciências da natureza ou mesmo às ciências sociais. Em vez disso, a questão talvez seja como evitar certos usos e abusos perigosos dessas áreas (que resultem, por exemplo, na utilização de bombas desastrosas e drones mortais, técnicas de vigilância e controle total, e alimentos comprometidos pelo uso de pesticidas nocivos). Que a questão da utilidade, bem como da empregabilidade, seja colocada tão prontamente e em posição tão dominante a respeito das ciências humanas pode ser interpretado como sintomático de uma postura defensiva, bem como da sensação de que as ciências humanas em resumo não têm utilidade de fato. A reação a essa orientação pode ser difícil em uma sociedade ávida de tecnologia, orientada para os negócios e o sucesso. Não obstante, cabe argumentar que as ciências humanas podem não ser de uso no curto prazo ou trazer compensações tecnológicas imediatas (embora graduados em Literatura ou Filosofia consigam, é claro, encontrar emprego em comunicações, cursar Direito ou entrar na área de serviços financeiros). A "utilidade" das ciências humanas pode ser vista como mais indireta e de longo prazo.[191] Como se costuma dizer, as ciências humanas contribuem para a qualidade de vida. O fato de pessoas aposentadas voltarem a estudar assuntos humanísticos é testemunho ao mesmo tempo de seu apelo e de sua marginalidade na nossa cultura. (No entanto, na ponta menos marginal do espectro, pode-se também mencionar o papel de atividades culturais como concertos, palestras e recreações, não só em áreas de escolha de aposentados, como Naples, Flórida, ou Santa Fe, Novo México, mas também, de modo aparentemente paradoxal, em guetos e campos de concentração, por exemplo, Terezin ou Theresienstadt, como vemos no filme de Doug Schultz, de 2012, *Defiant Requiem*.) Uma indicação da importância das ciências humanas em uma universidade é a existência e o papel de seu centro de ciências humanas, que deixou de ser algo relegado ao quarto de despejo e passou a ter instalações espaçosas, bem equipadas, com escritórios, associações universitárias e apoio adequado às suas atividades.

A busca pelas ciências humanas é mais que um sinal da sua função como símbolo de status, "capital cultural" ou ocasiões para ostentar verniz cultural. Indica o seu valor como componentes de uma vida mais que unidimensional. Se você é brilhante e tem boa educação, tem

---

[191] Um argumento similar pode ser feito a respeito da pesquisa básica nas ciências, que também costuma ser subfinanciada em comparação com orientações mais imediatamente úteis ou aplicáveis.

chance de ganhar muito dinheiro em nossa sociedade tão desregulada e distorcida. A natureza e o papel das ciências humanas, no seu melhor, vão além do valor de uso (e de seu complemento num quadro de referência utilitário ou capitalista: o valor de troca ou de enriquecimento). As ciências humanas no mínimo apontam na direção da generosidade, liberalidade e doação de dons. Esse último aspecto parece ser um sentido importante de "liberal" na expressão "artes liberais", e as ciências humanas são artes liberais *par excellence*. E, embora elas vão além do valor de uso ou da praticidade estreitamente concebidos, não são de todo inúteis, pois fomentam compreensão crítica e autocrítica e criam vínculos, às vezes muito duráveis. (Podem criar vínculos ou senso de intimidade com textos e outros artefatos ou obras de arte e às vezes com pessoas ou outras criaturas.)[192] Em suma, são boas para se pensar a respeito e viver com elas.

Um espírito de liberalidade, generosidade e doação de dons pode ser proposto como crucial para as ciências humanas – crucial não em algum sentido dogmático ou exclusivo (esse espírito pode, na realidade, caracterizar também aspectos importantes do trabalho em ciências), mas num sentido que estipula o que é importante e relativamente distintivo, embora sempre aberto a debate e contestação. Quanto a essas últimas qualidades – debate e contestação –, podem também ser vistas como cruciais para a compreensão e o intercâmbio humanísticos, e a discussão ou mesmo a polêmica, bem como as histórias ou narrativas envolventes, mas também críticas, autocríticas e carnavalescas, podem ser empreendidas com espírito liberal, generoso. Pode-se sustentar que uma crítica

---

[192] *Augúrios de inocência*, de William Blake, é particularmente eficaz em destacar os vínculos com outros seres, assim como em estimular o ultraje por seu tratamento abusivo. O poema começa com os famosos versos "Ver todo um mundo num grão de areia/E um paraíso numa flor silvestre/Suster o infinito na palma da mão/E a eternidade em uma hora/Um pintarroxo numa gaiola/Põe o céu todo em polvorosa" [*To see a World in a Grain of Sand/And a Heaven in a Wild Flower/Hold Infinity in the palm of your hand/And Eternity in an hour/A Robin Red breast in a cage/Puts all Heaven in a Rage*]. O poema segue com uma poderosa evocação de um catálogo de abusos aos quais os humanos têm sujeitado outros animais. Ver BLAKE, William. *Blake's Poetry and Designs*. Selected and edited by Mary Lynn Johnson and John E. Grant. 2nd ed. Norton Critical Edition. New York: Norton, 2008. p. 403-405.

inteligente, embasada, espirituosa é um presente melhor do que um encômio convencional (embora esse ponto possa ser mais prontamente reconhecido por quem faz a crítica do que por quem a recebe!).

Liberalidade, generosidade ou oferta de dons não são idênticos a benevolência ética ou moral. Esta última depende da natureza da oferenda, e a liberalidade pode ser conjugada com formas de excesso às vezes danosas, por exemplo, a competição desenfreada ligada a dominação, a exploração e a extremas discrepâncias em renda e riqueza. Em outro registro, podemos mencionar o dom da morte na expressão de Derrida com respeito ao sacrifício – que Georges Bataille tomou (e dubiamente celebrou) como uma preeminente forma de gasto inútil ou excesso perdulário. E uma busca de justiça, ligada a compaixão e julgamento que limite excesso, pode também ser entendida como um componente defensável da inquirição humanística (ou "pós-humanística"). Além disso, a investigação de um problema nas ciências humanas não precisa ser vista como um jogo de soma-zero ou competição, já que a questão recorrentemente debatível são a natureza e o valor relativo de contribuições a problemas que não se prestam a uma solução definitiva ou descoberta inaugural. Seria enganoso até fazer a pergunta de quem descobriu a linguagem ou outras práticas de significação, como a música ou a arte, embora se possa, é claro, levantar a questão e debater o problema de quem ou o que conta como o expoente da inovação ou "criatividade" nessas áreas. A linguagem e as práticas de significação em geral são pós-humanísticas, no sentido de que humanos não as inventam ou criam simplesmente, e que elas ao mesmo tempo limitam e dão ensejo àquilo que nos permitem fazer. A extensão em que elas são únicas ou mesmo distintivas dos humanos tem sido uma fonte recorrente de contenda e de reexame ao longo do tempo. Note-se também que dimensões importantes do pós-estruturalismo têm levado e sido integradas a variedades de pós-humanismo, notadamente o questionamento do essencialismo, da totalização e do excepcionalismo humano, em favor de uma ênfase no descentramento e na desconstrução de oposições binárias. Também proeminente no pós-estruturalismo tem sido a contestação de limites (incluindo aqueles entre disciplinas) e a necessidade de uma rearticulação de distinções reconceitualizadas, problemáticas, em contraste com binários rígidos. Tenho indicado a importância particular no passado recente do radical questionamento de uma dicotomia total ou radical entre humanos e outros animais – dicotomia que é tipicamente conjugada com antropocentrismo e uma forma de humanismo questionavelmente essencializadora, excludente.

Como Jacques Derrida mais do que sugere em seu extenso projeto de rastrear e desconstruir a longa história e os deslocamentos da metafísica no Ocidente, pode-se também argumentar que problemas básicos nas ciências humanas são repetidos (e repetidamente repensados) com variações ao longo do tempo, e pode-se dizer que a própria temporalidade, de um ponto de vista humanístico, é esse mesmo processo de repetição com variações ou mudanças, às vezes abrupta, decisiva, revolucionária ou até traumática. (Seja ela uma interpretação ou uma má interpretação, a "modernidade" costuma ser entendida como marcando uma dessas guinadas traumáticas, rupturas ou experiências de "choque", mas não necessariamente um corte ou ruptura total em relação ao passado. De fato, a ideia de uma ruptura total ou criação *ex nihilo*, pelo menos em assuntos sublunares, pode muito bem ser uma ilusão apocalíptica, ou talvez um sintoma pós-traumático.)

Aqui há uma distinção crucial entre problemas e quebra-cabeças. Um quebra-cabeça (ou "problema" tipo quebra-cabeça) pode ser resolvido, e sua solução tem valor de uso mais ou menos imediato. (Como podemos construir um motor mais eficiente, conceber uma maneira mais rápida de acessar a internet ou operar uma impressora antiga com um computador novo da Apple – sendo a Apple uma das tradicionais líderes em todos os tempos da obsolescência planejada?) Quebra-cabeças têm lugar em todos os estudos, incluindo os de ciências humanas (por exemplo, a datação de um documento, a identificação de uma alusão ou a digitalização de uma coleção de arte – quebra-cabeças são de fato centrais em grande parte das ciências humanas digitais em geral, tecnicamente orientadas, com frequência úteis, mas às vezes tecnocêntricas e obcecadas por mudança). Mas tão importantes quanto, até mais, são os problemas que alguém investiga e sobre os quais argumenta, que elucida ou aprofunda mais e de certas maneiras perlabora, mas não resolve ou transcende totalmente. Se me pedissem para propor uma única afirmação (mesmo que prolixa) que designe o que é crucial para as ciências humanas, diria o seguinte: o estudo de problemas básicos, inter ou transdisciplinares, que não são estreitamente utilitários, mas, em vez disso, permitem que se intervenha ou contribua para um processo aberto, questionador e autoquestionador de inquirição. Há uma implicação "transferencial" do self nesse processo e na relação dele com outros e com o passado, de maneira que permita possíveis futuros, e futuros possivelmente mais desejáveis e duráveis. De que modo devemos entender os termos dessa "definição" do que é crucial, assim como liberalmente empoderador nas ciências humanas?

A transdisciplinaridade não é simplesmente interdisciplinar, na medida em que ela não meramente combina disciplinas existentes (digamos, história e literatura) para investigar e prover melhores respostas a questões existentes. Ela investiga problemas que, eles próprios, atravessam os limites das disciplinas existentes, podem ser tratados com diferentes ênfases ou inflexões disciplinares, e talvez até sugiram a necessidade de disciplinas mais flexíveis ou novas, ou subdisciplinas, ou unidades institucionais, como programas e departamentos. Quais são alguns problemas transdisciplinares recorrentes de importância humanística que podem ser elucidados, mas não resolvidos como se fossem quebra-cabeças? Sem pretender ser totalmente abrangente e exaustivo, podemos mencionar violência, vitimização, luto, trauma e opressão, mas também justiça, oferta de dons, confiança, compaixão, responsabilidade, agência, construção de comunidade ou instituição, e riso, assim como o sagrado e o sacrifício. É claro que podemos pensar em outros problemas – temporalidade e improvisação ou a relação humano-animal, por exemplo. O sacrifício é particularmente espinhoso, de um ponto de vista ético e político, já que tipicamente funde oblação (ou oferenda) e vitimização, pondo a vítima como dom a um ser superior ou mesmo como oferenda quando não há crença em um determinado ser superior ou divindade personalizada. Com efeito, uma especulação é que uma divindade desse tipo foi o resultado do sacrifício quando se formulou uma pergunta talvez enganosa: a quem se está oferecendo esse sacrifício? O sacrifício não precisa implicar crença e um deus, mas pode retroativamente ajudar a gerar deuses quando se presume que um dom deve ser oferecido a algum ser ou entidade como receptor. E o sacrifício pode ser visto como transcendendo a ética e a justiça, e daí tomado como uma forma, talvez uma forma paradigmática, de violência excessiva ou sacralizada, mesmo divina. O sacrifício pode ser deslocado para contextos seculares de maneiras frequentemente distorcidas, obscuras e não admitidas, aparecendo na forma de um culto à violência ou uma crença de que por meio de violência (até mesmo de vitimização, incluindo a autovitimização) se possa regenerar ou redimir o self ou o grupo. O sacrifício é com frequência visto como uma atividade extática, sublime, ou mesmo como um caminho para a redenção. (Tenho defendido que esse ponto pode muito bem se aplicar aos nazistas e seu abuso de vítimas – tratamento abusivo visto como limpeza ou purificação da comunidade de estranhos contaminantes e às vezes até experimentado de maneira exultante, inebriante.)[193]

De que maneira seria possível resolver tais problemas e processos, como trauma, vitimização, sacralização, sacrifício, confiança, de assumir ou atribuir responsabilidade, de justiça, doação de dons, e excesso? Pode-se no máximo elaborar isso e em certa medida perlaborar esses problemas de uma maneira que expanda mais ou menos "utilmente" a possibilidade de destacar o que quer que possa ser julgado desejável neles e eliminar, diminuir ou pelo menos contrabalançar o que é julgado indesejável. Assim, com respeito ao sacrifício, tenho sugerido que o desafio normativo é valorizar o dom ao mesmo tempo que o desvinculamos e o contrapomos à vitimização. (Mas será que podemos chamar esse desafio de humanístico ou pós-humanístico, já que diz respeito não só a humanos, mas também a outros animais?)[194] Penso que aquilo que

---

[193] Ver, por exemplo, os meus *Representing the Holocaust: History, Theory, Trauma*; *Writing History, Writing Trauma*; *History and Its Limits: Human, Animal, Violence*; e *History, Literature, Critical Theory*.

[194] Deve-se observar uma correlação íntima, mas muitas vezes ignorada, entre duas obras fundamentais de uma figura importante para Jacques Derrida, Georges Bataille e Claude Lévi-Strauss, entre outros: Marcel Mauss. A primeira obra (publicada em 1898 com Henri Hubert, íntimo colaborador de Mauss) é *Essai sur la nature et la fonction du sacrifice* [edição brasileira: *Sobre o sacrifício*. São Paulo: Ubu, 2017], e a segunda (de 1925) é *Essai sur le don* [edição brasileira: Ensaio sobre a dádiva: forma e razão da troca nas sociedades arcaicas. In: *Sociologia e antropologia*. São Paulo: Cosac Naify, 2003]. Crucial para ambas é o papel de uma ambivalência fundamental: do sagrado, que pode ser puro ou impuro (ou santificador e

chamamos de ciências humanas deveria ter, e às vezes de fato tem, um impacto em relações com outros seres além dos humanos. Questões éticas, políticas e às vezes legais são aplicáveis às atividades de empresas envolvidas não só na matança e na captura de animais, mas também em atividades como perfuração e fraturamento hidráulico (*fracking*). Essas

---

perigosamente contaminante), e do dom, que pode ser gratificante ou ameaçador (emblematizado na ambivalência do termo alemão "*Gift*", que significa tanto "dom" quanto "veneno" – que Derrida discutiu em termos da ambivalência cura/veneno do grego "*pharmakon*", colocando o problema da dosagem adequada). O dom é perigoso por ter de ser retribuído com uma crescente generosidade, que alcança seu extremo excessivo no *potlatch* [referência a um ritual de indígenas norte-americanos], que busca esmagar o rival com generosidade tão grande que não pode ser retribuída. Em um sentido, a troca de dons inverte o princípio do intercâmbio capitalista, pois não busca lucro, por meio do qual alguém pega mais do que dá, mas honra, poder e prestígio, que podem, não obstante, alcançar um extremo de soberba, notadamente quando o dom não é dado a um rival, mas arrogantemente destruído em um holocausto ou atirado ao mar. E o sacrifício é perigoso não só para a vítima, mas também para o sacrificador, que pode se tornar (auto)destrutivamente saturado de poder religioso e em certo sentido radiativo, levantando o problema de como sair de modo seguro da cena sacrificial. Tenho indicado que no sacrifício há uma conjunção questionável de dom e vitimização, já que a vítima é o dom ou oferenda e o dom é a vítima em um dom de morte. O dom pode até ser um sacrifício, como no caso do chefe gaulês que Mauss discute num ensaio suplementar – chefe incapaz de retribuir em espécie e que então oferece a seu rival a única coisa que tem de valor comparável ao dom recebido: a própria vida. Uma diferença entre as obras de Mauss sobre o sacrifício e sobre o dom é que a primeira se situa de modo não crítico numa "lógica" sacrificial da qual tenta captar o sentido, enquanto a segunda (ao contrário de Bataille) assume uma distância crítica da soberba do *potlatch* como "criança-monstro" do sistema de oferenda e faz um julgamento (tratado de modo favorável por Derrida em *Given Time I: Counterfeit Money* [Chicago: University of Chicago Press, 1992], p. 64-65) em favor de uma "rivalidade amigável", que não seja excessiva, mas em vez disso permita que o ciclo da oferenda continue criando vínculos sociais valiosos e até provendo um modelo normativo aplicável à crítica de uma lógica capitalista unidimensional, exploradora, instrumentalmente "racional". Sugiro acima que uma crítica comparável do sacrifício envolveria uma desambiguação do dom e da vítima, com uma crítica da vitimização e uma valorização da liberalidade na doação do dom, implicando que uma tentativa aparentemente neutra, e com frequência antropocêntrica, de simplesmente "interpretar" ou "achar sentido" no sacrifício (muitas vezes ignorando a vítima animal ou vendo-a apenas como ocasião para uma meditação sobre a própria mortalidade) é enganosa e ela mesma aberta a crítica.

últimas atividades têm colocado de um lado o governo norte-americano e o Corpo de Engenheiros do Exército, assim como muitos cidadãos norte-americanos, e, de outro, povos indígenas tentando proteger locais sagrados, recentemente em questão no conflito entre proponentes do oleoduto da Dakota do Sul e os da Reserva Sioux de Standing Rock, com seus apoiadores indígenas e não indígenas. Se o conflito for seguir fiel à forma histórica, como parece agora bem provável, com a mudança de administrações políticas, os proponentes do oleoduto conseguirão outra "vitória" de Pirro, mesmo à custa dos direitos indígenas e das práticas religiosas, sem falar dos possíveis, se não prováveis, vazamentos de óleo pondo em risco a pureza dos sistemas hídricos.[195]

Um recente problema transdisciplinar que tem tido destaque, notadamente em sua relação com eventos extremos (como estupro, abuso e genocídio), é o trauma. Estudos sobre o trauma ou a teoria do trauma podem ser usados de modos questionáveis, e não se deve simplesmente participar de ou repetir sua construção ideológica como uma chave que abra todas as portas, por exemplo, como "pecado original" ou *big bang* na "origem" de toda cultura. Os estudos sobre o trauma também não devem ser tomados como ameaça imperialista a um interesse em outros problemas que podem, não obstante, ter interações significativas com inquirições sobre o trauma e seus efeitos.[196] Mas o trauma e o pós-traumático não só atravessam fronteiras disciplinares nas ciências humanas, como também se aplicam a humanos e outros animais. Até envolvem ciências e ciências sociais (neurofisiologia, psicologia social, psicanálise, psiquiatria, medicina narrativa). Pode-se

---

[195] Ver MUFSON, Steven. A Dakota Pipeline's Last Stand. *Washington Post*, Nov. 25, 2016. Disponível em: https://www.washingtonpost.com/business/economy/a-dakota-pipelines-last-stand/2016/11/25/35a5dd32-b02c11e6-be1c-8cec35b1ad25_story.html. Acesso em: 26 nov. 2016.

[196] Por exemplo, a mídia contemporânea, incluindo a veiculação de notícias, pode apoiar-se em fragmentos de som e imagem de rápida velocidade que dão pouco ou nenhum tempo para estudo em profundidade ou análise crítica. Com isso, o trauma e seus efeitos podem ser tratados de modo superficial, muitas vezes sensacionalista, e de maneiras repetitivas (o que é epitomizado pelas imagens infindavelmente recorrentes dos ataques terroristas às Torres Gêmeas ou pela cobertura de devastadores bombardeios e outras formas de violência no Oriente Médio e em outras partes).

argumentar que, como o trauma, os problemas mais significativos nas ciências humanas são justamente aqueles que não são simplesmente os "da moda" (como alguns enganosamente têm visto o próprio estudo do trauma). Ver um problema como uma mera moda é negar ou depreciar ostensivamente sua importância – isto é, ver sua investigação como mera "conversa", conversa sobre trauma, digamos, no sentido em que Heidegger preconceituosamente se referia à falação ociosa ou *Gerede* (na sua época e lugar, um termo depreciativo tipicamente aplicado a judeus ou a franceses). É também situar-se enganosamente ou situar seu grupo e sua abordagem como a coisa real e a fundação de uma identidade não problemática, digamos, como verdadeiro historiador, filósofo ou crítico literário. Mas problemas importantes não são "propriedade" de nenhuma disciplina humanística, mas costumam ser estudados, às vezes com efeitos inquietantes ou infamiliares, em várias disciplinas, mesmo aquelas que não são geralmente vistas como humanísticas. São também os problemas que não ficam restritos à academia, mas têm relevância para a chamada esfera pública e para a sociedade em geral. Embora possa ser questionável como explanação adequada, é interessante citar que Cornelius Gurlitt contou à *Der Spiegel* que manteve por meio século, e ainda queria manter, as 1.406 pinturas roubadas pelos nazistas e entregues por seu pai meio judeu (Hildebrand), porque as pinturas eram o que ele (Gurlitt filho) mais amava na vida. E um pequeno sinal de sucesso para um escritor é ter seus livros roubados da biblioteca.

Uma reflexão similar a respeito da transdisciplinaridade poderia ser feita em relação a textos, obras de arte, artefatos e mídias específicos que são estudados nas ciências humanas. Que disciplina é "dona" das obras de Platão, Cervantes, Vermeer, Goya, Freud, Virginia Woolf, Federico Fellini, Hannah Arendt ou Pablo Picasso (um dos pintores da horda de Gurlitt)? Um ou outro pode ser mais estudado numa disciplina do que em outra. Mas por acaso um acadêmico em história da arte ou estudos visuais estaria justificado em descartar uma discussão sobre Vermeer ou Picasso em literatura ou história?[197]

---

[197] Freud é um caso de interesse especial, pois é reivindicado pela psicologia, embora suas obras não sejam estudadas nessa disciplina. Também observaria

Aqui vou me referir brevemente a um fato que me ocorreu há alguns anos. Estava lendo os classificados da *Ithaca Journal*, percorrendo a lista, de *firewood* a *futon*, e, assim que registrei a anomalia, voltei à referência a Freud. Liguei para o número relativo a Freud e atendeu um recém-formado em Psicologia, cujo parente próximo, num arroubo de generosidade mal informada, equivocadamente achou que a Edição Standard das obras completas de Freud seria um bom presente de formatura. Como o recém-graduado já tivera uma visão geral do assunto em seu Departamento de Psicologia, que não era inclinado ao estudo da psicanálise, estava vendendo seu presente, com as caixas lacradas, pela metade do preço – uma oferta que não pude recusar. Há certo sentido no qual o entendimento de Freud implícito aqui é bem preciso. Freud não é um psicólogo em nenhum sentido comum, seja individual, seja social. Ele é mais bem compreendido como um crítico teórico, como o foi pela Escola de Frankfurt (cuja orientação a esse respeito, como em alguns outros, eu levo a sério). Em termos mais gerais, à medida que a valorização de Freud decrescia na psicologia, sua obra foi adotada e usada de maneiras às vezes criativas nas ciências humanas. Seu papel na França, em boa parte via Jacques Lacan, tem sido amplo, mesmo em um nível relativamente popular.[198] E conceitos freudianos, sejam bem ou mal compreendidos, têm permeado línguas de várias regiões, incluindo a América do Norte e do Sul. Como indiquei, tento repensar conceitos cruciais de Freud com especial referência à história, à sociedade e à cultura. Tenho enfatizado que há uma dimensão social básica no pensamento de Freud, como no conceito de transferência, que envolve uma implicação elementar do self e do outro com a tendência a repetir.

---

que alguns historiadores da Antiguidade e cientistas sociais na Cornell ficaram desnorteados quando o falecido Martin Bernal se afastou de sua área de estudos chineses modernos. Claro que você pode questionar as teses de Bernal, mas é inegável a natureza instigante de seu trabalho, em especial *Black Athena* e as discussões que provocou.

[198] Ver, por exemplo, TURKLE, Sherry. *Psychoanalytic Politics: Jacques Lacan and Freud's French Revolution*. New York: Basic Books, 1978, e ROBCIS, Camille. *The Law of Kinship: Anthropology, Psychoanalysis, and the Family in France*. Ithaca, NY: Cornell University Press, 2013.

E perlaborar, como processo de articulação, tem uma dimensão social e política crucial e pode ser ineficaz se restrito ao indivíduo, sem ter um envolvimento significativo nos papéis sociais e políticos.

O que é distintivo a respeito de artefatos ou textos humanísticos básicos, inclusive os de Freud, é como seu significado ultrapassa qualquer disciplina dada – uma forma de excesso que pode muito bem ser defendida. Como sugeri, artefatos humanísticos básicos podem ser apreciados, lidos ou estudados não apenas em várias disciplinas, mas também fora da academia. Com efeito, o grau em que entram na esfera pública é uma indicação de cultura geral, incluindo a riqueza e a diversidade de uma cultura que combina tais interesses com formas prevalentes de cultura popular e midiática. As mídias populares ganham vida, são melhoradas e às vezes criticamente desafiadas por uma relação sustentada com a chamada alta cultura ou cultura de elite – e vice-versa. Assim como Walter Benjamin não seria Walter Benjamin se não tivesse um conhecimento íntimo da alta cultura tradicional, assim como *insights* fascinantes da cultura popular, também o Monty Python ou os Beatles não seriam o que são sem uma interação comparável entre alta e baixa cultura, ou cultura popular e de elite. Seja intencional ou não, nenhuma canção é mais "heideggeriana", com efeito um hino à *Gelassenheit*, do que "Let It Be". E costuma ser notável a erudição exibida e parodiada no Monty Python.[199] Também mencionaria a recente redescoberta da música de Sixto Rodriguez, que de certas maneiras é tão notável quanto a de seu mais famoso contemporâneo Bob Dylan. Rodriguez protagoniza o documentário *Procurando Sugarman*. Seus dois álbuns do início da década de 1970 são *Cold Facts* e *Coming from Reality*. É muito impressionante sua história, de alguém que viveu praticamente ignorado em sua insegura terra natal (morou mais de 40 anos na mesma casa modesta em Detroit), em contraste com seu status *cult* e seu

---

[199] Também se deve atentar ao papel informado, carnavalesco, às vezes hilariante, de humoristas, por exemplo, os do Saturday Night Live, em satirizar criticamente as idiotices, inépcias e perigosas iniciativas de Donald Trump e sua *entourage* (assim como parodiando comportamentos típicos de Hillary Clinton e Bernie Sanders durante a campanha).

papel como inspiração política para as forças anti-*apartheid* na África do Sul. O ponto geral é que tanto a cultura de elite quanto a popular tendem a se tornar autocentradas, amaneiradas e até alheias à extensão em que seu âmbito de referência e preocupação permanece isolado.

Uma das deficiências óbvias dos noticiários e programas de entrevistas na TV durante a campanha presidencial de 2016 foi a criação de uma bolha autocentrada, com "debates" não informativos, às vezes desinformados, com uma série de marketeiros de fala fluente, alegações muitas vezes ofensivas e infindavelmente repetidas, e falsidades ou mesmo mentiras que muitas vezes ficavam sem apuração e sem contestação (especialmente em "tempo real"), e uma obsessiva preocupação em apresentar a campanha presidencial segundo o modelo de uma corrida de cavalos ou outro esporte competitivo, buscando os mais altos índices de audiência possíveis. O discurso de posse de Trump, em Washington, DC, em 20 de janeiro de 2017, tinha uma multidão relativamente pequena, estimada em cerca de 250 mil, especialmente em comparação não só com o público de Barack Obama em 2009 (cerca de 1,8 milhão), mas também com as mais de 500 mil pessoas (certas estimativas apontam mais de um milhão) na marcha de protesto das mulheres um dia após a posse (somando-se às grandes multidões em muitas marchas de protesto em outras cidades dos Estados Unidos e ao redor do mundo). Quando pediram que comentasse o repúdio furioso e hostil à mídia do secretário de Imprensa, Sean Spicer, em 21 de janeiro, daquilo que ele questionavelmente viu como uma baixa estimativa da audiência na posse de Trump, a representante e consultora sênior de Trump, Kellyanne Conway, no programa Meet the Press, da MSNBC, de 22 de janeiro, referiu-se ao uso por Spicer de "fatos alternativos". Isso foi contestado pelo âncora, Chuck Todd, que afirmou que os tais fatos alternativos eram apenas falsidades.[200] A

---

[200] A entrevista está em http://www.nbc.com/meet-the-press/video/meet-the-press-jan-22-2017/3456842 (acesso em: 23 jan. 2017). Ver também CILLIZZA, Chris. Sean Spicer Holds a Press Conference. He Didn't Take Questions. Or Tell the Whole Truth. *Washington Post*, Jan. 21, 2017. Disponível em: https://www.washingtonpost.com/news/the-fix/wp/2017/01/21/sean-spicer-held-a-press-conference-he-didnt-take-questions-or-tell-the-whole-truth/?utm_term=.

reação de Todd estava alinhada à tendência pós-campanha de certos jornalistas de evitar eufemismos e responder criticamente àquilo que muitas vezes durante a campanha permitiu-se deixar passar sem a apuração de fatos em tempo real ou sem um comentário crítico. Pode-se plausivelmente concluir que o princípio para se compreender Trump e sua falta de princípios poderia ser praticamente o seguinte: suspeite de que ele ou a sua *entourage* estejam fazendo, querendo fazer ou já tenham feito seja lá o que ele esteja acusando sua oposição ou seu inimigo de estar fazendo, desde *fake news* e "desonestidade" a vigilância e tentativas mais ou menos "conspiratórias" de moldar a política por meio de atores não oficiais que substituam ou contornem profissionais de carreira competentes.

Uma das maiores vítimas da campanha de 2016 foi o estado do discurso na esfera pública, o que inclui a distinção já discutida entre precisão, fato e verdade, de um lado, e falsidade, mentira e obscurecimento, de outro. O frequente "meme" da mídia a respeito de Trump tem sido o de que com ele estamos sempre navegando em águas desconhecidas. Na minha avaliação, estamos é em águas muito turbulentas, e Trump é incapaz ou reluta em ler ou seguir mapas convencionais, prontamente disponíveis. Uma coisa particularmente perigosa a respeito

---

f619da1ee4bb. Acesso em: 22 jan. 2017; e SWAINE, Jon. Trump Presidency Begins with Defense of False Alternative Facts. *The Guardian*, Jan. 22, 2017. Disponível em: https://www.theguardian.com/us-news/2017/jan/22/donald-trump-kellyanne-conway-inauguration-alternative-facts. Acesso em: 23 jan. 2017. Conway, como Alice no País das Maravilhas, também tinha sua noção de significados alternativos. Toda vez que se tocava na questão de divulgar a declaração de renda de Trump, alegava que já havia sido exaustivamente "litigada" na campanha. Na verdade, ela nem sequer foi litigada. Dependendo da fonte, foi levantada repetidamente, esquivada repetidamente, teve a falsa promessa de Trump de ser revelada após a eleição, e está ainda em suspenso. Conway insistiu em "enrolar" de novo na questão do que se entendia por "fatos alternativos" em entrevista de 23 de julho de 2017 com Brian Stelter, no Reliable Sources, na CNN. Para elucidar sua defesa da asserção de Spicer de que Trump tivera a maior plateia, "ponto final", no discurso de posse, apresentou "avaliações" subjetivas, como a de que um copo pode estar meio cheio ou meio vazio ou um dia pode ser nublado ou ensolarado (quando as duas coisas são parciais). Stelter pareceu tão perplexo que desistiu de comentar esses exemplos tão irrelevantes.

de Trump é que ele não tem senso de limites e sente que pode se safar de qualquer coisa. E tem associados, tanto representantes pagos como destacados membros do Partido Republicano, que se dispõem a apoiar ou incentivar seus excessos e prover desculpas ou justificá-los. Se é ofendido por críticos, revida não na mesma medida, mas com uma massiva overdose do que ele projeta ou imagina ver neles. Na melhor das hipóteses, ele tem um "mecanismo" severamente avariado de autocensura e autocontrole. Tira imenso proveito da noção prevalente de uma sociedade pós-verdade ou pós-fato, o que parece inteligente, mas é totalmente previsível como consequência de uma longa série de designações "pós", mal escolhidas e mal definidas. Mas esse uso do "pós" é particularmente enganoso e danoso. Parece até excluir verdade e fato como coisas de uma era passada. Muito da retórica e da prática de Trump e seus representantes tem sido a antítese do espírito das ciências humanas (assim como das pós-ciências humanas), ao mesmo tempo que sua animosidade propagandística, manipuladora, em relação às elites incita o que há longo tempo tem sido visto como um disseminado anti-intelectualismo na cultura norte-americana, incluindo a desvalorização das ciências humanas e das formas de pensamento crítico que elas ensejam.

A "alta" cultura e suas "elites" foram ridicularizadas por representantes de Trump como forças "antipopulistas", com frequência associadas ao Nordeste e à Costa Oeste (largamente responsáveis pela vitória popular de Clinton por quase 3 milhões de votos), seu povo e suas instituições (em especial universidades e mesmo a mídia), e sua suposta distância das pessoas comuns, das quais Trump se arvora em porta-voz. (É evidente que, apesar de sua torre tipo castelo na Quinta Avenida e sua longa história de vida no luxo na Big Apple, ele não era membro das elites de Nova York.) Mas um aspecto proeminente das altas culturas, não apenas na modernidade ou pós-modernidade, mas ao longo das eras, tem sido sua interação variável com as culturas populares, incluindo a cultura carnavalesca da contestação e do riso (tema importante na obra de Mikhail Bakhtin).[201] A dificuldade aqui não é a

---

[201] Se Trump pode ser visto como uma figura de carnaval, ele não é o tonto do povo que desmascara a hipocrisia e o poder opressor ao caracterizar os "homens

existência de "cânones". Estes existem mesmo na cultura popular.²⁰²
Talvez a possibilidade lamentável, mesmo em sérios expoentes da alta
cultura, seja o isolamento, bem como o processo de canonização,
quando um cânone é usado com propósitos sociais e políticos excludentes e discriminatórios, e textos e obras de arte se tornam análogos
a signos de status. Mas essa possibilidade não é uma necessidade ou
conclusão inevitável. Pode ser insistentemente combatida por aqueles
que não dicotomizam ou fazem distinções hostis entre dimensões ou
"níveis" de cultura.

Um critério de uma abordagem humanística é certa relação com
seu passado, incluindo cânones vistos como instituições que ajudam a
constituir o passado e colocar problemas para revisá-los ou glosá-los
de outras formas. Uma ciência (assim como uma ideia cientificista
da ciência social ou humana) pode se apoiar na crença de que aquilo
que é essencial a ela e vem do passado já está integrado ao estado
presente da disciplina. (Aqui o que se entende por conhecimento é
cumulativo e basicamente progressivo.) Daí que um físico enquanto
físico possa não experimentar uma necessidade profissional de ler
Newton ou Einstein, ou um biólogo, de ler Darwin, ou mesmo
um cientista social, de ler Durkheim ou Weber. Essas figuras são
estudadas em história intelectual ou talvez em estudos de ciências,
abrangendo (como boa parte da história) as ciências sociais e as ciências humanas. Alguém poderia muito bem argumentar que um
biólogo de boa formação deve de fato ler Darwin. Mas tal afirmação
estaria relacionada a uma compreensão mais ampla, quase humanista
ou "liberal" de como um biólogo de boa formação deveria ser como

---

fortes", que Bakhtin chamou de comedores de gente. É mais o bufão autoritário
e trambiqueiro desprovido de humor (especialmente o dirigido a si mesmo)
que, de modo hipócrita e opressor, usa a ridicularização, o sarcasmo pungente,
para intimidar e humilhar outros que ele faz de bode expiatório, contando com
a ingenuidade ou duplicidade de seus apoiadores. Na campanha, Trump fez
uma observação famosa (ou infame) de que poderia balear alguém na Quinta
Avenida sem abalar a fé de seus devotados seguidores.

²⁰² Havia até um cânone dos assuntos preferidos de Trump e suas táticas de pivotar-e-projetar, disseminado entre conselheiros e representantes de Trump, que logo
se tornaram personalidades da TV.

acadêmico e como intelectual. (Pela mesma razão, um humanista de boa formação deveria ter ao menos um letramento básico nas ciências e nas ciências sociais.) Mas, sem nunca ter lido Einstein ou Darwin, um cientista poderia ganhar um Prêmio Nobel por uma contribuição baseada na teoria da relatividade ou na teoria da evolução. Tal estado de coisas seria inaceitável, ou no mínimo causaria estranheza, apenas se as ciências naturais fossem definidas em termos socioculturais e intelectuais mais amplos que tornassem certas "exterioridades" intelectuais ou culturais mais internas para a definição da disciplina. Essas exterioridades internalizadas podem, é claro, incluir também o papel de reações críticas a formas de experimentação (notadamente em outros animais) e a possíveis "usos" de descobertas, às vezes de maneiras extremamente destrutivas. Alguns cientistas da natureza ou outros nas disciplinas STEM podem, com efeito, ver aquilo que fazem nesses termos expandidos, mas duvido de que essa visão seja parte da definição ou mesmo da autocompreensão prevalente dessas disciplinas. No entanto, posso estar errado, e na verdade espero estar ou que com o tempo se prove que estou.

O que muitas vezes tem sido entendido como a relação humanística com o passado supõe que este não seja simplesmente passado, mas de maneiras significativas seja parte do presente com implicações para o futuro. Apenas uma noção da história estreitamente objetificadora e positivista pode apresentar o passado como claramente separado do presente e do futuro. Aspectos do passado, como textos ou artefatos canônicos, podem muito bem ser criticados, mas devem também ser conhecidos e ter papel-chave no presente estado de inquirição. Pois nas ciências humanas o próprio modo como o passado e seus artefatos são lidos, criticamente relidos e compreendidos de forma responsiva (ou "glosados") é constitutivo de processos de aprendizagem e de renovação no presente. (Aqui há fartos exemplos. Figuras do Renascimento fizeram leituras revisionistas da Antiguidade; protestantes, da Bíblia; Marx, de Hegel; Joyce, de Homero e Flaubert; Beckett, de Joyce e de cartesianos e Flaubert; Lacan, de Freud, entre outros, com muitas complicações e variações.) Além disso, a relação com o passado, seus processos e artefatos, é autoimplicadora. O observador está implicado no objeto de observação de um modo que não pode ser confinado a uma dimensão de pesquisa facilmente categorizada (por exemplo, no caso da observação de partículas muito pequenas na física). A autoimplicação estende-se por todo o âmbito de inquirição significativa, e nas ciências humanas o pequeno detalhe ou área de pesquisa, em tese insignificante, facilmente omitido, pode ser o local de deslocamento dos problemas mais valorizados, afetivamente carregados, algo, é claro, sublinhado não só em Freud, mas também na noção de Derrida do suplemento perigoso.[203]

Como notado anteriormente, na psicanálise uma relação de autoimplicação com o outro é tratada em termos de transferência. E tenho indicado que a transferência pode ser entendida como um aspecto social, autoimplicante de processos psíquicos de modo mais geral. A transferência, ativa tanto na animosidade ou no ódio como no afeto, no cuidado ou no amor, é uma força importante nas relações entre self e outros. Para Freud, seus modelos são forjados na primeira infância, o que, em vista da acentuada vulnerabilidade e impressionabilidade dos bebês e das crianças pequenas, é claramente uma forte possibilidade. Mas um terreno para relações transferenciais pode também vir em encontros posteriores da pessoa com um intimidador ou auxiliador, um abusador ou cuidador, antagonista ou apoiador, amigo ou desafeto, ou mesmo em um marcante breve encontro que por alguma razão permaneça impresso tanto na psique quanto no soma. Tais experiências podem ser ao mesmo tempo significativas em si e transportadas a outros relacionamentos que as tragam de volta ou disparem reações comparáveis.[204]

---

[203] Aqui devo mencionar dois detalhes, pequenos, facilmente negligenciados em Flaubert, e deixar que o leitor pense sobre eles. Parece notável que, apesar de seu enquadramento temporal, não haja menção à revolução de 1848 em *Madame Bovary*. Será que o suicídio de Emma Bovary toma o seu lugar? E há uma lacuna de narrativa em *A educação sentimental* que cobre todo o Segundo Império (1851-1870). Seria isso uma indicação da alienação de Flaubert em relação ao período e de seu desejo de evitar confrontar ou de apagar suas características?

[204] Alguns comentadores têm notado que as palavras e os comportamentos preconceituosos e agressivos de Donald Trump tinham um efeito fortemente perturbador neles, às vezes evocando uma memória traumática de abuso e dando ensejo ou parecendo autorizar orientações de ódio, preconceito e às vezes violência em outros. Ver, por exemplo, SOLNIT, Rebecca. From Lying

O observador ou inquiridor implicado tende a deslocar e repetir, num nível básico, processos ativos ou projetados no outro ou no objeto de pesquisa. Por exemplo, quem estuda o Holocausto depara com o problema "transferencial" mesmo no nível elementar da nomeação ou da terminologia, pois, especialmente em áreas de estudo carregadas de emoção, saturadas de valores, não há termos neutros ou inocentes. Se alguém usa "Holocausto", pode agitar sedimentos de sacrificialismo, pois (como é bem sabido) etimologicamente o termo refere-se a uma oferenda queimada. Mas o desgaste de uma conotação sacrificial pode ser um efeito benéfico do uso prevalente e da banalização do termo. (Aqui temos um possível valor em tornar um termo banal.) Se optamos por "solução final", repetimos a terminologia nazista, o uso de aspas irônicas é uma precaução necessária que pode estar sendo ignorada ou mal interpretada. "Shoah" testemunha o papel da mídia na cultura moderna, pois (que eu saiba) seu uso não era disseminado antes do surgimento do importante filme de Claude Lanzmann, em meados da década de 1980, e o termo pode ter potencial de exoticização para quem não conheça hebraico. Mesmo "genocídio nazista" (em tese o termo mais neutro) ainda parece garantir aos nazistas uma propriedade sobre o genocídio e, mesmo de modo não intencional ou remoto, realizar seu desejo de dispor totalmente dos judeus (incluindo a questão de como deveriam ser nomeados e lembrados mesmo após sua esperada eliminação – um museu em Praga estava para ser dedicado a essa forma de recordação apropriativa). Por outro lado, genocídio judeu ou a expressão martírio judeu (usada mesmo por Levinas) pode ser cúmplice de uma perspectiva sacrificial de sentido dúbio. Em termos mais gerais, penso que a posição de sujeito assumida por muitos historiadores tende a ser a de espectador, que enganosamente parece estar mais próxima da objetividade. (O espectador costuma ser, em graus variados, cúmplice do que ocorre em fenômenos como abuso e genocídio.) O ponto aqui não é incentivar o nominalismo ou criar desarranjo terminológico, mas indicar a exigência de cuidadosa qualificação e a necessidade de ser sensível à própria implicação "transferencial" nos processos. A questão

---

to Leering: Donald Trump's Fear of Women. *London Review of Books*, p. 3-7, Jan. 19, 2017.

de como elaborar uma defensável posição ou conjunto de posições de sujeito é difícil e essencialmente contestada, ainda mais com respeito a problemas altamente sensíveis.

O desafio mais amplo é elaborar ou perlaborar uma relação com o passado em vez de achar que podemos transcendê-lo por meio de uma metodologia puramente objetificadora ou de um decisivo salto ou criação *ex nihilo*. Talvez em combinação com uma dessas orientações precedentes seja possível também repetir, cega e até compulsivamente, de modo mais ou menos deslocado, seus processos, às vezes com resultados fatalistas, negativos. Tal advertência indica as limitações de tentativas de uma total objetificação do outro por meio da qual a autoimplicação (ou transferência) seja rejeitada ou negada, mas com frequência encenada [*acted out*] de modo descontrolado, não reconhecido.[205] Mas isso também sinaliza a importância crucial de uma pesquisa cuidadosa, na verdade meticulosa, e de uma leitura atenta que possa checar inevitáveis tendências projetivas e repetitivas que são especialmente insistentes na medida em que um problema é ainda vivo e premente. (Esse ponto lança uma luz diferente sobre o papel da contextualização, sem fazê-la equiparável à compreensão histórica, embora se possa argumentar que é uma condição necessária desta última. De qualquer modo, a contextualização incentiva uma objetividade defensável ao se contrapor à projeção ou ao reprocessamento, que em certa medida são inerentes a uma relação implicada ou transferencial.) Os problemas que tenho assinalado em relação ao Holocausto são prevalentes em história, especialmente no caso de eventos extremos, traumatizantes, como os genocídios, e colocam desafios particularmente insistentes não apenas às ciências humanas, mas também a todas as formas correlatas de pesquisa e compreensão.

Em suas formas mais exigentes e promissoras, as ciências humanas estão no limiar entre o pensamento crítico e a liberalidade, generosidade ou doação de dons, bem como no umbral entre formas

---

[205] Conjunções infamiliares e duplos vínculos [*double binds*] são muito prevalentes, notadamente incluindo o fascínio com o virtual ou digital, por um lado, e, por outro, a busca de autenticidade, realidade, raízes e origens (muitas vezes buscadas digitalmente via Ancestry.com).

humanísticas e outras formas de compreensão, como a científica e a social-científica. E o dom em questão não pode ser visto como tendo um sentido unidirecional, do humano para o outro. Porque, por um lado, ele depende das diferenças internas do humano, em especial as criadas por ser um animal humano – de certa perspectiva, um tipo problemático de formação híbrida ou de concessão. Além disso, o horizonte do humanismo pode muito bem ser "pós-humanístico" ou outro que não exclusivamente humanístico num sentido específico. Junto a questões cruciais, amplamente reconhecidas, como as de raça, classe, sexualidade e gênero (todas intimamente ligadas a questões de vitimização e suas relações com sobrevivência, resiliência e agência), deve-se também enfatizar o papel das espécies, que pode muito bem estar no processo de se tornar uma preocupação central numa abordagem "humanística" crítica, autoquestionadora. A preocupação com espécies é um componente vital de um interesse por questões ecológicas amplas. Em termos mais gerais, é plausível argumentar que as ciências humanas tradicionalmente têm tido "o" animal como bode expiatório encoberto, que estudos globais podem também repetir, ainda que inadvertidamente, mesmo quando os valores afirmados são alegadamente universalistas ou no mínimo mundiais. O animal outro-que-humano tem sido tipicamente o outro constitutivo do humanismo e das ciências humanas, e talvez agora seja lugar-comum sustentar que tem havido uma busca recorrentemente deslocada, mas compulsivamente repetida, de encontrar o critério essencial (ou a pedra teológica ou filosofal) que separe de modo decisivo o humano dos outros animais (ou postule o essencialmente humano como transcendente com respeito ao animal, incluindo o animal interno). Esse critério elusivo de humanidade, que muitas vezes funciona como uma negação do animal no humano, tem assumido várias formas – criação à imagem e semelhança de Deus, alma, espírito, razão, liberdade, linguagem, e assim por diante, muitas vezes subestimando o que nos aproxima dos outros animais, não só as linguagens animais – a respeito das quais estamos aprendendo mais –, mas também a capacidade de ser agressivo e, no entanto, também de sofrer, ter empatia, ser traumatizado, vitimizado, resiliente, confiar ou alegrar-se. Talvez se deva começar a inquirição suspeitando de qualquer busca de diferença ou conjunto de diferenças supostamente essenciais, dicotomizantes, entre humanos e outros animais.

    De todo modo, o que ficou cada vez mais óbvio é que os critérios de diferenciação do humano não podem ser estabelecidos com o caráter decisivo e, o que é mais impactante ainda, com as consequências hostis e exploratórias com as quais têm sido propostos, ostensiva ou veladamente. O problema genuíno pode estar não só no caráter elusivo do objeto da busca, mas também na própria natureza equivocada de se empreender tal busca. Como indicado antes, essa equivocada busca de critérios nitidamente decisivos do humano parece envolver investimentos tipicamente hostis, autoenaltecedores, preconceituosos, que podem servir para justificar usos e abusos inaceitáveis de outros animais. Essa percepção, que não deve ser evitada pela insistência unidimensional, excludente, autodestrutiva em direitos humanos ou confinada a uma concepção antropocêntrica de "direitos" animais, deverá levar a uma mudança decisiva na autocompreensão das ciências humanas (ou pós--ciências humanas), cuja natureza e implicações estão, a meu ver, no processo de emergir. Isso reabre a questão da relação entre disciplinas humanísticas, científicas e social-científicas. Trata-se claramente de uma base sobre a qual as ciências humanas terão de ser extensivamente repensadas e em cujos termos – idealmente justos e generosos – suas outras preocupações cruciais terão de ser reconfiguradas, e, em alguns aspectos, totalmente. Em suma, o que é crucial para as ciências humanas pode agora exigir uma orientação pós-humanística que se contraponha à hipocrisia de uma dignidade e um status humanos fundados pelo menos implicitamente num mecanismo binarista de criação de bodes expiatórios, por meio do qual o que anda de quatro não pode, por definição, ser visto como tendo dignidade. Tal orientação "pós-humanística", embora não seja anti-humana ou anti-humanística, com efeito dá lugar a uma crítica minuciosa do antropocentrismo e do excepcionalismo humano, e estende o campo de preocupação a seres outros-que-os-humanos e também às diferenças dentro do humano.

    O pós-humanismo é cada vez mais prevalente no trabalho de acadêmicos antes identificados como humanistas, embora a atenção a ele na historiografia ainda seja limitada. Seu âmbito abrange não só outros animais, mas também outros seres não humanos, como ciborgues, robôs e as entidades da área em expansão da inteligência artificial. Igualmente limitada nas inquirições dos historiadores é uma proeminente preocupação que tem surgido junto com o pós-humanismo: o pós-secular. Ele compartilha com o pós-humanismo a coerência, no melhor dos casos autoquestionadora, bem como a abertura à inovação das várias orientações "pós" que o pós-humanismo e o pós-secularismo seguem e podem recapitular ou repensar.[206] O pós-secular está, é claro, relacionado à religião e à questão da secularização. A religião tem sido muitas coisas, mas é tipicamente um não humanismo, na medida em que dá ao ser humano lugar subordinado em relação a poderes espirituais mais elevados. Nos monoteísmos, tais poderes culminam ou se condensam na ideia teocêntrica de Deus. Mas, em várias religiões tradicionais ou indígenas, não é obrigatória a presença de um ser-Deus ou totalmente outro, um transcendente Outro, que às vezes nem sequer tem papel significativo. Mais importantes são os espíritos ou seres espirituais, que podem ter status mais elevado que os humanos (e costumam ser vistos como mais próximos de animais não humanos), mas estão ligados a outros seres de maneiras que impõem limites à asserção humana e à exploração da natureza, em particular com respeito a locais sagrados imbuídos de forças espirituais. No Ocidente, a religião, sem dúvida, persistiu, apesar da ascensão da secularidade. Ela com frequência tem tido presença imponente, e seu papel continuado até recentemente não foi reconhecido de modo suficiente por aqueles que afirmam um projeto iluminista, que contém importantes aspectos que muitos (eu incluído) ainda gostariam de afirmar.[207]

A relação entre o pós-secular e o religioso é controversa. O pós-secular muitas vezes parece ser um fenômeno de limiar, ao mesmo tempo similar e diferente das religiões mais tradicionais. A própria

---

[206] Ver minhas discussões do pós-secular in *History, Literature, Critical Theory*, esp. cap. 5. Ver também a instigante resenha-ensaio desse livro feita por Allan Megill, em "History, Theoreticism, and the Limits of 'the Postsecular'" (*History and Theory*, n. 52, p. 110-129, Feb. 2013).

[207] Ver HABERMAS, Jürgen, Notes on a Postsecular Society. *Sign and Sight*, June 18, 2008. Disponível em: http://www.signandsight.com/features/1714.html. Acesso em: 17 maio 2009.

secularização assumiu várias formas. A mais clara foi a secularização da propriedade da igreja. Mas, de maneiras mais contestadas, menos óbvias, mais instigantes, a secularização colocou a questão da extensão em que processos ou fenômenos em aparência seculares são deslocamentos mais ou menos disfarçados da religião. O deslocamento ensejou repetição e disfarce, com mudanças ou variações mais ou menos proeminentes. Muitas figuras importantes, como Karl Löwith, Carl Schmitt, Hans Blumenberg e Sigmund Freud, trataram a questão da extensão e dos modos como fenômenos seculares, como a soberania do Estado nacional, podiam ser vistos como deslocamento do religioso. Especialmente com referência ao pensamento de Joaquim de Fiore, Löwith pareceu postular uma identidade virtual entre conceitos religiosos e seculares, em especial no caso de estágios significativos da história, quase providenciais (como em Hegel e Marx), bem como a ideia mais apocalíptica de estágio final, que conclui com uma ruptura no tempo decisiva, revolucionária (digamos, o conhecimento absoluto ou a sociedade sem classes). Schmitt fez a famosa asserção de que "todos os conceitos importantes do Estado moderno são conceitos teológicos secularizados" (p. 36). Blumenberg distanciou-se das noções de secularização baseadas em identidade, mas não obstante transmitiu uma ideia específica de deslocamento no conceito de "reocupação" (ou *Umbesetzung*, comparável ao uso por Freud de *Besetzung*, traduzido na Edição Standard como "catexia"). Para Blumenberg, noções previamente religiosas, mesmo construções como igrejas ou capelas, foram reocupadas por outras mais seculares, já que uma igreja pode virar um asilo, ou o conceito de divindade pode ser usado para legitimar um rei ou um líder carismático. Blumenberg enfatizou a diferença, embora a reocupação envolvesse repetição com mudanças, e a relação entre ambas fosse variável. Sua ênfase na diferença foi acentuada quando ele alterou sua formulação para indicar que ao longo do tempo as mesmas questões ou questões similares podem ser levantadas, mas as respostas a elas são originais. (Essa formulação lembra a ideia discutível de Max Weber de que havia valores moldando as questões que os cientistas sociais faziam ao passado, mas que não afetavam as respostas "científicas" a elas.) Os conceitos de deslocamento e Besetzung eram cruciais em Freud e não invariavelmente decidíveis em termos de se era a repetição ou a mudança que dominava. Em geral, Freud enfatizou repetições disfarçadas e reinvestimentos de afeto apresentando diferenças mais ou menos significativas. Mas, de modo um pouco hiperbólico, Freud escreveu a Wilhelm Fliess: "A propósito, o que você tem a dizer quanto à sugestão de que toda a minha nova teoria das origens primárias da histeria já é familiar e foi publicada mais de 100 vezes, embora há vários séculos? Você se lembra que eu sempre dizia que a teoria medieval da possessão, aquela sustentada por tribunais eclesiásticos, era idêntica à nossa teoria de um corpo estranho e da divisão da consciência?" (p. 90). Outros levaram adiante essa linha de investigação, como Jacques Derrida, notadamente em termos de uma "espectrologia" deslocando a ontologia.[208]

A própria "religião" é notoriamente variável no sentido, e difícil de entender, especialmente quando se trata da religião não familiar de outros, na qual a prática habitual não mais esconde questões problemáticas (como beber o sangue de Cristo ou comer seu corpo na missa). Com respeito às sociedades tradicionais ou "arcaicas", até hoje classificadas no cristianismo como formas de paganismo, fica em aberto a questão de se certas constelações de práticas, incluindo as denominadas mitos e rituais, são suficientemente similares às normalmente vistas como religiões (como os monoteísmos) ou como mitos e rituais modernos (às vezes formas de falsificação ou conformidade,

---

[208] Ver LÖWITH, Karl. *Meaning in History: The Theological Implications of the Philosohpy of History*. Chicago: University of Chicago Press, 1949; SCHMITT, Carl. *Political Theology* [1922]. Transl. George Schwab. Cambridge, MA: MIT Press, 1985; BLUMENBERG, Hans. *The Legitimacy of the Modern Age* [1966]. Transl. Robert M. Wallace. Cambridge, MA: MIT Press, 1983; BONAPARTE, Marie; FREUD, Anna (ed.). *The Origins of Psychoanalysis: Letters, Drafts, and Notes to Wilhelm Fliess, 1887-1902*. Garden City, NY: Doubleday, 1957; e DERRIDA, Jacques. *Specters of Marx: The State of Debt, the Work of Mourning, and the New International* [1993]. Transl. Peggy Kamuf. New York: Routledge, 2006. Ver também o meu *Representing the Holocaust: History, Theory, Trauma*, cap. 6, "The Return of the Historically Repressed". Para uma comparação entre o psicanalista e o xamã e o exorcista, ver, respectivamente, LÉVI-STRAUSS, Claude. *Structural Anthropology*. Transl. Claire Jacobson. New York: Basic Books, 1963, cap. 9, "The Sorcerer and His Magic"; e DE CERTEAU, Michel. *The Possession at Loudun* [1970]. Transl. Michael B. Smith. Preface by Stephen Greenblatt. Chicago: University of Chicago Press, 2000.

extraindo um incremento talvez indevido da associação com outras formas denominadas religiosas ou espirituais). De qualquer modo, podemos apontar vários fenômenos na "modernidade" que não são simplesmente seculares, à parte o agora evidente e continuado papel das religiões históricas e sua progênie. Max Weber fez frequente apelo ao papel do "carisma" (o dom da graça) como uma força na sociedade que não poderia ser reduzida à racionalidade instrumental e que com frequência parece operar de outras maneiras que não as racionais. No entanto, foi uma fonte de poder e até de autoridade que se estendeu do direito divino da realeza para os líderes nos modernos movimentos de massas e regimes estabelecidos. O carisma pode ser secularizado, mas não equivaler ao estreitamente secular. Pode ter papel no apego e mesmo na adulação de líderes, mesmo figuras ostensivamente ocas, cujo apelo não é uma questão de autointeresse racional e pode até ir contra ele. É notável que mesmo Donald Trump tenha sido visto como carismático, a despeito de suas manifestas limitações e fracassos nos negócios. O fato de ele ter sido capaz de resistir a sucessivos escândalos e de renascer das cinzas tem sido visto por seus apoiadores como sinal de sua escolha e de seu status como uma espécie de salvador (mais do que como indicação de sua boa sorte e de um mau julgamento por quem o vê assim).

O sublime é outro fenômeno proeminente nas modernas noções de força quase transcendental, e de tal magnitude, que bloqueia o entendimento, pode estar ligado a uma experiência de quase morte, excede os limites do belo, com frequência vem junto a medo e tremores (ou impacto traumático) e pode reduzir a pessoa a uma silenciosa perplexidade. No entanto, é visto também como o auge da experiência estética e pode ser buscado em outras áreas da vida, a política inclusive.[209] É de modo típico o elogio mais elevado que alguém pode atribuir a uma performance ou artefato. E é talvez o lado mais secular ou pós-secular do sagrado, ou talvez da santidade

---

[209] Uma maneira de entender a crítica que Edmund Burke faz da Revolução Francesa (assim como a conexão entre seus primeiros trabalhos e os posteriores, com frequência dissociados) é que ele erroneamente buscou um sublime político em vez de manter o sublime mais seguramente contido na estética e no religioso.

transcendente. O sublime ganhou proeminência no pensamento de figuras como Edmund Burke e Immanuel Kant. (T. E. Hulme ironicamente literalizou o deslocamento ao definir o romantismo como "religião transbordada".)[210] O sublime era uma ideia central no movimento romântico, e poder-se-ia dizer que persistiu como um farol para muitos dentro e em torno do pós-estruturalismo. O sublime está relacionado ao excesso valorizado e à transgressão de limites (lembrado mesmo na noção lugar-comum de que um objeto de arte ou uma performance são algo "fora deste mundo"). Apelos ao sublime também têm sido ativos em concepções às vezes valorizadas do trauma, que em si é com frequência encarado como um modo de excesso quase transcendental, que tira a pessoa do comum e a deixa sem palavras. Como sugerido antes, o díptico sublime/trauma exige atenção sustentada e, na minha avaliação, uma crítica meticulosa.[211]

Uma questão que gera perplexidade é se o pós-humano pode combinar-se com o pós-secular, e de que maneira, ou, em aparente contraste, se ele representa uma intensificação de uma secularidade hostil ou de algum modo decisivamente diferente da religião, e de várias

---

[210] Citado por M. H. Abrams em *Natural Supernaturalism: Tradition and Revolution in Romantic Literature* (New York: W. W. Norton, 1971), p. 68. Ao tratar das relações entre romantismo e religião, Abrams enfatiza deslocamentos suaves sem uma ruptura significativa, desorientação sublime e ironia ou humor (evidentes no *Sartor Resartus*, de Carlyle, mas não na discussão que Abrams faz dele). Mais focado no sublime e na problemática no romantismo (e dando um lugar mais destacado do que Abrams ao romantismo alemão) é a abordagem em NANCY, Jean-Luc; LACOUE-LABARTHE, Philippe. *L'Absolu littéraire: théorie de la littérature du romanticisme allemand*. Paris: Éditions du Seuil, 1978, que contém excelentes seleções dos românticos alemães e dos idealistas filosóficos. Nancy e Lacoue-Labarthe são provavelmente os dois maiores discípulos franceses de Derrida e desenvolveram sua abordagem de maneiras criativas.

[211] Atenção e crítica podem ser encontradas em várias das minhas publicações, como *History, Literature, Critical Theory*. Ao aludir à produção, pelo personagem Jacques Arnoux, de artigos *kitsch* de devoção religiosa (segundo Flaubert, em vários sentidos emblemáticos da modernidade), o romancista, em *L'Éducation sentimentale*, refere-se a "*le sublime à bon marché*" (o sublime a preço promocional). Sobre o que tratei como traumatropismos (transformar o traumático em sublime), ver *History and Its Limits*, cap. 3.

formas de espiritualidade. Nessa última eventualidade, o pós-humano seria orientado a paradigmas aparentemente seculares, como os da ciência da natureza e os de máquinas como os computadores. Claro que tem havido aspectos pós-seculares ou mesmo religiosos na ciência, ou ligados a ela, como na biologia, por exemplo, numa figura como Pierre Teilhard de Chardin. Chardin (como Michel de Certeau) era jesuíta. Tinha credenciais científicas impecáveis e, no entanto, interpretou a divindade como motivação do processo evolucionário que levaria a algum desconhecido Ponto Ômega ou Singularidade.[212] Para aqueles que querem livrar-se de Deus ou apontam para sua morte, o ser humano pode assumir um status divino, ou quase. A divinização do ser humano deu-se de várias formas: em uma religião com ênfase na razão ou na humanidade (proeminente na Revolução Francesa e mais tarde em Auguste Comte), na crítica transformativa que Feuerbach fez de Hegel (baseada na interiorização pelos humanos do que presumivelmente é alienado e projetado em Deus), na aproximação, quando não na fusão, feita por Durkheim de sociedade e divindade, ou mais simplesmente na assunção humana do lugar soberano antes ocupado por Deus e por reis com direito divino.[213] Até os dias presentes, um fenômeno familiar é o governante narcisista, ultranacionalista, criador de bodes expiatórios, autoritário (ou o "homem-fraude") que considera que ele (e, em geral, não ela) é como Deus ou similar a Deus. Tal figura pode ter o apoio e o culto de fiéis adeptos, dispostos a afirmar ou endossar seja lá o que o governante ou líder proponha, por disparatado que seja.

Pelo que sei, aqueles que se interessam pelo pós-humanismo geralmente não têm explorado a questão de suas possíveis ou reais relações com o pós-secular. No entanto, essa é uma questão que merece investigação.[214] De fato, o maior problema pode muito bem ser

---

[212] Ver, por exemplo, CHARDIN, Pierre Teilhard de. *Christianity and Evolution.* Transl. R. Hague. New York: Harvest, 1974.

[213] Sobre Durkheim e seus predecessores, notadamente com respeito ao secular e religioso, ver meu *Emile Durkheim: Sociologist and Philosopher* (1972, 1985; Aurora, CO: The Davies Group, 2001), esp. cap. 6, "The Sacred and Society".

[214] Mas ver HURLBUT, J. Benjamin; TIROSCH-SAMUELSON, Hava (ed.). *Transhuman Visions and Technological Imaginations.* Wiesbaden: Springer VS, 2016,

o complexo formado pelo pós-humano e pelo pós-secular. Mesmo Derrida, talvez uma inspiração-chave para o pós-humanismo, no final da carreira tomou uma direção contestável: uma messianidade sem messianismo, envolvendo uma afirmação de *une attente sans attente*, ou uma espera sem expectativa. Trata-se de uma espera por aquilo que, inesperadamente, está por vir (*à venir*), mas não é identificável com um dado ser ou estado de coisas.[215] A atração por uma vaga utopia apocalíptica está presente em vários pensadores influentes, por exemplo, Giorgio Agamben e Slavoj Žižek. Žižek apoiou a eleição de Donald Trump (como fizeram muitos de seus apoiadores, cada um à sua maneira), porque viu Trump como alguém que traria a "verdadeira" mudança, como algo radicalmente diferente que sacudiria o *status quo*, que se afastaria do conhecido neoliberalismo e (uma esperança contra toda expectativa) levaria a uma desejada transformação (embora na chegada talvez não realmente desejável).[216]

Pode-se notar em certos pós-humanistas (por exemplo, Nick Bostrom) uma apreensão, talvez um desejo, de um apocalipse tipo *big-bang* ou de uma "singularidade", e isso parece às vezes ter ressonâncias pós-seculares como um advento adventício, radicalmente

---

esp. cap. 2, "Manifestations of the Posthuman in the Postsecular Imagination", de Elaine Graham. Para Graham, a atenção ao pós-humano é focada não em outros animais, mas em máquinas, ciborgues e inteligência artificial, uma abordagem que suplementa utilmente minhas próprias ênfases.

[215] Ver, por exemplo, CAPUTO, John D. *The Prayers and Tears of Jacques Derrida: Religion without Religion*, e DERRIDA, Jacques; VATTIMO, Gianni (ed.). *Religion* [1996]. Stanford: Stanford University Press, 1998, esp. p. 1-78. Para uma abordagem muito diferente que tenta validar o catolicismo progressista, ver TAYLOR, Charles. *A Secular Age*. Cambridge, MA: Harvard University Press, 2007, assim como a resenha altamente crítica de JAY, Martin. Faith-Based History. *History and Theory*, n. 48, p. 76-84, Feb. 2009.

[216] Ver a crítica a Agamben no meu *History in Transit: Experience, Identity, Critical Theory*, cap. 4; e *History and Its Limits*, esp. p. 164-175. Sobre Žižek, ver, por exemplo, *Vice News*, de 30 de novembro de 2016, disponível em: https://news.vice.com/story/far-left-philosopherslavoj-zizek-explains-why-he-suppored-trump-over-clinton (acesso em: 9 dez. 2016). Para uma discussão mais ampla, ver "Epilogue: Recent Figurations of Trauma and Violence: Tarrying with Zizek", no meu *History, Literature, Critical Theory*, p. 148-164.

transformador.²¹⁷ Pode-se lembrar aqui a invocação quase religiosa feita por Heidegger do *Ereignis* (o Evento ou talvez a Singularidade) e, após seu envolvimento no nazismo, sua asserção apocalíptica, postumamente reportada, de que só um deus pode nos salvar. Não fica claro simplesmente o quão prevalente uma visão apocalíptica, pós-humanista-pós-secular poderia ser. O que fica mais claro é a maneira como ele prontamente alimenta o que poderia ser visto como variações tardias do que Max Weber analisou em seu renomado e controverso *A ética protestante e o espírito do capitalismo* (1905), isto é, formas evangélicas e fundamentalistas de cristianismo que podem combinar exploração gananciosa do ambiente com uma transcendência piedosa, senão hipócrita, até mesmo uma teologia do fim dos tempos ecologicamente ameaçadora.

Certas questões pedem discussões adicionais com respeito ao pós-humanismo, especialmente as relações entre o pós-humano e o pós-secular. Uma questão é em que medida os defensores do pós-humanismo estão almejando uma ruptura extrema ou completa com o passado e com variedades do humanismo (e da historiografia). Como explicitamente observado, acho que os argumentos defendidos e as preocupações expressas no presente capítulo desembocariam em um ponto de vista pós-humanístico. Mas tenho uma reação crítica a tendências mais descuidadamente apocalípticas que podem até abrigar desejos de transcender procedimentos para substanciar asserções – procedimentos que são necessários para averiguar criticamente a construção de mitos e a bizarra ideia de "fatos alternativos".²¹⁸ Mas gostaria de ser mais assertivo

---

²¹⁷ Ver, por exemplo, de Bostrom, "Transhumanist Values", de 2003, disponível em: http://www.nickbostrom.com/ethics/values.html (acesso em: 10 dez. 2017). Para uma discussão embasada e incisiva de Bostrom, ver KHATCHADOURIAN, Raffi. The Doomsday Invention: Will Artificial Intelligence Bring Us Utopia or Destruction?. *New Yorker*, Nov. 23, p. 64-79, 2015.

²¹⁸ Ver meu "Resisting Apocalypse and Rethinking History", p. 160-178. Eu não descartaria histórias alternativas cuidadosamente construídas ou do tipo "como se", ou narrativas provocativas embasadas em asserções afiançáveis a respeito do que ocorreu de fato no passado. Uma importante narrativa literária, historicamente embasada, contrafactual, é a de Philip K. Dick, em *The Man in the High Castle*, em *Four Novels of the 1960s* (1962; New York: The Library of America, 2007),

em relação a outras dimensões do pós-secular, especialmente o respeito e o cuidado "sagrado" pelos outros, a necessidade de rituais como o luto, bem como de práticas carnavalescas não exploradoras, sem um bode expiatório como alvo, e uma rede normativamente regulada de relações que conectem humanos, outros animais e o ambiente.

Devo concluir com algumas observações controversas, importantes, mas, espero, longe de originais. No passado recente, a meu ver não é preciso ter um *insight* teórico ou crítico particular para perceber que algo está radicalmente fora de lugar nos atuais sistemas sociais e econômicos, notadamente nos Estados Unidos, onde a imensa quantidade de riqueza e recursos torna possível e até necessário um sistema diferente. A crise financeira e imobiliária que começou com força total em 2008 teve efeitos devastadores que ainda não cessaram, e a ausência de correções básicas aumenta as chances de recorrência, que a eleição de Trump, trazendo políticas de direita, "libertárias", de desregulação e privatização, sem dúvida vai agravar. Essa crise tornou mais prevalente uma sensibilidade à vasta disparidade de riqueza e de renda entre o 1% (mais ou menos) no topo e o restante da população, junto à série de discrepâncias que percorrem toda a hierarquia social e econômica. Nisso o Occupy Wall Street marcou uma posição forte e reveladora, e a campanha das primárias de 2015-2016 de Bernie Sanders pode ter assinalado a gênese de um amplo movimento social e político voltado para mudanças estruturais básicas. Sanders ajudou a familiarizar as pessoas com certos aspectos de gritante desigualdade.[219]

---

p. 1-229. Ela oferece uma visão de um mundo em que japoneses e alemães ganharam a Segunda Guerra Mundial. A questão séria, ainda pertinente, que parece (já na década de 1960) emergir do romance (incluindo o romance contrafactual dentro do romance, que indica o que de fato ocorreu – a vitória dos Aliados) é se qualquer das eventualidades faz tanta diferença assim. Outro modo de colocar a questão é perguntar se, e em que grau, os fascistas podem ter perdido a guerra, mas fizeram muito para "vencer" seus desdobramentos.

[219] Em seu renomado livro *Capital in the Twenty-First Century*, trad. Arthur Goldhammer (Cambridge, MA: Harvard University Press, 2013 [edição brasileira: *O capital no século XXI*. Rio de Janeiro: Intrínseca, 2014]), Thomas Piketty sinalizou a relevância ainda vigente da análise crítica de Karl Marx do capitalismo e dos efeitos adversos do "livre" mercado. Para Piketty, a lógica básica de Marx foi confirmada pela

Uma recente enquete da *Forbes* mostrou que os 400 indivíduos mais ricos dos Estados Unidos possuem tanta riqueza quanto os 60 por cento da parte mais baixa da população. Estatísticas anteriores da Agência de Orçamento do Congresso divulgadas em agosto de 2016 mostram que 10 por cento das famílias mais ricas detêm 76 por cento da riqueza, com todas as demais nos 50 por cento mais altos respondendo por 23 por cento, o que deixa apenas 1 por cento para toda a metade de baixo da população.[220] Além disso, há imensa discrepância entre a renda dos 200 CEOs mais bem pagos (cerca de 15 milhões de dólares por ano) e a do empregado médio. Em 1965, a diferença era presumivelmente não de centenas de vezes, mas mais próxima de 20 vezes. A atenção para com o "resultado financeiro" e a suposta responsabilidade fiduciária para com os acionistas e sua margem de lucro têm sobrepujado, se não obliterado, uma preocupação com o bem-estar dos trabalhadores, assim como pelo estado do ambiente e da sociedade como um todo. Lobistas que defendem os CEOs têm militado contra um projeto de lei que nem sequer regularia, mas

---

concentração de riqueza privada e pela dicotomia entre a pequena porcentagem dos muito ricos e a enorme porcentagem dos outros, muitos na extrema pobreza, intensificada particularmente a partir de 1980 nos Estados Unidos, na Europa e no Japão. Como Louis Menand destacou, em sua concisa e lúcida análise, "As propostas de Sanders para reduzir a desigualdade vêm direto de Piketty: taxar a riqueza e dar a mais pessoas acesso ao conhecimento" (MENAND, Louis. He's Back: Karl Marx, Yesterday and Today. *New Yorker*, Oct. 10, 2016, p. 97). De fato, um problema na campanha de Hillary Clinton (que, quaisquer que fossem seus defeitos, como a complacência com uma vitória que parecia certa, foi, não obstante, vítima e bode expiatório de acusações exageradas e tipicamente projetivas de "desonestidade", laços com Wall Street e ambição autocentrada) foi não ter apelado mais insistentemente a aspectos-chave das propostas de Sanders e a ramificações adversas subestimadas de uma presidência de Trump (não só em termos de seu muito discutido e quase autoevidente caráter dúbio, mas também quanto a um sistema de saúde não confiável, distorção na distribuição de riqueza e renda, política de imigração preconceituosa e governança errática). Mesmo assim, partes importantes da agenda de Sanders estavam na plataforma de Clinton, o que foi muitas vezes ignorado na cobertura da mídia, focada nas palhaçadas de Trump e nos e-mails de Clinton.

[220] Ver SAHADI, Jean. The Top 10% Hold 76% of the Wealth. *CNN Money*, Aug. 16, 2016. Disponível em: http://money.cnn.com/2016/08/18/pf/wealth-inequality/. Acesso em: 7 maio 2017.

simplesmente compararia a renda de CEOs com a dos empregados. E investidores, que supostamente votam com seus dólares, não têm o direito de regular a renda dos CEOs.

Alguns CEOs têm recebido "pacotes" incríveis ao se aposentarem (no caso do CEO da United Technologies, uma fornecedora central da defesa e empresa-mãe da Carrier, foram reportados 172 milhões de dólares, e, no de Rex Tillerson, secretário de Estado de Trump [que enxugou o departamento de suas atividades diplomáticas a ponto de torná-lo disfuncional], 180 milhões da Exxon). A invocação do senador Bernie Sanders de socialismo democrático (em vez de um novo *New Deal*) pode ter errado o alvo em termos de retórica num contexto norte-americano muito hostil, mas estava substancialmente na trilha certa. Um novo *New Deal* daria lugar a uma economia mista revisada composta por mercados de fato competitivos, regulados por órgãos do governo efetivos, educação pública até a faculdade e um sistema de "redes de segurança", como serviços de saúde e Previdência Social universais.

O CEO, executivo de banco ou gerente de fundo de investimentos que tem renda centenas de vezes maior que a do empregado médio, e particularmente aquele que fez fortuna com o colapso (longe de ser acidental) do mercado imobiliário (notoriamente incluindo Steven Mnuchin, secretário do Tesouro de Trump), virou exemplo literal e simbólico da desigualdade da sociedade.[221] Remi-

---

[221] Ver DAYAN, David. Wilbur Ross and Steve Mnuchin – Profiteers of the Great Foreclosure Machine. *The Nation*, Nov. 30, 2016. Disponível em: https://www.thenation.com/article/wilbur-ross-and-steve-mnuchin-profiteers-of-the-great-foreclosure-machine-go-to-washington/. Acesso em: 1º dez. 2016. Ver também o livro de Dayan, *Chain of Title: How Three Ordinary Americans Uncovered Wall Street's Foreclosure Fraud* (New York: New Press, 2016). Mnuchin, um bilionário gestor de fundos de investimento, trabalhou 17 anos na Goldman-Sachs. Chamado pela senadora Elizabeth Warren de "Forrest Gump da crise financeira", era o chefe de uma equipe de investimentos que comprou a predatória empresa de empréstimos IndyMac, que Mnuchin, como CEO, renomeou como OneWest. Ele executou mais de 36 mil hipotecas, usando procedimentos fraudulentos. Em um depoimento em julho de 2009, a vice-presidente da OneWest, Erica Johnson-Seck, admitiu sob juramento ter assinado sem ler 750 documentos de execução em

niscente dos piores abusos dos velhos regimes pré-revolucionários é o modo como os maiores responsáveis pela crise financeira e de habitação foram em geral tratados com leniência ou se safaram, apesar de seu comportamento inaceitável, quando não criminoso – não sofreram indiciamento ou punição, e foram até recompensados com bônus e salários maiores após a destruição da qual foram os grandes causadores.[222] E uma das mais amargas ironias da história recente é que Donald Trump, um dos maiores beneficiários de uma capacidade de burlar o sistema para a própria narcísica vantagem, teve seu discurso vazio levado a sério por muitos dos despossuídos

---

uma semana, não gastando mais do que 30 segundos em cada um. Ela tem a distinção de ter sido a única executiva a ser presa (sentença de cinco anos) por fraude em execução de hipotecas. Wilbur Ross, chefe do Departamento de Comércio de Trump e visto por alguns comentadores como uma de suas melhores escolhas, ganhou seus bilhões em grande parte como saqueador de empresas, comprando companhias falimentares e "reestruturando-as" ao demitir funcionários, despachar empregos para o exterior e abrir caminho nas companhias por meio da falência. (Ver, por exemplo, Chris Arnold, da NPR, em um artigo datado de 18 de janeiro de 2017, disponível em: http://www.npr.org/templates/transcript/ transcript.php?storyId=510472440. Acesso em: 23 jan. 2017). Ross também lucrou com o processo de execução por meio de uma das companhias que ele tirou da falência, a American Home Mortgage Servicing (ou AHMSI). À luz dessas nomeações e de outras, a "promessa" de campanha de Trump de "limpar o pântano de Wall Street" e se contrapor aos efeitos da crise financeira de 2008 parecem um exemplo a mais de retórica vazia e enganosa. Mas as nomeações de Mnuchin e Ross refletiram a visão de Trump, expressa na campanha, de que ele era "esperto" para ganhar dinheiro em um mercado em baixa e até para não pagar impostos, o que, é claro, exigiu desviar o fardo para aqueles menos capazes de arcar com eles e tirar proveito das condições desesperadas de outros.

[222] Um livro pertinente aqui, entre muitos outros, é o de Gretchen Morgenson e Joshua Rosner, *Reckless Endangerment: How Outsized Ambition, Greed, and Corruption Created the Worst Financial Crisis of Our Time* (New York: Macmillan, 2011). Para um estudo sobre como o conceito de Antropoceno pode ser diversionista, ou como o capitalismo nos últimos cinco séculos reduziu a natureza a um status instrumental, ao comoditizá-la, e como o capitalismo é incompatível com práticas ecológicas saudáveis no que ele chama de era do Capitaloceno, ver MOORE, Jason. *Capitalism in the Web of Life: Ecology and the Accumulation of Capital*. London: Verso, 2015.

e genuinamente desfavorecidos que o viram como seu porta-voz e salvador.[223]

Especialmente nesse contexto maior, a corporativização da academia é um problema real, incluindo salários extremamente altos e gratificações similares às das corporações, gestores de alto escalão e grande número de professores com baixa remuneração e não efetivados, além do problema de pessoal com doutorado desempregado ou com subemprego, especialmente nas ciências humanas. A própria questão da utilidade das ciências humanas parece um enganoso desvio, ou mesmo um aspecto da eleição de bodes expiatórios à luz desse estado de coisas – eleição de bodes expiatórios que parece ter se tornado uma dimensão disseminada e com frequência não criticada

---

[223] O senador Jeff Flake, republicano do Arizona, tem oferecido uma análise sutil, mas às vezes aguçada, da maneira como seu partido abandonou princípios genuinamente conservadores e ao longo do tempo abriu caminho para um presidente "populista" que mina os valores conservadores. Para ele, o GOP [sigla para "Grand Old Party", denominação alternativa pela qual o Partido Republicano é conhecido], ao apoiar Trump, suspendeu suas faculdades críticas e entrou num estado de negação no que se refere a um rei que está nu. Conclamando seus colegas membros do GOP no Congresso a se posicionarem contra as dimensões inaceitáveis do comportamento do presidente, ele argumenta que as palavras e ações de Trump têm ido contra os princípios conservadores e tomado direções perigosas, como acolher "fatos alternativos" e políticas de desestabilização tanto interna quanto externamente. Ver, de Flake, *Conscience of a Conservative: A Rejection of Destructive Politics and a Return to Principle* (New York: Random House, 2017). O apelo de Flake de início teve relativamente pouca aceitação entre seus colegas republicanos no Congresso, e o próprio Flake não agiu de modo consistente com seu argumento. (Por exemplo, votou a favor de todas as quatro versões da lei republicana de saúde pública.) Mas o fato de declarar sua posição pode ser sinal de uma crescente dissensão pelo menos nos segmentos mais moderados do partido. Trump tem ameaçado apoiar um candidato que dispute com Flake as primárias para concorrer ao senado em 2018, mas Flake anunciou que não está buscando a reeleição. Após as controversas reações de Trump às manifestações da extrema-direita de 11 e 12 de agosto de 2017, em Charlottesville, Virginia, o senador Bob Corker, do Tennessee, até então um forte apoiador do presidente (e alguém que tampouco visava à reeleição), declarou, em 17 de agosto: "O presidente ainda não foi capaz de demonstrar a estabilidade nem a competência que precisa demonstrar a fim de ser bem-sucedido" (citado em HERB, Jeremy. *CNN Politics*, Aug. 19, 2017.

da vida contemporânea. Não é preciso ser capaz de prover um modelo de um sistema social e econômico plenamente justificável para ver que o atual estado de coisas está cheio de graves problemas, e parece óbvio que a extrema desregulação favorece os ricos e poderosos (notadamente as grandes corporações) e tem impacto negativo nos desfavorecidos e desempoderados. Aqui é possível invocar um princípio que poderia ser derivado de Rousseau: ninguém deve ser tão rico que seja capaz de comprar alguém, ou tão pobre que seja forçado a se vender. Tal princípio pode parecer tão básico que dispense a necessidade de qualquer *expertise* especial, humanística ou de outro tipo para se reconhecer sua força e legitimidade.[224]

Abertas a debate ficariam as implicações específicas do princípio proposto, notadamente no contexto contemporâneo. Talvez uma implicação seja que em uma sociedade justa deveria haver não só pisos

---

Disponível em: http://www.cnn.com/2017/08/17/politics/bob-corker-criticizes-trump-charlottesville/index.html. Acesso em: 18 ago. 2017). No mesmo dia, o senador Tim Scott, da Carolina do Sul, afirmou que as reações variáveis de Trump haviam "comprometido" sua "autoridade moral". Em 18 de agosto, várias fontes reportaram que Stephen Bannon havia sido demitido de seu excepcional cargo de conselheiro na Casa Branca. Bannon, porém, sentiu-se liberado e afirmou de modo militante que retornaria ao seu reduto na Breitbart, onde poderia ter ainda o apoio do bilionário Robert Mercer. De lá, iria incentivar uma agenda populista etnonacional, anti-imigrantes, a chamada agenda "America-first", contra "globalistas" e moderados, tanto na Casa Branca (presumivelmente incluindo Jared Kushner e H. R. McMaster) quanto além dela, notadamente no Congresso. E que iria milagrosamente dissociar os dois corpos do soberano, continuando a apoiar Trump (um transcendental Trump?), mas atacando uma presidência Trump fracassada ou morta. Ver, por exemplo, SWAIN, Jonathan. Bannon, Backed by Billionaire, Prepares to Go to War. *Axios*, Aug. 18, 2017. Disponível em: https://www.axios.com/bannons-next-move-2474479917.html. Acesso em: 18 ago. 2017.

[224] Para um relato conciso das visões de Rousseau sobre os perniciosos efeitos da extrema desigualdade, ver WILLIAMS, David Lay. Should We Care about Inequality? Let's Ask a Philosopher. *Washington Post*, Mar. 28, 2014. Disponível em: https://www.washingtonpost.com/news/monkey-cage/wp/2014/03/28/should-we-care-about-inequality-lets-ask-a-philosopher/?utm_term=.06fac88dad1a. Acesso em: 6 jan. 2017. Ver também WILLIAMS, David Lay. *Rousseau's Platonic Enlightenment*. Preface by Patrick Riley. University Park: Pennsylvania State University Press, 2007.

como também tetos para a riqueza e a renda, no interesse do bem geral. Isso exigiria uma redistribuição que é razoável e eficaz, incluindo um imposto significativo sobre a renda e a riqueza acima de certo nível, o contrário do plano republicano de tirar dos menos favorecidos e dar ainda mais aos ricos, e esperar, com todas as evidências históricas contrárias, ou talvez capciosamente fingir que os cortes nos impostos para as corporações e os mais ricos simplesmente vão "pingar" para as classes baixas e médias em razão do crescimento econômico. Pode-se discutir se a tese desse "pingar" é de fato enganosa ou forjada [*trumped-up*] o suficiente para ser considerada outra grande mentira que só ganha credibilidade por meio da repetição propagandística e de apelos à autoridade. Menos discutível é que enveredar por um massivo déficit orçamentário por meio de grandes reduções de impostos que beneficiem basicamente as corporações e os ricos (incluindo, é claro, Trump e sua família) pode ser pretexto para justificar cortes de gastos voltados a enxugar ou mesmo tirar o governo do jogo, incluindo órgãos reguladores e Previdência Social, Medicare e Medicaid – isto é, os "direitos" do *New Deal*, que são a rede de proteção dos vulneráveis (mas são representados enganosamente por oponentes avessos à generosidade como esmolas a preguiçosos e imprevidentes). Seja como for, a ideia prevalente de que o crescimento (e a redução do Estado exceto para as forças armadas e a polícia) é a preocupação principal ou mesmo a única e que a redistribuição progressiva é irrelevante ou pioraria as coisas não seria cogente numa época em que entre as questões urgentes destacam-se a grande divisão entre ricos e pobres, a poluição e os danos ecológicos (incluindo o aquecimento global) e a ameaça de infindáveis guerras junto à imposição de um Estado policial. Outra exigência seria a necessidade de contar com corpos deliberativos, como o Congresso, nos quais não prevalecessem interesses pessoais intolerantes e legisladores com sede de poder, às vezes hipócritas, subservientes a grandes doadores. Com um pouco de imaginação política e vontade, seria possível também vislumbrar um populismo que servisse o povo, em especial os desprivilegiados, e que não fosse vinculado a um líder "carismático" vazio e a políticas contraproducentes de autoenaltecimento, ressentimento e, para alguns, desespero. Por mais "irreal" que pareça em um dado contexto, deve-se ainda assim afirmar tanto uma noção de limites legítimos (em especial com respeito ao autoenaltecimento, seja individual ou coletivo) e um compromisso com valores básicos e metas desejáveis.

Em uma revisão de obras recentes sobre os efeitos na economia e na sociedade do uso de robôs em lugar de trabalhadores, a destacada escritora e jornalista Elizabeth Kolbert observa que certas iniciativas não devem ser descartadas como não realistas, mas vistas como reação razoável a eventos contemporâneos, incluindo a natureza pouco sensata de iniciativas de Trump e sua administração.[225] Para ela, as operações que voltam aos Estados Unidos não vão fazer muito pelo emprego, pois são largamente automatizadas. "Essa é uma razão central da tendência de trazê-las de volta; os salários não são mais um problema depois que você se livra dos assalariados" (p. 88). (Esse é um ponto defendido e celebrado por Scott Pruitt, secretário da Agência de Proteção Ambiental, alguém perigoso ao ambiente, desregulador, alinhado aos grandes negócios, ao tratar dos trabalhadores e empregos dentro dos Estados Unidos.) Kolbert nota que Martin Ford, em seu *Rise of the Robots: Technology and the Threat of a Jobless Future* (2015), "preocupa-se que estejamos indo para uma era de 'tecno-feudalismo'. Ele imagina uma plutocracia trancada 'em condomínios fechados ou em cidades de elite, talvez guardadas por robôs e drones militares autônomos'". Mas, ao contrário do velho feudalismo, a classe baixa não seria explorada: ela seria supérflua. Ford "recomenda a garantia de uma renda básica a todos, paga com novos impostos, cobrados, ao menos em parte, dos novos zilionários" (p. 88). Eu acrescentaria que o risco até mesmo para os muito ricos é que uma subclasse acabe concluindo que tem pouco a esperar de Trump e de outros como ele e se envolva em revoltas ou violência aleatória, talvez contra os insensíveis abastados. Ou seja, recrutada para grupos paramilitares ou para a polícia-padrão e forças militares designadas a manter a "lei e a ordem", prender "criminosos" (às vezes em prisões privatizadas cheias de desafortunados condenados por pequenos delitos ligados a drogas), perseguir e expulsar imigrantes

---

[225] Ver RAGE Against the Machine: Will Robots Take Your Job?. *New Yorker*, Dec. 19-26 2016, p. 84-88.

sem documentos, incentivar a emergência de um Estado policial e travar infindáveis guerras ao redor do planeta.

Kolbert observa também que, em um grau ou outro, quase todos que escrevem sobre o tema chegam a conclusões similares ou relacionadas sobre as reformas necessárias. Jerry Kaplan, em seu *Humans Need Not Apply: A Guide to Wealth and Work in the Age of Artificial Intelligence* (2015), propõe que "o governo federal crie uma conta do tipo 401(k) [aposentadoria] para quem tenha 10 anos de idade nos Estados Unidos. Quem arrumar emprego contribuirá com parte de seu ganho para as contas; quem não conseguir, fará trabalho voluntário em retribuição às contribuições do governo" (p. 88). Outros preferem a ideia de um imposto de renda negativo, que ofereça aos desempregados um mínimo para viver, e aos subempregados suplementos de renda.

É discutível se os cenários que Kolbert discute são utópicos ou distópicos ou apenas buscam alguma saída para uma sujeição em muitos aspectos irremediável. Talvez uma possibilidade mais promissora seja procurar formas de emprego que tenham menor probabilidade de ser totalmente executadas por robôs ou por "recursos para poupar trabalho". Uma das áreas, obviamente, é a educação, notadamente ensinar em escolas que não sejam os estabelecimentos prestigiados pelos super-ricos, por grandes doadores de campanha e pela notavelmente desinformada secretária de Educação, Betsy DeVos. Tais escolas seriam sustentadas por verba pública, e parte de seus funcionários seriam pessoas retreinadas ou recém-empregadas, que tivessem sido dispensadas pela automação e por formas correlatas de "progresso" econômico. Outra opção seria oferecer maior custeio às artes e ciências humanas, para que pessoas pudessem se dedicar a atividades (talvez até ao estudo de arte, dança, história ou literatura – sem excluir a literatura francesa!) atualmente subordinadas à orientação à economia e ao modelo STEM de países "desenvolvidos". Talvez seja improvável, mas concebivelmente desejável, considerar (mesmo que apenas como um experimento de pensamento) a possibilidade de um amplo apoio ao desenvolvimento cultural e intelectual, de um tipo que não leve a uma soma-zero, a um jogo de ganhar ou perder, e possa mobilizar talentos e inclinações outros além dos exemplificados pela atual administração dos Estados Unidos.

Como sugerido antes, pode-se ter empatia por apoiadores de Trump e tentar compassivamente entender suas queixas genuínas, sua decepção com o *establishment* do Partido Democrata, incluindo seu candidato, e que queiram pelo menos promover um forte protesto, embora sem deixar de criticá-los pela maneira como se voltaram para o que não oferece uma resposta real às suas queixas, ao contrário, pode muito bem exacerbá-las. (Mas será que o próprio Trump e alguns de seus mais cínicos apoiadores ensejam empatia, ou apenas o tipo de compreensão que investiga criticamente seus procedimentos enganosos e tenta se contrapor a eles?) De qualquer modo, faz pouco sentido realizar o tipo de protesto contra a maneira como o navio do Estado está sendo conduzido, que pode, ele próprio, muito bem contribuir para fazê-lo encalhar.

De várias maneiras, Trump, seus associados e seu *modus operandi* são hostis às qualidades que tentei propor como cruciais para uma abordagem humanística (ou pós-humanística, assim como humana). Seria difícil ou mesmo impossível atribuir um sentido convincente ao impressionante sucesso de Trump e a suas perigosas, vulgares e autoenaltecedoras fanfarronices sem pelo menos um apelo qualificado a uma propensão, moldada afetiva e ideologicamente, a apoiar aquilo que enganosamente alimenta o próprio ego, solidifica a própria identidade, e que ou reforça o autointeresse visto em ótica estreita ou fomenta a própria insatisfação, e alimenta um ressentimento equivocado, assim como o preconceito, mas não contribui para um autointeresse esclarecido ou resiste a um julgamento crítico da própria pessoa. O sucesso de Trump também tem ecos de uma ascensão de líderes políticos autoritários e até neofascistas em outras partes do mundo, e de eventos mais ou menos comparáveis de um passado não muito distante. Um lugar-comum plausível é que as pessoas querem acreditar em algo, e que houve muitos que continuaram fiéis até o fim (às vezes além do fim) mesmo a figuras como Hitler ou Stalin.

Sem recorrer a comparações problemáticas, podemos, não obstante, argumentar que os problemas podem ser extremos para quem nos Estados Unidos de hoje considere Trump como um salvador pessoal. Além dos fatores já mencionados, essa disposição indica que o conceito de uma crise de legitimidade pode, de certas maneiras, aplicar-se não apenas à presidência de Trump, mas mais amplamente a importantes instituições e práticas norte-americanas, como a economia, a mídia e o sistema político, incluindo um Congresso e um colégio eleitoral às vezes disfuncionais. O fenômeno Trump em sua totalidade nos torna sensíveis às deficiências de um discurso excessivamente teórico e aos limites de abordar problemas de uma maneira extremamente abstrata ou em nível muito elevado. Nesse sentido, as ciências humanas não são uma panaceia. Mesmo assim, as ciências humanas, alimentadas pelo pensamento crítico, têm a seu favor o fato de estarem atentas aos detalhes e de lidarem com suposições subjacentes e quadros de referência que moldam o nosso entendimento e são relevantes para questões específicas, com frequência de uma maneira que permanece sem investigação. Entendidas de certo modo, as ciências humanas, abrindo o caminho para as pós-ciências humanas, podem no mínimo ajudar a apontar em direções desejáveis e estimular o pensamento crítico que de maneira mais plena lida com problemas que ligam o passado e o presente em uma tentativa de aumentar a possibilidade de um futuro menos mal intencionado, odioso ou carregado de preconceitos, e incentivando um futuro mais suportável. Acho que um número significativo de pessoas nos Estados Unidos e em outras partes acredita que uma meta básica da vida seja não sempre vencer, derrotar os outros ou tentar acumular o máximo de riqueza possível. Em vez disso, trata-se de fazer tudo o que for possível para ser capaz de viver e morrer em uma sociedade no mínimo um pouco mais justa, generosa e compassiva do que aquela em que nascemos.

Referências

ABRAMS, M. H. *Natural Supernaturalism: Tradition and Revolution in Romantic Literature*. New York: W. W. Norton, 1971.

ADORNO, Theodor. Commitment. *In*: ARATO, Andrew; GEBHARDT, Eike (ed.). *The Essential Frankfurt School Reader*. New York: Continuum, 1985. p. 300-318.

APPLEBY, Joyce; HUNT, Lynn; JACOB, Margaret. *Telling the Truth about History*. New York: W. W. Norton, 1994.

APUZZO, Matt *et al*. Trump Jr. Was Told in Email of Russian Effort to Aid Campaign. *New York Times*, July 10, 2017. Disponível em: https://www.nytimes.com/2017/07/10/us/politics/donald-trump-jr-russia-email-candidacy.html?mcubz=0. Acesso em: 11 jul. 2017.

ARENDT, Hannah. *Eichmann in Jerusalem: A Report on the Banality of Evil*. New York: Viking, 1963. [Edição brasileira: *Eichmann em Jerusalém: um relato sobre a banalidade do mal*. São Paulo: Companhia das Letras, 1999.]

BAKHTIN, Mikhail. *Problems of Dostoevsky's Poetics* [1963]. Ed. and transl. Caryl Emerson. Intro. Wayne C. Booth. Minneapolis: University of Minnesota Press, 1984. [Edição brasileira: *Problemas da Poética de Dostoiévski*. Trad. Paulo Bezerra. Rio de Janeiro: Forense Universitária, 2013.]

BAKHTIN, Mikhail. *Rabelais and His World*. Transl. Helene Iswolsky. Cambridge, MA: MIT Press, 1968. [Edição brasileira: *A cultura popular na Idade Média e no Renascimento: o contexto de François Rabelais*. São Paulo: Hucitec, 1987.]

BALL, Karyn. *Disciplining the Holocaust*. Albany: State University of New York Press, 2009.

BANVILLE, John. Philip Marlowe's Revolution. *New York Review of Books*, Oct. 27, 2016, p. 38.

BAR-ON, Dan. *Legacy of Silence: Encounters with Children of the Third Reich*. Cambridge, MA: Harvard University Press, 1989.

BAR-ON, Dan. *Tell Your Life-Story: Creating Dialogue among Jews and Germans, Israelis and Palestinians*. Budapest: Central European University Press, 2006.

BARASH, Jeffrey Andrew. *Collective Memory & the Historical Past*. Chicago: University of Chicago Press, 2016.

BARATAY, Éric. *Le Point de vue animal: une autre version de l'histoire*. Paris: Éditions du Seuil, 2012.

BARATAY, Éric; HARDOUIN-FUGIER, Élisabeth. *Histoire des jardins zoologiques en Occident, XVIe au XXe siècle*. Paris: La Découverte, 1998.

BARATAY, Éric; HARDOUIN-FUGIER, Elizabeth. *Zoo: A History of Zoological Gardens in the West*. Transl. Oliver Welsh. London: Reaktion Books, 2004.

BARING, Edward. *The Young Derrida and French Philosophy*. New York: Cambridge University Press, 2011. [Edição brasileira: *O jovem Derrida e a filosofia francesa, de 1945 a 1968*. Belo Horizonte: Editora UFMG, 2019.]

BARING, Edward; GORDON, Peter (ed.). *The Trace of God: Derrida and Religion*. New York: Fordham University Press, 2015.

BASHIR, Bashir; GOLDBERG, Amos. Deliberating the Holocaust and the Nakba: Disruptive Empathy and Binationalism in Israel and Palestine. *Journal of Genocide Research*, v. 16, n. 1, p. 77-99, 2004.

BEKOFF, Marc. *The Animal Manifesto: Six Reasons for Expanding Our Compassion Footprint*. Novato, CA: New World Library, 2010.

BERGER, James. *After the End: Representations of Postapocalypse*. Minneapolis: University of Minnesota Press, 1999.

BERGER, James. *The Disarticulate: Language, Disability, and the Narratives of Modernity*. New York: New York University Press, 2014

BERTRAND, Natasha. "This Is Off the Map": Former Intelligence Officials Say the Reported Kushner-Russia Plan Is Unlike Anything They've Ever Seen. *Business Insider*, May 28, 2017. Disponível em: http://www.businessinsider.com/jared-kushner-backchannel-plan-russia-flynn-2017-5.

BLAKE, William. *Blake's Poetry and Designs*. Selected and edited by Mary Lynn Johnson and John E. Grant. 2nd ed. Norton Critical Edition. New York: Norton, 2008.

BLOOM, Paul. *Against Empathy: The Case for Rational Compassion*. New York: HarperCollins, 2016.

BLUM, Deborah. *Love at Goon Park: Harry Harlow and the Science of Affection*. New York: Berkley Books, 2002.

BLUM, Deborah. *The Monkey Wars*. New York: Oxford University Press, 1994.

BLUMENBERG, Hans. *The Legitimacy of the Modern Age* [1966]. Transl. Robert M. Wallace. Cambridge, MA: MIT Press, 1983.

BONAPARTE, Marie; FREUD, Anna (ed.). *The Origins of Psychoanalysis: Letters, Drafts, and Notes to Wilhelm Fliess, 1887-1902*. Garden City, NY: Doubleday, 1957.

BONNELL, Victoria E.; HUNT, Lynn Avery (ed.). *Beyond the Cultural Turn: New Directions in the Study of Society and Culture*. Berkeley: University of California Press, 1999.

BOSTROM, Nick. Transhumanist Values. 2003. Disponível em: http://www.nickbostrom.com/ethics/values.html. Acesso em: 10 dez. 2017.

BOTELHO, Greg. Israeli PM Benjamin Netanyahu Criticized for Saying Holocaust Was Mufti's Idea, Not Hitler's. *CNN*, Oct. 22, 2015. Disponível em: http://www.cnn.com/2015/10/21/middleeast/netanyahu-hitler-grand-mufti-holocaust/. Acesso em: 23 out. 2015.

BOURDIEU, Pierre. *Rules of Art: Genesis and Structure of the Literary Field* [1992]. Transl. Susan Emanuel. Stanford: Stanford University Press, 1996.

BOYD, David R. *The Rights of Nature: A Legal Revolution That Could Save the World*. Toronto: ECW Press, 2017.

BRECKMAN, Warren. Intellectual History and the Interdisciplinary Ideal. In: McMAHON, Darrin; MOYN, Samuel (ed.). *Rethinking Modern European Intellectual History*. Oxford: Oxford University Press, 2014. p. 275-293.

BROWNING, Christopher. *Collected Memories: Holocaust History and Postwar Testimony* Madison: University of Wisconsin Press, 2003.

BROWNING, Christopher. *Remembering Survival: Inside a Nazi Slave Labor Camp*. New York: W.W. Norton, 2010.

BURG, Avraham. *The Holocaust Is Over, We Must Rise from Its Ashes*. New York: Palgrave Macmillan, 2008.

BURTON, Antoinette (ed.). *Archive Stories: Facts, Fictions, and the Writing of History*. Durham: Duke University Press, 2005.

BUTLER, Judith. *Precarious Life: The Powers of Mourning and Violence*. London: Verso, 2004. [Edição brasileira: *Vida precária: os poderes do luto e da violência*. Belo Horizonte: Autêntica, 2019.]

BUTLER, Judith. *Psychic Life of Power*. Stanford: Stanford University Press, 1997. [Edição brasileira: *A vida psíquica do poder: teorias da sujeição*. Belo Horizonte: Autêntica, 2017.]

CADWALADR, Carole. Robert Mercer: The Big Data Billionaire Waging a War on Mainstream Media. *The Guardian*, Feb. 26, 2017 [atualizado em 27 de fevereiro]. Disponível em: https://www.theguardian.com/politics/2017/feb/26/robert-mercer-breitbart-war-on-media-steve-bannon-donald-trump-nigel-farage. Acesso em: 28 fev. 2017.

CAJETE, Gregory. *Native Science: Natural Laws of Interdependence*. Preface by Leroy Little Bear, JD. Santa Fe, NM: Clear Light Publishers, 2000.

CAPUTO, John D. *The Prayers and Tears of Jacques Derrida: Religion without Religion*. Bloomington: Indiana University Press, 1997.

CAPUTO, John D.; VATTIMO, Gianni. *After the Death of God*. Ed. Jeffrey W. Robbins. Postface Gabriel Vahanian. New York: Columbia University Press, 2007.

CARRARD, Philippe. *Poetics of the New History: French Historical Discourse from Braudel to Chartier.* Baltimore: Johns Hopkins University Press, 1992.

CARUTH, Cathy. Recapturing the Past: Introduction. *In*: CARUTH, Cathy (ed.). *Trauma: Explorations in Memory.* Baltimore: Johns Hopkins University Press, 1995. p. 153-154.

CARUTH, Cathy. *Unclaimed Experience: Trauma, Narrative, and History.* Baltimore: Johns Hopkins University Press, 1996.

CHACÓN, Daniel J. *Santa Fe New Mexican*, June 16, 2016, p. A-4.

CHARDIN, Pierre Teilhard de. *Christianity and Evolution.* Transl. R. Hague. New York: Harvest, 1974.

CILLIZZA, Chris. Donald Trump's 57 Most Outrageous Quotes from his Arizona Speech. *CNN Politics*, Aug. 23, 2017. Disponível em: http://www.cnn.com/2017/08/23/politics/donald-trump-arizona/index.html. Acesso em: 23 ago. 2017.

CILLIZZA, Chris. Sean Spicer Holds a Press Conference. He Didn't Take Questions. Or Tell the Whole Truth. *Washington Post*, Jan. 21, 2017. Disponível em: https://www.washingtonpost.com/news/the-fix/wp/2017/01/21/sean-spicer-held-a-press-conference-he-didnt-take-questions-or-tell-the-whole-truth/?utm_term=.f619da1ee4bb. Acesso em: 22 jan. 2017.

CLARK, Elizabeth A. *History, Theory, Text: Historians and the Linguistic Turn.* Cambridge, MA: Harvard University Press, 2004

COATES, Ta-Nehisi. *Between the World and Me.* New York: Penguin Random House, 2015.

CONNOR, Steven. *Postmodernist Culture: An Introduction to Theories of the Contemporary.* Oxford: Blackwell, 1989.

CULLER, Jonathan. *Flaubert: The Uses of Uncertainty.* Ithaca, NY: Cornell University Press, 1974.

CUSHING, Frank Hamilton. *Selected Writings of Frank Hamilton Cushing.* Ed. Jesse Green. Lincoln: University of Nebraska Press, 1979.

CUSHING, Frank Hamilton. *Zuni Breadstuff.* New York: Museum of the American Indian Heye Foundation, 1920.

CUSHING, Frank Hamilton. *Zuni Fetishes* [1883]. Intro. Tom Bahti. Las Vegas: KC Publications, 1990.

DASTON, Lorraine; MITMAN, Greg (ed.). *Thinking with Animals: New Perspectives on Anthropomorphism.* New York: Columbia University Press, 2005.

DAVIS, Julie Hirschfeld. Trump's Cabinet, with a Prod, Extols the "Blessing" of Serving Him. *New York Times*, June 12, 2017. Disponível em: https://www.nytimes.com/2017/06/12/us/politics/trump-boasts-of-record-setting-pace-of-activity.html?mcubz=0. Acesso em: 13 jun. 2017.

DAVOINE, Françoise; GAUDILLIERE, Jean-Max. *History and Trauma*. Transl. Susan Fairfield. New York: Other Press, 2004.

DAWIDOWICZ, Lucy (ed.). *A Holocaust Reader*. West Orange, NJ: Behrman House, 1976.

DAYAN, David. *Chain of Title: How Three Ordinary Americans Uncovered Wall Street's Foreclosure Fraud*. New York: New Press, 2016.

DAYAN, David. Wilbur Ross and Steve Mnuchin – Profiteers of the Great Foreclosure Machine. *The Nation*, Nov. 30, 2016. Disponível em: https://www.thenation.com/article/wilbur-ross-and-steve-mnuchin-profiteers-of-the-great-foreclosure-machine-go-to-washington/. Acesso em: 1º dez. 2016.

DE CERTEAU, Michel. *The Possession at Loudun* [1970]. Transl. Michael B. Smith. Preface by Stephen Greenblatt. Chicago: University of Chicago Press, 2000.

DE CERTEAU, Michel. *The Writing of History* [1975]. Transl. Tom Conley. New York: Columbia University Press, 1988.

DE WAAL, Frans de. *Are We Smart Enough to Know How Smart Animals Are?*. New York: W. W. Norton, 2016. [Edição brasileira: *Somos inteligentes o bastante para saber quão inteligentes são os animais?* Rio de Janeiro: Zahar, 2022.]

DEAN, Carolyn J. *Aversion and Erasure: The Fate of the Victim after the Holocaust*. Ithaca, NY: Cornell University Press, 2010.

DEER, John (Fire) Lame; ERDOES Richard. *Lame Deer Seeker of Visions: The Life of a Sioux Medicine Man*. New York: Simon & Schuster, 1972.

DELORIA, Barbara et al. (ed.). *Spirit & Reason: The Vine Deloria, Jr., Reader*. Preface by Wilma P. Mankiller. Golden, CO: Fulcrum Publishing, 1999.

DERRIDA, Jacques. *Archive Fever: A Freudian Impression* [1995]. Transl. Eric Panowitz. Chicago: University of Chicago Press, 1996. [Edição brasileira: *Mal de arquivo: uma impressão freudiana*. Rio de Janeiro: Relume Dumará, 2001.]

DERRIDA, Jacques. *Given Time I: Counterfeit Money*. Chicago: University of Chicago Press, 1992.

DERRIDA, Jacques. *L'Animal que donc je suis*. Ed. Marie-Louis Mallet. Paris: Éditions Galilée, 2006.

DERRIDA, Jacques. Limited Inc. abc. In: *Glyph 2*. Baltimore: Johns Hopkins University Press, 1977. p. 162-254.

DERRIDA, Jacques. Limited Inc. abc. In: *Limited Inc*. Ed. Gerald Graff. Transl. Jeffrey Mehlman and Samuel Weber. Evanston: Northwestern University Press, 1988.

DERRIDA, Jacques. *Of Grammatology* [1967]. Transl., with a preface, Gayatri Chakravorty Spivak. Baltimore: Johns Hopkins University Press, 1974. [Edição brasileira: *Da gramatologia*. São Paulo: Perspectiva, 1973.]

DERRIDA, Jacques. *Margins of Philosophy* [1972]. Transl. Alan Bass. Chicago: University of Chicago Press, 1982. [Edição brasileira: *Margens da filosofia*. São Paulo, Papirus, 1991.]

DERRIDA, Jacques. *Specters of Marx: The State of Debt, the Work of Mourning, and the New International* [1993]. Transl. Peggy Kamuf. New York: Routledge, 2006.

DERRIDA, Jacques. *The Animal That Therefore I Am*. Transl. David Wills. New York: Fordham University Press, 2008.

DERRIDA, Jacques. *The Beast & the Sovereign*. Transl. Geoff Bennington. Chicago: University of Chicago Press, 2011. (The Seminars of Jacques Derrida, v. 2).

DERRIDA, Jacques. The Force of Law: The "Mystical" Foundation of Authority. *Cardozo Law Review*, n. 11, p. 920-1045, 1990. [Edição brasileira: *Força de lei*. São Paulo: WMF Martins Fontes, 2007.]

DERRIDA, Jacques. The Force of Law: The "Mystical" Foundation of Authority. *In*: CORNELL, Drucilla *et al.* (ed.). *Deconstruction and the Possibility of Justice*. New York: Routledge, 1992.

DERRIDA, Jacques. *The Gift of Death* [1992]. Trans. David Wills. Chicago: University of Chicago Press, 1995.

DERRIDA, Jacques; VATTIMO, Gianni (ed.). *Religion* [1996]. Stanford: Stanford University Press, 1998.

DICK, Phillip K. *The Man in the High Castle*. *In: Four Novels of the 1960s* [1962]. New York: The Library of America, 2007. p. 1-229.

DOSSE, François. *La Marche des idées: histoire des intellectuels – histoire intellectuelle*. Paris: Éditions La Découverte, 2003.

DOYLE, Thomas P.; SIPE, A. W. Richard; WALL, Patrick J. *Sex, Priests, and Secret Codes: The Catholic Church's 2,000 Year Paper Trail of Sexual Abuse*. Los Angeles: Volt Press, 2006.

EGAN, Timothy. *Short Nights of the Shadow Catcher*. New York: Houghton Mifflin Harcourt, 2012.

ENTOUS, Adam *et al*. Blackwater Founder Held Secret Seychelles Meeting to Establish Trump-Putin Back Channel. *Washington Post*, Apr. 3, 2017. Disponível em: https://www.washingtonpost.com/world/national-security/blackwater-founder-held-secret-seychelles-meeting-to-establish-trump-putin-back-channel/2017/04/03/95908a08-1648-11e7-ada0-1489b735b3a3_story.html?utm_term=.0aef7fec2c32. Acesso em: 15 maio 2017.

ESLER, Gavin. How Nazi Adolf Eichmann's Holocaust Trial Unified Israel. *BBC World News*, Apr. 6, 2011. Disponível em: http://www.bbc.com/news/world-12912527. Acesso em: 1º jun. 2016.

EVANS, Richard. *In Defense of History*. New York: W. W. Norton, 1997.

FARGE, Arlette. *Allure of the Archive* [1989]. Preface by Natalie Zemon Davis. Transl. Thomas Scott-Railton. New Haven: Yale University Press, 2013. [Edição brasileira: *O sabor do arquivo*. São Paulo: Edusp, 2009.]

FASSIN, Didier; RECHTMAN, Richard. *The Empire of Trauma: An Inquiry into the Condition of Victimhood* [2007]. Transl. Rachel Gomme. Princeton: Princeton University Press, 2009.

FAW, Ursula. Mike Pence Is Toast: Anonymous Letter to WaPo Shows the Role of Eric [*sic*] Prince in Trump-Russia. *Daily Kos*, May 26, 2017. Disponível em: http://www.dailykos.com/stories/2017/5/26/1666425/-Mike-Pence-Is-Toast-Anonymous-Letter-To-WaPo-Shows-The-Role-Of-Eric-Prince-In-Trump-Russia. Acesso em: 27 maio 2017.

FINCHELSTEIN, Federico. *From Fascism to Populism*. Oakland: University of California Press, 2017.

FLAKE, Jeff. *Conscience of a Conservative: A Rejection of Destructive Politics and a Return to Principle*. New York: Random House, 2017.

FLORES, Dan. *Coyote America: A Natural and Supernatural History*. New York: Basic Books, 2016.

FOUCAULT, Michel. *Folie et déraison: histoire de la folie à l'âge classique*. Paris: Librairie Plon, 1961. [Edição brasileira: *História da loucura na Idade Clássica*. São Paulo: Perspectiva, 2005.]

FOUCAULT, Michel. *History of Madness*. Transl. Jonathan Murphy and Jean Kalpha. Preface by Ian Hacking. Intro. Jean Khalfa. New York: Routledge, 2006.

FREUD, Sigmund. *The Interpretation of Dreams* [1900]. Ed. and Transl. James Strachey with Anna Freud. London: Hogarth Press, 1981. [Edição brasileira: *A interpretação dos sonhos*. Rio de Janeiro: Nova Fronteira, 2018.]

FREUD, Sigmund. *The Uncanny* [1919]. Transl. David McLintock. Intro. Hugh Naughton. New York: Penguin Books, 2003. [Edição brasileira: *O infamiliar*. Belo Horizonte: Autêntica, 2019.]

FRIE, Roger (ed.). *History Flows through Us: Germany, the Holocaust, and the Importance of Empathy*. New York: Oxford University Press, 2017.

FRIE, Roger. *Not in My Family: German Memory and Responsibility after the Holocaust*. New York: Oxford University Press, 2017.

FRIEDLÄNDER, Saul. *Nazi Germany and the Jews, 1939-1945* [1997]. New York: HarperCollins, 2007. 2 v.

FRUM, David. How to Build an Autocracy. *The Atlantic*, Mar. 2017. Disponível em: https://www.theatlantic.com/magazine/archive/2017/03/how-to-build-an-autocracy/513872/. Acesso em: 5 fev. 2017.

FULL Transcript of Netanyahu Speech for Holocaust Remembrance Day. Disponível em: http://www.timesofisrael.com/full-transcript-of-netanyahu-speech-for-holocaust-remembrance-day/. Acesso em: 4 dez. 2015.

GELLEY, Ora. A Response to Dominick LaCapra's "Lanzmann's *Shoah*". *Critical Inquiry*, n. 24, p. 830-832, 1999.

GOLDBERG, Amos. *Trauma in First Person: Diary Writing during the Holocaust*. Bloomington: Indiana University Press, 2017.

GOPNICK, Adam. Orwell's *1984* and Trump's America. *New Yorker*, 27 Jan., 2017. Disponível em: www.newyorker.com/news/daily-comment/orwells-1984-and-trumps-america. Acesso em: 30 jan. 2017.

GORDON, Peter E. Contextualism and Criticism in the History of Ideas. *In*: McMAHON, Darrin; MOYN, Samuel (ed.). *Rethinking Modern European Intellectual History*. Oxford: Oxford University Press, 2014. p. 32-55.

GREEN, Jesse (ed.). *Cushing at Zuni: The Correspondence and Journals of Frank Hamilton Cushing, 1879-1884*. Albuquerque: University of New Mexico Press, 1990.

GREEN, Joshua. *Devil's Bargain: Steve Bannon, Donald Trump, and the Storming of the Presidency*. New York: Penguin Books, 2017.

GROSS, Jan T. *Neighbors: The Destruction of the Jewish Community in Jedwabne, Poland*. Princeton: Princeton University Press, 2001.

GRUEN, Lori. Zoo's Problem Isn't Gorilla Death. *Washington Post*. Reimpresso em *Santa Fe New Mexican*, June 6, 2016, p. A-17.

HABERMAS, Jürgen, Notes on a Postsecular Society. *Sign and Sight*, June 18, 2008. Disponível em: http://www.signandsight.com/features/1714.html. Acesso em: 17 maio 2009.

HÄGGLUND, Martin. *Radical Atheism: Derrida and the Time of Life*. Stanford: Stanford University Press, 2008.

HARTMAN, Geoffrey. *The Longest Shadow*. Bloomington: Indiana University Press, 1996.

HARTOG, François. Time and Heritage. *Museum*, n. 57, p. 7-17, 2005.

HEIM, Joe *et al*. One Dead as Car Strikes Crowds amid Protests of White Nationalist Gathering in Charlottesville; Two Police Die in Helicopter Crash. *Washington Post*, Aug. 13, 2017. Disponível em: https://www.washingtonpost.com/local/fights-in-advance-of-saturday-protest-in-charlottesville/2017/08/12/155fb636-7f13-11e7-83c7-5bd5460f0d7e_story.html?utm_term=.38b271dca0ac. Acesso em: 13 ago 2017.

HERB, Jeremy. *CNN Politics*, Aug. 19, 2017. Disponível em: http://www.cnn.com/2017/08/17/politics/bob-corker-criticizes-trump-charlottesville/index.html. Acesso em: 18 ago. 2017.

HILLGRUBER, Andreas. *Zweierlei Untergang: Die Zerschlagung der Deutschen Reiches und das Ende des europäischen Judentums*. Berlin: Siedler, 1986.

HINSLEY JR., Curtis. *Savages and Scientists: The Smithsonian Institution and the Development of American Anthropology, 1846-1910*. Washington, DC: Smithsonian Institution Press, 1981.

HUGHTE, Phil. *A Zuni Artist Looks at Frank Hamilton Cushing: Cartoons by Phil Hughte*. Captions by Phil Hughte. Preface by Triloki Nath Pandey. Zuni, NM: Pueblo of Zuni Arts & Crafts, 1994.

HUNT, Lynn. *Inventing Human Rights: A History*. New York: W. W. Norton, 2007.

HURLBUT, J. Benjamin; TIROSCH-SAMUELSON, Hava (ed.). *Transhuman Visions and Technological Imaginations*. Wiesbaden: Springer VS, 2016.

INGRAHAM, Christopher. The GOP Baseball Shooting Is the 154th Mass Shooting This Year. *Washington Post*, June 14, 2017. Disponível em: https://www.washingtonpost.com/news/wonk/wp/2017/06/14/the-gop-baseball-shooting-is-the-154th-mass-shooting-this-year/?utm_term=.6953f13a2ffb. Acesso em: 14 jun. 2017.

JABLONKA, Ivan. *Histoire des grands-parents que je n'ai pas eus: une enquete*. Paris: Éditions du Seuil, 2012.

JABLONKA, Ivan. *L'Histoire est une littérature contemporaine: manifeste pour les sciences sociales*. Paris: Éditions du Seuil, 2012. (Librairie du XXIe Siècle). [Edição brasileira: *A história é uma literatura comtemporânea: manifesto pelas ciências sociais*. Brasília: EdUnB, 2021.]

JACOBS, Alan. *Original Sin: A Cultural History*. New York: HarperCollins, 2008.

JAY, Martin. Faith-Based History. *History and Theory*, n. 48, p. 76-84, Feb. 2009.

JENKINS, Philip. *Pedophilia and Priests: Anatomy of a Contemporary Crisis* [1996]. New York: Oxford University Press, 2001.

KANSTEINER, Wulf. Finding Meaning in Memory: A Methodological Critique of Collective Memory Studies. *History and Theory*, n. 41, p. 179-197, May 2002.

KANSTEINER, Wulf. Genealogy of a Category Mistake: A Critical Intellectual History of the Cultural Trauma Metaphor. *Rethinking History*, n. 8, p. 193-221, 2004.

KEAN, Hilda. *The Great Cat and Dog Massacre: The Real Story of World War Two's Unknown Tragedy*. Chicago: University of Chicago Press, 2017.

KELLNER, Hans. A Bedrock of Order: Hayden White's Linguistic Humanism. *History and Theory*, n. 19, p. 1-29, Dec. 1980.

KESSLER, Glenn; HEE, Michelle Ye; KELLY, Meg. President Trump's List of False and Misleading Claims Tops 1,000. *Washington Post*, Aug. 22, 2017. Disponível em: https://www.washingtonpost.com/news/fact-checker/wp/2017/08/22/president-trumps-list-of-false-and-misleading-claims-tops-1000/?utm_term=.e314e19b6e63. Acesso em: 23 ago. 2017.

KHATCHADOURIAN, Raffi. The Doomsday Invention: Will Artificial Intelligence Bring Us Utopia or Destruction?. *New Yorker*, Nov. 23, p. 64-79, 2015.

KHAZAN, Olga. Refugee: Palestinians in Arab Countries Have It Bad, Too. *Washington Post*, Nov. 30, 2012. Disponível em: https://www.washingtonpost.com/news/worldviews/wp/2012/11/30/palestinians-israel-settlements-arab-countriesrefugees/. Acesso em: 2 dez. 2015.

KLEIN, Kerwin Lee. On the Emergence of Memory in Historical Discourse. *Representations*, n. 69, p. 127-150, 2000.

KLEINBERG, Ethan. Haunting History: Deconstruction and the Spirit of Revision. *History and Theory*, n. 46, p. 113-143, Dec. 2007.

KLEINBERG, Ethan. *Haunting History: For a Deconstructive Approach to the Past*. Stanford: Stanford University Press, 2017.

KRACAUER, Siegfried. *History: The Last Things before the Last*. New York: Oxford University Press, 1969.

LaCAPRA, Dominick. *Emile Durkheim: Sociologist and Philosopher* [1972; 1985]. Aurora, CO: The Davies Group, 2001.

LaCAPRA, Dominick. Equivocations of Autonomous Art. *Critical Inquiry*, n. 24, 1999, p. 833-836.

LaCAPRA, Dominick. Historical and Literary Approaches to the "Final Solution": Saul Friedländer and Jonathan Littell. *History and Theory*, n. 50, p. 71-97, Feb. 2011.

LaCAPRA, Dominick. *History & Criticism*. Ithaca, NY: Cornell University Press, 1985.

LaCAPRA, Dominick. *History and Its Limits: Human, Animal, Violence*. Ithaca, NY: Cornell University Press, 2009.

LaCAPRA, Dominick. *History and Memory after Auschwitz*. Ithaca, NY: Cornell University Press, 1998.

LaCAPRA, Dominick. *History and Reading: Tocqueville, Foucault, French Studies*. Toronto: Toronto University Press, 2000.

LaCAPRA, Dominick. *History in Transit: Experience, Identity, Critical Theory*. Ithaca, NY: Cornell University Press, 2004.

LaCAPRA, Dominick. *History, Literature, Critical Theory*. Ithaca, NY: Cornell University Press, 2013.

LaCAPRA, Dominick. *History, Politics, and the Novel*. Ithaca, NY: Cornell University Press, 1987.

LaCAPRA, Dominick. *Madame Bovary on Trial*. Ithaca, NY: Cornell University Press, 1982.

LaCAPRA, Dominick. Reading Exemplars: Wittgenstein's *Vienna* and Wittgenstein's *Tractatus*. In: *Rethinking Intellectual History: Texts, Contexts, Language*. Ithaca, NY: Cornell University Press, 1983.

LaCAPRA, Dominick. *Representing the Holocaust: History, Theory, Trauma*. Ithaca, NY: Cornell University Press, 1994.

LaCAPRA, Dominick. Resisting Apocalypse and Rethinking History. *In*: JENKINS, Keith; MORGAN, Sue; MUNSLOW, Alun (ed.). *Manifestos for History*. New York: Routledge, 2007. p. 160-178.

LaCAPRA, Dominick. Violence, Justice, and the Force of Law. *Cardozo Law Review*, n. 11, p. 1065-1078, 1990.

LaCAPRA, Dominick. *Writing History, Writing Trauma* [2001]. Baltimore: Johns Hopkins University Press, 2014.

LANE, David A. Analysis Shows Gerrymandering Aided GOP in 2016. Associated Press. *Santa Fe New Mexican*, June 25, 2017, p. A-1, A-8.

LANGER, Lawrence. *Holocaust Testimonies: The Ruins of Memory*. New Haven: Yale University Press, 1991.

LAPLANCHE, J.; PONTALIS, J-B. *The Language of Psychoanalysis* [1967]. New York: W. W. Norton, 1973. [Edição brasileira: *Vocabulário da psicanálise*. São Paulo: Martins Fontes, 2001.]

LEBERT, Stephan; LEBERT, Norbert. *My Father's Keeper: Children of Nazi Leaders; An Intimate History of Damage and Denial* [2000]. Transl. Julian Evans. London: Little, Brown, 2002.

LEVI, Primo. *L'altrui mestiere* [1985]. Torino: Einaudi, 1998.

LEVI, Primo. *Other People's Trades*. New York: Summit, 1989.

LEVI, Primo. *Survival in Auschwitz* [1958]. Transl. Stuart Woolf. New York: Macmillan, 1961. [Edição brasileira: *É isto um homem?*. Trad. Luigi del Re. Rio de Janeiro: Rocco, 2013.]

LEVI, Primo. *The Drowned and the Saved* [1986]. New York: Vintage Books, 1988.

LÉVI-STRAUSS, Claude. *Structural Anthropology*. Transl. Claire Jacobson. New York: Basic Books, 1963.

LEVIN, Sam; WONG, Julia Carrie. Greg Gianforte Sentenced to Community Service for Assaulting *Guardian* Reporter. *The Guardian*, June 12, 2017. Disponível em: https://www.theguardian.com/us-news/2017/jun/12/republican-greg-gianforte-sentenced-assaulting-guardian-reporter. Acesso em: 13 jun. 2017.

LINENTHAL, Edward T. *Preserving Memory: The Struggle to Create America's Holocaust Museum*. New York: Columbia University Press, 2001.

LÖWITH, Karl. *Meaning in History: The Theological Implications of the Philosohpy of History*. Chicago: University of Chicago Press, 1949.

LUCKHURST, Roger. *The Trauma Question*. London: Routledge, 2008.

LYOTARD, Jean-François. *The Postmodern Condition: A Report on Knowledge*. Transl. Geoffrey Bennington and Brian Massumi. Minneapolis: University of Minnesota Press, 1979.

MAGAVERN, Sam. *Primo Levi's Universe: A Writer's Journey*. New York: Palgrave Macmillan, 2009.

MALCOLM, Norman. *Ludwig Wittgenstein: A Memoir*. With a biographical sketch by Georg Henrik von Wright. Oxford: Oxford University Press, 1958.

MANDEL, Naomi. *Against the Unspeakable: Complicity, the Holocaust, and Slavery in America*. Charlottesville: University of Virginia Press, 2006.

MANN, Thomas E.; ORNSTEIN, Norman J. *It's Even Worse Than It Was* [2012]. New York: Basic Books, 2016.

MARK, Joan. *Four Anthropologists: An American Science in Its Early Years*. New York: Science History Publications, 1980.

MATYSIK, Tracie. Decentering Sex: Reflections on Freud, Foucault, and Subjectivity in Intellectual History. *In*: McMAHON, Darrin; MOYN, Samuel (ed.). *Rethinking Modern European Intellectual History*. Oxford: Oxford University Press, 2014. p. 173-192.

MAYER, Jane. The Reclusive Hedge-Fund Tycoon behind the Trump Presidency: How Robert Mercer Exploited America's Populist Revolt. *New Yorker*, Mar. 27, 2017. Disponível em: www.newyorker.com/magazine/2017/03/27/the-reclusive-hedge-fund-tycoon-behind-the-trump-presidency. Acesso em: 22 mar. 2017.

MAZA, Sara. Stephen Greenblatt, the New Historicism, and Cultural History, or, What We Talk about When We Talk about Interdisciplinarity. *Modern Intellectual History*, n. 1, p. 249-265, 2004.

MAZZATTI, Mark; ROSENBERG, Matthew. Michael Flynn to Testify before Congress in Exchange for Immunity. *New York Times*, Mar. 30, 2017. Disponível em: https://www.nytimes.com/2017/03/30/us/politics/michael-flynn-congress-immunity-russia.html?_r=0. Acesso em: 31 mar. 2017.

McMAHON, Darrin; MOYN, Samuel (ed.). *Rethinking Modern European Intellectual History*. Oxford: Oxford University Press, 2014.

MEGILL, Allan. History, Theoreticism, and the Limits of "the Postsecular". *History and Theory*, n. 52, p. 110-129, Feb. 2013.

MEGILL, Allan; ZHANG, Xpeng. Questions on the History of Ideas and Its Neighbors. *Rethinking History*, n. 17, p. 333-353, 2013.

MENAND, Louis. He's Back: Karl Marx, Yesterday and Today. *New Yorker*, Oct. 10, 2016, p. 90-97.

MOHANTY, Satya. *Literary Theory and the Claims of History*. Ithaca, NY: Cornell University Press, 1997.

MOORE, Jason. *Capitalism in the Web of Life: Ecology and the Accumulation of Capital*. London: Verso, 2015.

MORGENSON, Gretchen; ROSNER, Joshua. *Reckless Endangerment: How Outsized Ambition, Greed, and Corruption Created the Worst Financial Crisis of Our Time*. New York: Macmillan, 2011.

MORRISON, Toni. *Beloved*. New York: Alfred A. Knopf, 1987.

MORRISON, Toni. *The Origin of Others*. Preface by Ta-Nehisi Coates. Cambridge, MA: Harvard University Press, 2017.

MOYN, Samuel. *A Holocaust Controversy: The Treblinka Affair in Postwar France*. Waltham: Brandeis University Press, 2005.

MOYN, Samuel. *Origins of the Other: Emmanuel Levinas between Revelation and Ethics*. Ithaca, NY: Cornell University Press, 2005.

MOYN, Samuel. *The Last Utopia: Human Rights in History*. Cambridge, MA: Harvard University Press, 2010.

MUCCI, Clara. *Beyond Individual and Collective Trauma: Intergenerational Transmission, Psychoanalytic Treatment, and the Dynamics of Forgiveness*. London: Karnac Books, 2013.

MUFSON, Steven. A Dakota Pipeline's Last Stand. *Washington Post*, Nov. 25, 2016. Disponível em: https://www.washingtonpost.com/business/economy/a-dakota-pipelines-last-stand/2016/11/25/35a5dd32-b02c11e6-be1c-8cec35b1ad25_story.html. Acesso em: 26 nov. 2016.

NIEBUHR, Gustav. Zunis Mix Traditions with Icons of Church. *The New York Times*, Jan. 29, 1995. Disponível em: http://www.nytimes.com/1995/01/29/us/zunis-mix-traditions-with-icons-of-church.html. Acesso em: 18 maio 2016.

NOIRIEL, Gérard. *Sur la "crise" de l'histoire*. Paris: Belin, 1996.

NORA, Pierre (ed.). *Les Lieux de mémoire*. Paris: Gallimard, 1984. 3 v.

O'CONNELL, Mark. Why You Should Read W. G. Sebald. *New Yorker*, Dec. 14, 2011. Disponível em: http://www.newyorker.com/books/page-turner/why-you-should-read-w-g-sebald. Acesso em: 28 maio 2016.

OLICK, Jeffrey K. *et al.* (ed.). *The Collective Memory Reader*. Oxford: Oxford University Press, 2011.

OLLSTEIN, Alice. Judge: Trump Incited Violence against Protesters at Kentucky Rally. *TPM News*, Apr. 1st, 2017. Disponível em: http://talkingpointsmemo.com/news/trump-rally-violence-court-incitemet. Acesso em: 2 abr. 2017.

PACELLE, Wayne. *The Humane Economy: How Innovators and Enlightened Consumers Are Transforming the Lives of Animals*. New York: HarperCollins, 2016.

PAREEN, Alex. This Is Normal. *Fusion*, June 29, 2017. Disponível em: http://fusion.kinja.com/this-is-normal-1796496747. Acesso em: 2 jul. 2017.

PHILLIPS, Amber. Jared Kushner Trying to Secretly Talk to the Russians Is the Biggest Billow of Smoke Yet. *Washington Post*, May 26, 2017. Disponível em: https://www.washingtonpost.com/news/the-fix/wp/2017/05/26/jared-kushner-trying-to-secretly-talk-to-the-russians-is-the-biggest-billow-of-smoke-yet/?utm_term=. 62815d904496. Acesso em: 27 maio 2017.

PHILLIPS, Whitney. *This Is Why We Can't Have Nice Things: Mapping the Relationship between Online Trolling and Mainstream Culture*. Cambridge, MA: MIT Press, 2016.

PIKETTY, Thomas. *Capital in the Twenty-First Century*. Transl. Arthur Goldhammer. Cambridge, MA: Harvard University Press, 2013. [Edição brasileira: *O capital no século XXI*. Rio de Janeiro: Intrínseca, 2014.]

POWDERMAKER, Hortense. *Stranger and Friend: The Way of an Anthropologist*. New York: W. W. Norton, 1966.

POWERS, Thomas. Custer's Trials: A Life on the Frontier of a New America, by T. J. Stiles. *New York Review of Books*, Dec. 17, 2015, p. 78-80.

RADSTONE, Susannah; SCHWARZ, Bill (ed.). *Memory, History, Debates*. New York: Fordham University Press, 2010.

RAGE Against the Machine: Will Robots Take Your Job?. *New Yorker*, Dec. 19-26 2016, p. 84-88.

RAND, Nicholas (ed.). *The Shell and the Kernel* [1987]. Chicago: University of Chicago Press, 1994. v. 1.

RAY, Gene. Dialectical Realism and Radical Commitments: Brecht and Adorno on Representing Capitalism. *Historical Materialism* v. 18, n. 3, p. 3-24, 2010.

REISMAN, Sam. Trump Tells Crowd to "Knock the Crap Out" of Protesters, Offers to Pay Legal Fees. *Mediate*, Fev. 1st, 2016. Disponível em: http://www.mediaite.com/online/trump-tells-crowd-to-knock-the-crap-out-of-protesters-offers-to-pay-legal-fees/.

RICŒUR, Paul. *Memory, History, Forgetting*. Transl. Kathleen Blamey and David Pellauer. Chicago: University of Chicago Press, 2004.

ROBCIS, Camille. *The Law of Kinship: Anthropology, Psychoanalysis, and the Family in France*. Ithaca, NY: Cornell University Press, 2013.

ROBERTS, Jo. *Contested Land, Contested Memory: Israel's Jews and Arabs and the Ghosts of Catastrophe*. Toronto: Dundurn, 2013.

RODEE, Marian; OSTLER, James. *The Fetish Carvers of Zuni*. ed. rev. Albuquerque, NM: The Maxwell Museum of Anthropology; The University of New Mexico, 1995.

ROTHBERG, Michael. *Multidirectional Memory: Remembering the Holocaust in the Age of Decolonization*. Stanford: Stanford University Press, 2009.

RUDOREN, Jodi. Netanyahu Retracts Assertion That Palestinians Inspired Holocaust. *New York Times*, Oct. 30, 2015. Disponível em: http://www.nytimes.com/2015/10/31/world/middleeast/netanyahu-retracts-assertion-that-palestinian-inspired-holocaust.html?_r=0. Acesso em: 8 dez. 2015.

SAHADI, Jean. The Top 10% Hold 76% of the Wealth. *CNN Money*, Aug. 16, 2016. Disponível em: http://money.cnn.com/2016/08/18/pf/wealth-inequality/. Acesso em: 7 maio 2017.

SANDS, Philippe. *East West Street*. New York: Alfred A. Knopf, 2016.

SANYAL, Debarati. *Memory and Complicity: Migrations of Holocaust Remembrance*. New York: Fordham University Press, 2015.

SAX, Boria. *Animals in the Third Reich: Pets, Scapegoats, and the Holocaust*. Preface by Klaus P. Fischer. New York: Continuum, 2000.

SCAHILL, Jeremy. Mike Pence Will Be the Most Powerful Christian Supremacist in U.S. History. *The Intercept*, Nov. 16, 2016. Disponível em: https://theintercept.com/2016/11/15/mike-pence-will-be-the-most-powerful-christian-supremacist-in-ushistory/. Acesso em: 17 maio 2017.

SCHMITT, Carl. *Political Theology* [1922]. Transl. George Schwab. Cambridge, MA: MIT Press, 1985.

SCHWAB, Gabriele. *Haunting Legacies: Violent Histories and Transgenerational Trauma*. New York: Columbia University Press, 2010.

SCULLY, Matthew. *Dominion*. New York: St. Martin's Press, 2002.

SEGEV, Tom. *The Seventh Million: The Israelis and the Holocaust*. New York: Hill & Wang, 1993.

SEWELL, William. *Logics of History: Social Theory and Social Transformation*. Chicago: University of Chicago Press, 2005.

SHEAR, Michael D. *et al*. Steve Scalise among 5 Shot at Baseball Field; Suspect Is Dead. *New York Times*, June 14, 2017. Disponível em: https://www.nytimes.com/2017/06/14/us/steve-scalise-congress-shot-alexandria-virginia.html?mcubz=0. Acesso em: 14 jun. 2017.

SILVERMAN, Kaja. *Threshold of the Visible World*. New York: Routledge, 1996.

SINGER, Peter. *Animal Liberation: New Ethics for Our Treatment of Animals*. New York: Basic Books, 1975.

SNYDER, Timothy. *On Tyranny: Twenty Lessons from the Twentieth Century*. New York: Penguin Random House, 2017.

SOLNIT, Rebecca. From Lying to Leering: Donald Trump's Fear of Women. *London Review of Books*, p. 3-7, Jan. 19, 2017.

SOLOMON, Ariel Ben. Israel Unwilling to Understand Nakba, the Trauma That Constitutes Palestinian Identity. *Jerusalem Post*, Aug. 28, 2015. Disponível em: http://www.jpost.com/Arab-Israeli-Con flict/Israel-unwilling-to-understand-Nakba-the-trauma-that-constitutes-Palestinian-identity-413486. Acesso em: 3 dez. 2015.

SPECTER, Michael. Rewriting the Code of Life. *New Yorker*, p. 34-43, Jan. 2nd, 2017.

SPIEGEL, Gabrielle. Memory and History: Liturgical Time and Historical Time. *History and Theory*, n. 41, p. 149-162, May 2002.

SPIEGEL, Gabrielle (ed.). *Practicing History: New Directions in Historical Writing after the Linguistic Turn*. New York: Routledge, 2005.

SPIEGEL, Marjorie. *The Dreaded Comparison: Human and Animal Slavery*. New York: Mirror Books, 1966.

SPRUCE, Duane Blue; THRASHER, Tanya (ed.). *The Land Has Memory*. Washington, DC: Smithsonian Institution, 2008.

STEEDMAN, Carolyn. *Dust: The Archive and Cultural History*. New Brunswick: Rutgers University Press, 2001.

STILL, Donald D.; BROADWAY, Michael J. *Slaughterhouse Blues: The Meat and Poultry Industry in North America*. Preface by Eric Schlosser. Belmont, CA: Wordsworth; Thompson Learning, 2004.

STOLER, Ann Laura. *Along the Archival Grain: Epistemic Anxieties and Colonial Common Sense*. Princeton: Princeton University Press, 2008.

STONE, Dan (ed.). *The Holocaust & Historical Methodology*. New York: Berghahn, 2012.

SUDDENDORF, Thomas. *The Gap: The Science of What Separates Us from Other Animals*. New York: Basic Books, 2013.

SURKIS, Judith. Of Scandals and Supplements. *In*: McMAHON, Darrin; MOYN, Samuel (ed.). *Rethinking Modern European Intellectual History*. Oxford: Oxford University Press, 2014. p. 94-111.

SURKIS, Judith. When Was the Linguistic Turn? A Genealogy. *American Historical Review*, v. 117, n. 3, p. 700-722, 2012.

SWAIN, Jonathan. Bannon, Backed by Billionaire, Prepares to Go to War. *Axios*, Aug. 18, 2017. Disponível em: https://www.axios.com/bannons-next-move-2474479917.html. Acesso em: 18 ago. 2017.

SWAINE, Jon. Trump Presidency Begins with Defense of False Alternative Facts. *The Guardian*, Jan. 22, 2017. Disponível em: https://www.theguardian.com/us-news/2017/jan/22/donald-trump-kellyanne-conway-inauguration-alternative-facts. Acesso em: 23 jan. 2017.

TAYLOR, Charles. *A Secular Age*. Cambridge, MA: Harvard University Press, 2007.

TAYLOR, Charles. *Sources of the Self*. Cambridge, MA: Harvard University Press, 1989.

TAYLOR, Jessica. Republican Gianforte Wins Montana House Race despite Assault Charge. *NPR*, May 26, 2017. Disponível em: http://www.npr.org/2017/05/26/530103144/republican-gianforte-wins-montana-house-race-amid-assault-charge. Acesso em: 26 maio 2017.

"THE SETTLERS": New Film Reveals History & Consequences of Israeli Settlements on Palestinian Land. *Democracy Now!*, Jan. 28, 2016. Disponível em: http://www.democracynow.org/2016/1/28/the_settlers_new_film_reveals_history. Acesso em: 29 jan. 2016.

THOMPSON, Helen. Study of Holocaust Survivors Finds Trauma Passed On to Children's Genes. *The Guardian*, Aug. 21, 2015. Disponível em: http://www.theguardian.com/science/2015/aug/21/study-of-holocaust-survivors-finds-trauma-passed-on-to-childrensgenes. Acesso em: 22 ago. 2015.

TOOBIN, Jeffrey. The *National Enquirer*'s Fervor for Trump. *New Yorker*, July 3, 2017. Disponível em: http://www.newyorker.com/magazine/2017/07/03/the-national-enquirers-fervor-for-trump. Acesso em: 3 jul. 2017.

TRUNK, Isaiah. *Judenrat: The Jewish Councils in Eastern Europe under Nazi Occupation*. Lincoln: University of Nebraska Press, 1972.

TURKLE, Sherry. *Psychoanalytic Politics: Jacques Lacan and Freud's French Revolution*. New York: Basic Books, 1978.

VARON, Jeremy. *Bringing the War Home: The Weather Underground, the Red Army Faction, and Revolutionary Violence in the Sixties and Seventies*. Berkeley: University of California Press, 2004.

VOGUE, Ariane de; DIAZ, Daniella. Supreme Court to Hear Partisan Gerrymandering Case. *CNN Politics*, June 20, 2017. Disponível em: http://www.cnn.com/2017/06/19/politics/supreme-court-partisan-gerrymandering/index.html. Acesso em: 23 jun. 2017.

VOLOSHINOV, Valentin. *Freudianism: A Critical Sketch*. Transl. I. R. Titunik. Ed. Neal H. Bruss. Bloomington: Indiana University Press, 1987.

VOLZ, Matt. APNewsBreak: Gianforte to Plead Guilty to Assault Charge. *Washington Post*, June 9, 2017. Disponível em: https://www.washingtonpost.com/national/apnewsbreak-gianforte-to-plead-guilty-to-assault-charge/2017/06/09/6039ec42-4d5b-11e7-987c-42ab5745db2e_story.html?utm_term=.8d42f2455b49. Acesso em: 10 jun. 2017.

WALTERS, Joanna; MORRIS, Sam. Trump's Evangelical Panel Remains Intact as Others Disband. *The Guardian*, Aug. 19, 2017. Disponível em: https://www.theguardian.com/us-news/2017/aug/18/donald-trump-evangelicals-charlottesville. Acesso em: 19 ago. 2017.

WANG, Amy B. An Orangutan Will Have a Chance to Find Her Mate – Through Tinder. *Washington Post*, Jan. 31, 2016. Disponível em: https://www.washingtonpost.com/news/animalia/wp/2017/01/31/an-orangutan-will-have-a-chance-to-find-her-mate-through-tinder/?utm_term=.fd656dc8504e. Acesso em: 20 mar. 2017.

WANG, Amy B. One Group Loved Trump's Remarks about Charlottesville: White Supremacists. *Washington Post*, Aug. 13, 2017. Disponível em: https://www.washingtonpost.com/news/post-nation/wp/2017/08/13/one-group-loved-trumps-remarks-about-charlottesvillewhite-supremacists/?utm_term=.04c45f65142d. Acesso em: 13 ago. 2017.

WEBSTER, John. *Animal Welfare: A Cool Eye towards Eden*. Malden, MA: Blackwell Science, 1994.

WEIL, Kari. *Thinking Animals: Why Animal Studies Now?*. New York: Columbia University Press, 2012.

WEISSMAN, Gary. *Fantasies of Witnessing: Postwar Efforts to Experience the Holocaust*. Ithaca, NY: Cornell University Press, 2004.

WHATMORE, Richard. *What Is Intellectual History?*. Cambridge: Polity Press, 2016.

WIEVIORKA, Annette. *The Era of the Witness* [1998]. Transl. Jared Stark. Ithaca, NY: Cornell University Press, 2006.

WILLIAMS, David Lay. *Rousseau's Platonic Enlightenment*. Preface by Patrick Riley. University Park: Pennsylvania State University Press, 2007.

WILLIAMS, David Lay. Should We Care about Inequality? Let's Ask a Philosopher. *Washington Post*, Mar. 28, 2014. Disponível em: https://www.washingtonpost.com/news/monkey-cage/wp/2014/03/28/should-we-care-about-inequality-lets-ask-a-philosopher/?utm_term=.06fac88dad1a. Acesso em: 6 jan. 2017.

WILSON, Chris. *The Myth of Santa Fe: Creating a Modern Regional Tradition*. Albuquerque: University of New Mexico Press, 1997.

WITTGENSTEIN, Ludwig. *Philosophical Investigations* [1953]. Transl. G. E. M. Anscombe. 3. ed. Malden, MA: Blackwell, 2001. [Edição brasileira: *Investigações filosóficas*. Petrópolis: Vozes, 2009.]

WOLF, René. Judgment in the Gray Zone: The Third Auschwitz (Kapo) Trial in Frankfurt (1968). *Journal of Genocide Research*, v. 9, n. 4, p. 617-635, 2007.

WOLFE, Cary. *Animal Rites: American Culture, the Discourse of Species, and Posthumanist Theory*. Chicago: University of Chicago Press, 2003.

WOLFE, Cary. *What Is Posthumanism?*. Minneapolis: University of Minnesota Press, 2010.

Este livro foi composto com tipografia Bembo Std e impresso em papel Off-White 70 g/m² na Formato Artes Gráficas.